清华
通识荣誉课程
案例集

彭 刚 主编　杨 帆 副主编

清华大学出版社
北京

图书在版编目（CIP）数据

清华通识荣誉课程案例集 / 彭刚主编. ––北京：
清华大学出版社，2024.7. –– ISBN 978-7-302-66710-0

Ⅰ. G640

中国国家版本馆CIP数据核字第2024XD3432号

责任编辑：孙墨青
封面设计：傅瑞学
责任校对：王荣静
责任印制：杨　艳
出版发行：清华大学出版社
　　　　　网　　址：https://www.tup.com.cn，https://www.wqxuetang.com
　　　　　地　　址：北京清华大学学研大厦A座　　邮　编：100084
　　　　　社总机：010-83470000　　　　　　　邮　购：010-62786544
　　　　　投稿与读者服务：010-62776969，c-service@tup.tsinghua.edu.cn
　　　　　质量反馈：010-62772015，zhiliang@tup.tsinghua.edu.cn
印 装 者：涿州汇美亿浓印刷有限公司
经　　销：全国新华书店
开　　本：170mm×230mm　　印　张：18.75　　字　数：315千字
版　　次：2024年8月第1版　　　　　　　　印　次：2024年8月第1次印刷
定　　价：98.00元

产品编号：104806-01

编　委　会

主　　编：彭　刚

副 主 编：杨　帆

执行主编：沈　晖

编　　委：（以姓氏拼音为序）

白玉琪　程　京　高　瑾　宫　鹏　顾　涛　何建宇　胡　钰

黄裕生　晋　军　靳卫萍　李　睦　李铁夫　刘　晗　罗　薇

梅赐琪　钱　静　青　锋　裘　莹　邵　玥　石中英　孙明君

孙赛茵　汤　彬　吴国盛　吴　宁　王　毅　王　勇　肖　薇

阎学通　杨　扬　袁先欣　张　晨　张国刚　张伟特　周　晋

序 PREFACE

　　2014 年，清华大学第 24 次教育工作讨论会确立了以通识教育为基础，通识教育与专业教育相融合的本科教育体系。在第 25 次教育工作讨论会上，学校又进一步提出"文理兼备，跨学科的知识结构；审思明辨，批判性的思维能力；立己达人，全人格的价值养成"的通识教育培养目标。我们希望给予学生充分的人文社科滋养，也希望这种滋养能够有助于学生应对当代世界在智能科学、生命科学、资源环境等各领域所面临的机遇与挑战，从而真正培育出在本科学习阶段就能形成宽阔视野和深入思考，在未来发展中能引领前沿变化的领军人物。

　　作为教育实践的核心和师生交互的枢纽，通识课程建设是这场综合改革的抓手。2020 年，清华构建起新的通识课程体系和修读方案。我们希望让学生学得宽、学得深，而不是学得多、学得全。"宽"是指要有超出自身学科之外的视野。"深"是指要让学生接受到适当的挑战度和训练量，每一门都有扎扎实实的收获。但这种收获不一定立竿见影，亦不一定属于某个特定学科领域。当一位学习文史哲的同学开始从生命科学和量子力学的视角重新观察世界，一位惯于科研实验的同学开始从伦理学和社会结构维度理解自己的学科发展，一位总觉得自己与艺术无缘的同学开始通过绘画、音乐和戏剧与自己对话，这些收获将在他们专业精进、心智成长、全人发展的整个生命历程里慢慢释放。

　　要实现这个过程，必须解决一个很关键的问题：如何让一流学者成为一流通识课程的建设者。只有"深入"前沿的学者，才有能力"浅出"；越是站在领域前沿，越有能力"为众生说法"。第 25 次教育工作讨论会以来，清华在这方面形成了一些实践经验，比如动员更多教师参与通识教育，一门门地来建设高质量的通识课程；完善制度激励机制，投入并吸引更多校内外乃至国内外资源；建立课程评估机制，保障通识课程的高水准……值得一提的是，在保证整个课程体系顺利运转、稳步提升的同时，学校从 2019 年开始建设"通识荣誉课程"。我们希望这些课程能够以充分的深度、难度和高质量教学，给师生双方带来投入其中的效能感和荣誉感。更进一步，它们也应当在清华通识课程体系中发挥"示范标杆"和"创新先锋"的双重作用，为不同专业背景和教学经验的教师带去兼具共性和差异的启迪。这大到学科思维和教育理念，小到每一个互动环节设计和每一篇阅读材料选取，当然也包括最主干的课程框架、授课安排、教学方法等。

　　这本案例集是这些通识课程创新的一个"切面"。在一定意义上它具有阶段总结性，因为它集合了清华现有所有通识荣誉课的经验思考；同时，它更像"一炬之火"，数千百同道者分取而此炬如故。当然，我期待在清华人和教育界同人的热情和创新勇气中，这擎火炬可以光芒更胜。

编者

2024 年

目 录

CONTENTS

优秀作业 / 255

立己达人，全人格的价值养成

价值塑造

三位一体

知识传授

能力培养

文理兼蓄，跨学科的知识结构

审思明辨，批判性的思维能力

图0　清华通识教育总目标

及　概　览
建　设　思　路
通　识　课　程
清　华　大　学

　　1941 年，清华大学原校长梅贻琦在《大学一解》中指出，"通和专要精通，但重心在通而不在专"。2014 年以来，清华大学逐步确立价值塑造、能力培养、知识传授"三位一体"的人才培养模式和教育理念。以立德树人为根本，以"立己达人，全人格的价值养成；审思明辨，批判性的思维能力；文理兼备，跨学科的知识结构"为通识教育总目标（图 0），清华大学的育人使命不仅仅在于培养出适合各领域、各岗位的优秀人才，更要培养出各行各业的领军人物与思想领袖。

　　作为实现通识教育目标的重要载体，清华大学通识课程旨在培养学生的健全人格、创新思维、宽厚基础、全球视野和社会责任感，形成了包含通识必修课程与通识选修课程的主干体系。

　　通识必修课程即"写作与沟通"课程，共 2 学分。课程依托清华大学写作与沟通教学中心展开教学与研究，于 2018 年秋季学期初次开课，其主要目标为培养学生的逻辑思维和批判性思维，提升学生的写作与沟通能力。主要形式为主题教学、小班研讨、高强度阅读、师生一对一面批以及朋辈交流研讨等，帮助学生展开与文献的对话，进行批判性思考，形成有创造性的观点，最终按照学术规范的要求进行写作。详情可参考《清华写作与沟通课教学案例集》（2022 年出版）。

　　通识选修课程包括人文课组、社科课组、艺术课组和科学课组，每个课组至少修读 2 学分，本科生共须修读 11 学分。秉持"无专业门槛，有学理深度"的建设方向，清华大学通识选修课程在建设过程中充分考虑如下五个方面：①授课教师对授课领域有深入的研究积累和思考洞见；②课程定位注重"中西融汇、古今贯通、文理渗透"；③课程设计强调学科意识和方法训练；④授课过程因"课"制宜，体现价值塑造和课程思政；⑤课程收获具有向其他领域辐射迁移的宽广空间和鲜明价值。

上述建设探索的目的在于，在拓展学生知识、能力的同时强化学科思维训练和方法论指导，让学生在受教育的过程中获得更广阔的成长空间，获取更大的成长幅度。据此，不同课组各有具体建设目标与路径：

（1）人文课组：传承和弘扬中国文明的深厚传统，融汇和吸收世界各大文明的有益成果，通古今之变化，发思想之先声，培养浓厚的人文情怀。

（2）社科课组：通过分析政治、经济、法律等社会现象和问题，培养学生从多元视角理解、解释、解决社会问题的能力，塑造本土关怀，拓宽全球视野。

（3）艺术课组：通过对艺术形式的感知与探究，增强学生对美的理解与领悟，提升学生的审美品位与全面素养。

（4）科学课组：通过对科学、工程和技术相关领域的探索和思考，了解科技发展如何影响人类社会，培养学生的逻辑思维能力和科学探索精神。

依托日益深化的通识育人理念和日臻完善的通识课程体系，2020—2023年以来，清华大学重点建设了4批34门教师高投入、教学效果好，学生有投入、学习收获大的高水平通识荣誉课程。这些课程为建设高质量通识课程，探索清华特色通识教学模式，引领高校通识教育改革发挥了重要作用，它们具有如下特点：

（1）课程教学团队结构完善合理，课程负责人及教学团队成员均具有较高教学水平，教学理念先进，教学方法合理，师德师风优良，具有强烈的教书育人责任感和使命感。

（2）课程注重师生课内外投入，形成包含课内外全过程的课程设计。在教学特色上以学生学习效果为中心，体现深度学习、有效研讨、学科交叉、师生互动。在教学形式上多采用大班授课加小班讨论/实习实践，或小班授课加小班研讨的组织形式。此外，授课教师积极开展课程负责人主导的助教培训工作，指导或组织开展高水平助教带领下的研讨或其他形式的学习活动。

（3）课程强调多维度学习评价和过程性评价。基于课程特点，从学生课内外投入程度、教学各环节参与情况、掌握胜任情况等不同维度设置合理多元的评价环节，并建立学习评价反馈机制，切实帮助学生聚焦问题并实现在反馈中提高的教学目标。

为进一步传承清华通识教育传统，总结清华通识课程建设经验，促进高校通识教育交流互鉴，本书将现有通识荣誉课程建设案例结集成册，期待有助于读者应对自身教学困惑与实践挑战，从中收获理念与方法上的启发，以清华经验为引，促进中国通识教育共同体建设。

清华大学通识课程学生手册（2023年秋）

通识荣誉课程案例

01

第一章

人文课组

传承和弘扬中国文明的深厚传统，融会和吸收世界各大文明的有益成果，通古今之变化，发思想之先声，培养浓厚的人文情怀。

西方思想经典与现代社会

> 跨两希文明，究经典之义；
> 历思想高峰，明古今之变。

开课单位　人文学院
课程分组　人文课组
学分学时　3 学分；课内 48 学时 + 课外 96 学时
特色教学　小班研讨；经典深读；古今对质

教师简介

黄裕生，清华大学人文学院哲学系教授；现担任中国现代外国哲学学会副理事长，全国德国哲学学会会长。主要研究领域为第一哲学、德国哲学、宗教哲学、政治哲学 – 法哲学、本原文化理论。

范大邨，清华大学人文学院哲学系助理教授，海德堡大学博士，全国德国哲学学会秘书长，主要研究领域为康德哲学。

内容简介

本课程围绕一些重要思想经典讨论和讲授以下主要问题：古代思想如何确立起古代社会的基本原则？现代思想又如何确立现代社会的基本原则？古代社会与现代社会在基本原则上的根本区别何在？围绕上述问题，课程设计了一个基本思路：从"神话神学"包含的神定命运观导致责任危机与正义危机开始讨论；继而讨论，为了克服这种危机，古代思想从"神话神学"如何向"理性神学"过渡，而这种"理性神学"又如何构成了美德伦理学的基础；进而讨论美德伦理学如何确立古代社会秩序基础的原则体系，又如何在追求概念知识的努力中奠定了科学的思维形式与科学的基本精神。在讨论美德伦理学如何确立起古代社会的原则体系的同时，揭示它理论上存在的困境。在此基础上，通过讨论"自由意志"如何出场，揭示古代思想如何向现代思想过渡；最后，通过对近现代启蒙思想经典的讨论，呈现构建现代社会秩序基础的基本原则如何被确立，从而揭示人类如何进行古今之变。

评价维度

期中主题论文；期末课程论文；课堂讨论；学习主动性与问题意识；出勤。

教材/参考资料

［古希腊］柏拉图：《理想国》，郭斌和、张竹明译，北京，商务印书馆，1986年版。

［古希腊］亚里士多德：《尼各马可伦理学》，廖申白译，北京，商务印书馆，2003年版。

［英］霍布斯：《利维坦》，朱敏章译，北京，商务印书馆，2010年版。

［英］洛克：《政府论》，瞿菊农、叶启芳译，北京，商务印书馆，1982年版。

［法］卢梭：《社会契约论》，何兆武译，北京，商务印书馆，2003年版。

［德］康德：《实践理性批判》，韩水法译，北京，商务印书馆，1999年版。

教学安排

第1讲　导论：哲学、科学、宗教、艺术（上）

第2讲　导论：哲学、科学、宗教、艺术（下）

第3讲　《俄狄浦斯王》与"神话神学"

第4讲　柏拉图的"理性神学"与美德伦理学，深读《理想国》

第5讲　美德伦理学与全视角知识：科学思维方式的确立

第6讲　亚里士多德的自愿理论及其困境研讨《尼各马可伦理学》

第7讲　美德伦理学与古代社会的基本原则

第8讲　《圣经》与自由意志问题

第9讲　《圣经》与现代精神：普遍之爱与人类的解放

教师微访谈

【课程定向】

Q1：您可以先和我们分享一下开设"西方思想经典与现代社会"这门课程的初衷吗？

本科通识教育的重要任务之一就是打破专业壁垒，培养学生超越单一专业的理论视野。没有大的理论关怀，科学反而会被专业所限制。通识教育和素质教育、人文教育是不一样的，通识教育要讨论的首先是人类那些普遍性的问题，借此培养学生对此有理论性的思考，避免过早限制在单一专业的藩篱里。大学，University，是一个具有综合性和普遍性的平台，如果大学被分散为一个个学科，只有专业领域的专家，那么所有学科都将很难有大的理论突破。

通识教育最紧要的就是尽最大可能地打开学生的理论性视野，培养学生以专业的深度去讨论跨专业的普遍性问题。对那些涉及人类自身与世界的普遍性问题进行超专业、越功利的纯粹理论思考，既是培养学生的理论思维能力，也是培养学生真正的科学精神，而这对于从事任何一种专业的研究与学习都是有帮助的。

我这门课最重要的目的就是引导学生学会以理论的方式思考那些涉及人类自身最普遍的问题，并理解这些普遍性问题同时又是每个人最切身的问题。

Q2：您提出课堂上要贯穿第一哲学和实践哲学，这样安排的作用主要体现在哪里呢？

在这门课上，我采用的是以伦理学为课程切入点的方式贯穿第一哲学和实践哲学。

第一哲学（形而上学）对初学哲学的同学来讲有一定的学科门槛，因为它讨论的都是一些最根本也最艰难的问题，所以，我不会把它作为通识课的切入点。而实践哲学相对第一哲学而言更贴近每个人的生活。所以，从实践哲学里的伦理学切入，我希望可以让同学们带着切身性的经验与困惑进入哲学经典，将大思想与大经典融入每个人对最深切、最普遍的问题的思考之中。

不过，在我的思考体系里，实践哲学是要以第一哲学为基础的，所以，在这门课上，我会把第一哲学的思考引入对伦理学问题的讨论。比如，伦理学讨论的是人与人、人与共同体的关系问题，但是，这些问题要在有关人性与世界的形而上思考基础上，才能得到真正有深度的讨论。

【教学设计】

Q3：在课程大纲中，您着重提到要"采取以时代问题为导向的方式，把同学引入思想现场"，您认为回到现场的方式能为同学带来什么？

所谓思想现场，就是指思想面对着问题并且不得不思考、处理问题的时代处境。举例来说吧，现代社会和古代社会的根本原则是不一样的，比如说国家观，从过去的"皇权国家"到今天的"人民国家"所遵循的原则发生了根本变化。那么，人类是如何确立这些基本原则的？这些原则的真理性依据又是什么？如果处身于现代社会的人需要自觉与思考这些问题的话，那么让人们面对这些问题，就是让人们回到思想现场。

实际上，每个时代的思想经典都是对一个时代的处境性问题的深度回应，因而都展示着一种思想现场。通过研讨经典而重临不同时代的思想现场，有助于理解不同时代下的人类普遍性问题，反思并验证时代原则背后的思想。这既是对学生理性思维的一种高强度的训练，同时也是把学生带进历史纵深度的努力。因为每部思想经典都代表着一个时代的人类精神所达到的高峰，想要获得具有历史纵深度的视野，需要穿越各个思想高峰。你得进入一个个思想现场，穿越过一个个思想高峰，你才真正进入了历史。否则，你最多只具有历史知识，却生活在历史之外。

Q4：西方哲学经典多难度较大，您在选择这些课程参考书时都有哪些考量？

哲学的终极问题是不变的，但不同时代的切入点与侧重点不同。因此，它不仅是理论科学，还是历史科学，涉及历史传承与突破的问题。这意味着，哲学的学习在深度和广度上都有较高的要求，这是这门学科的性质使然。我挑选的参考书目都是大经典，也即真正代表着一个时代的思想高度。通过进入这些经典的学习，我们才能进入历史，或者说，才能以我们自己的生命与思想承担起历史的纵深度。作为后人，只有穿越过去的高度，在获得大的历史视野的基础上，才有可能进入现代的高度，开创出新的思想境界。这里尤其重要的是，只有在思想上穿越过这些思想高峰，才能真正明白开启现代性社会的思想是如何出场的，从而才能明古今之变：现代性社会何以是现代性社会。

Q5：本课程设有 4 次研讨课，请问您会以什么样的形式展开研讨课？对同学们的"讨论"又有怎样的要求与期待呢？

真正的哲学都很重视讨论。所以，我希望来自各个专业的同学不是随便聊天，而是能展开深入的讨论。

我设想的理想课堂是这样的：有一种积极讨论的氛围，学生可以随时打断我，进行提问或质疑。专门的研讨课，不会事先限定主题，而是在学生提交出课程论文之后，由助教对论文主题进行分类，然后展开讨论。这样做的一个考虑是，我们的学生在进入大学前受的教育，都是由教师给定主题的，比较缺乏自主意识。我想，在学生进入大学后，需要着重培养他们的自主性和创造性，所以，让他们自己选择话题展开讨论。通过找主题，找到自己的兴趣点所在。

同时，我还希望，学生在研讨课上能够锻炼临场应变能力与表达能力，学会在规定的时间内用理论思维思考，用概念语言精准而充分地表达自己的看法。

【通识探讨】

Q6：清华通识荣誉课强调"高定位、高挑战度"，又立足"无专业门槛"。那么，在您看来，这门课最大的挑战在哪里？您又是如何在此同时消除同学们进入的门槛的？

这门课的最大挑战就是被选定作为教学材料的经典都代表各自时代的精神高度与思想深度，涉及了一系列相关问题。所以，这类经典不仅对一个人的智力和理解力有挑战，而且对一个人的意志力与理论思维能力有挑战。

但是，所有那些经典讨论与关切的又都是涉及每个人自己的普遍性问题，因此，这门课又是"非专业"的。消除学生进入这门课的障碍的最有效办法就是在课堂上引导学生进入问题，或者说，引导学生把这些普遍性的问题转化为自己生活、生命中的问题，成为每个人学生自己不得不面对的问题。带着自己的生命问题进入这些经典，这些经典就会成为对话者，成为回答问题的引导者。

Q7: 对于即将选修这门课的同学，您有什么想要嘱托或提前分享的吗？

我希望学生放下专业思维和包袱，悬搁已有的观念系统，以一切真理都需要为自己辩护的心态，带着开放的自己走进课堂。把课堂看作一种试错的思维实验，一个可以争论和质疑的平台。在讨论中辩明对错，把个人主观判断的"正确"转变为一种有理论支撑的自觉真理。

西方近代哲学

像数学一样做哲学。

开课单位　新雅书院
课程分组　人文课组
学分学时　3 学分；课内 48 学时 + 课外 96 学时
特色教学　经典阅读；方法训练（论证重构）；充分研讨；有效反馈

教师简介

张伟特，清华大学新雅书院助理教授，新雅书院副院长，《清华西方哲学研究》副主编，仲英青年学者。2006 年获清华大学比较文学专业学士学位，2009 年获清华大学中国古代文学专业硕士学位，2016 年获海德堡大学哲学专业博士学位。学术研究领域为西方早期现代哲学（笛卡尔、斯宾诺莎），认识论，形而上学，元哲学，人工智能哲学等；兴趣领域为书院制教育、通识教育。学术代表作 *Descartes' Doctrine of Clear and Distinct Perception*（2016）、《笛卡尔与人工智能》（2022）、《主体与真理》（即出）、《剑桥元哲学导论》（译著，即出）等。开设"西方近代哲学"、元哲学前沿课"哲学的哲学"、书院特色课"劳动耕读实践"、PPE 专业特色实践课"国家机关、国际组织实习"等课程，长期参与清华本科书院制教育教学改革和探索，探索通识教育的课程标准及其体系，曾荣获清华大学青年教师教学优秀奖、北京市优秀辅导员（兼职）等荣誉。

内容简介

课程通过对笛卡尔的《第一哲学沉思集》（*Meditations on First Philosophy*）为代表的西方近代哲学经典的研读，讨论笛卡尔哲学研究领域的焦点问题，并将笛卡尔的相关问题置入与西方近代哲学其他哲学体系以及相关哲学分支领域的关联和对话中，从而辐射西方近代哲学的核心问题意识以及当代的相关讨论。此外，课程让学生学习并训练通过"论证性重构"（argumentative reconstruction）的形式来理解、评价、修改过去的哲学系统，进而建构新的思想，学习从历史性的（historical）哲学研究过渡到系统性的（systematic）哲学建构，理解西方近代哲学的基本精神，掌握哲学学科基本方法，学习独特的哲学思维能力，从而为这种能力迁移到其他课程的学习奠定基础。

评价维度

哲学读书札记（每次课后一条，500 字内）；哲学方法（论证重构）训练（4次，循序渐进）；师生一对一苏格拉底式哲学漫谈（一次，30 分钟）。

教材/参考资料

笛卡儿：《第一哲学沉思录》（英汉对照），徐陶译，北京，九州出版社，2007年版（本课主要教材）。

笛卡尔：《第一哲学沉思集：反驳和答辩》，庞景仁译，北京，商务印书馆，2009 年版。

教学安排

第 1 讲　课程预备：何为哲学?（一）

第 2 讲　课程预备：何为哲学?（二）

第 3 讲　笛卡尔：现代哲学之父

第 4 讲　绝对怀疑

第 5 讲　我思故我在

第 6 讲　身与心的本质

第 7 讲　观念作为反映世界的镜子

　　　　作业研讨：贝克莱和休谟

第 8 讲　上帝存在：宇宙论证明

第 9 讲　上帝存在：本体论证明

教师微访谈

【课程定向】

Q1："西方近代哲学"这门课的主要内容是什么？

西方近代哲学是指西方现代哲学的早期阶段（early modern western philosophy）。中文哲学语境中的"西方近代"实际上是指"西方现代的早期"，这个阶段广义上指约公元 1500—1800 年的哲学，覆盖文艺复兴时期到启蒙运动时期哲学（甚至包括康德）；狭义上主要指现代哲学之父笛卡尔开创的 17 世纪以及延伸至 18 世纪的哲学（主要到莱布尼兹）。本课程主要采用狭义的概念。

本门课的目标是利用古今中西哲学经典文本，对学生进行"价值塑造"和"能力培养"，不强调哲学史的"知识传授"。所以这门课虽然名叫"西方近代哲学"，但并不强调历史的系统性知识，而是通过笛卡尔这个枢纽或支点，介绍做哲学的方法，训练如何精密地思考、如何批判性地思考、如何逻辑化或条理清楚地思考，通过一位比较经典的哲学家笛卡尔把西方哲学传统在近代的一些基本问题带出来，然后引导同学进入哲学。

Q2：本门课要求掌握的核心方法"论证性重构"是什么？为什么要选择它来带同学们进行哲学入门？

"论证性重构"，也可以称为"逻辑重构"，就是从哲学家的话语中提炼出其潜在的论证或推理的结构或骨架。我们相信，哲学作为一门讲理的学科，每一个结论都是有依据的（当然不可避免我们会有一些独断的前提）。我们的工作就是训练学生去发现和重建这个依据的结构，并像数学证明一样将其呈现出来。

有些古人或现代人讲哲学时或者表达思想时，往往会丢出一团"思想云"，不易看出其中的说理结构。就像我们面对一座建筑，我们从外面或里面观看总是不易看出这个建筑的核心支架或者说承重墙的结构，那么我们要想办法把这些非承重部分、装饰性的东西拆掉，去看到建筑的结构是什么样子。在日常讨论中，很多同学表达思想都喜欢像一团云一样过来，其论述就是比较乱糟的，比较缺乏条理的。古代经典哲学文本的论述结构往往也是极其复杂、曲径通幽，也像一团云一样不易被把握。

我现在要教学生从这团云中"捞干货"，训练学生按照逻辑的顺序去精确地重构或重建其思想说理结构，那么学生就能迅速地把握哲学家的论证，进而可以判断前提和推理关系是否有误，进而修改和批判前人的思想。实际上，在西方哲学课堂中，这种训练基本上是一种常识。

以笛卡尔著名的"我思故我在"为例。假如我们都处在梦境当中，处在《黑客帝国》或者《盗梦空间》那样的场景之中，哪一个命题是我们能够唯一确定的呢？笛卡尔认为是"我思故我在"。这个表达高度凝练、朗朗上口，但是如何判断它是正确的还是错误的呢？"我思故我在"是一个怎样的状态？等价于"我不在故我不思"吗？可以修改为"我们思故我们在""我吃故我在"或"机器思故机器在"吗？这个需要我们去精确地重构它的推理结构或深层结构。

再如，如果我们能够从《论语》中重构出孔子主张"人要依礼而行"的思想推理结构，我们就不至于面对孔子在《论语》中的零散而不成系统的论述而无法判断这个主张的依据是否充足。

【教学设计】

Q3：您提到这门课是"以点带面""循序渐进"的，这在课程设置中是怎样体现的呢？

我们这门课以西方近代哲学为背景，围绕笛卡尔这个中心，尤其是笛卡尔代表作《第一哲学沉思集》展开。笛卡尔是西方哲学现代枢纽、现代哲学之父，在哲学领域的地位较高。他的文本比较简约，非常适合哲学入门，因此，我希望能通过这样一个适合入门的哲学家的文本，引导大家进入西方哲学的学习。以深入研讨几个经典的问题为核心，从笛卡尔延伸到笛卡尔之后甚至当代前沿的一些讨论，比如涉及认识论和怀疑主义、心灵哲学、意识科学、宗教哲学、语言哲学、人工智能，等等。

深入研讨笛卡尔，然后以点带面，就像是我们钻井引水一样。如果这个井，只打 5 米深，那么只有周围很近范围内的水可以被引过来；如果打 1000 米深，也许整个华北地区的水都能引过来。也就是说，如果我们对笛卡尔体系挖掘和分析得很透很深，那么也许整个西方现代哲学界的很多经典问题都会被我们关联进来。我们就是准备靠笛卡尔的六个沉思，打到西方哲学的某个深度里面去。如果我们只是很表面地阅读笛卡尔，那就基本是"知识传授"，并且常常传授的是错误或不精确的知识。

对学生进行经典文本的具体训练，我会安排四次个人作业，每次处理约 20 页原始文本。第一次作业会处理笛卡尔《第一哲学沉思集》的文本。第二次作业会延伸到处理其他西方近代哲学家，比如贝克莱、休谟等。第三次作业会涉及东方哲学文本，让同学们选择重构老子、孔子、朱熹、《大学》、佛家经典文本（《心经》），等等。第四次会涉及非常多元的文本范围，既包括西方近代哲学（如洛克、莱布尼茨），也包括德国古典哲学（如黑格尔），还包括东方古代和现代的哲学文本，如儒家、佛家，以及新儒家（如冯友兰等）。通过这种扩张和循序渐进的训练，训练学生用这种哲学方法处理不同文本的能力和潜力。

Q4：您在课程设置上做出了一些与学界接轨的尝试，比如作业批改反馈、学术批评训练、同行匿名评审等。您希望通过这些设计达到怎样的效果？

哲学学科，最核心的还是辩论对话，对话研讨是第一要务，古代柏拉图学院、稷下学宫、孔子聚徒讲学等都是这种对话式学术共同体。因此，这门课只容纳数量有限的学生，要保障每个人较为充足的参与。

对话交流有很多方式，作业批改反馈、学术批评训练、同行匿名评审、小组研讨、上课辩论、哲学漫谈等。本课程中，作业首先是助教批改一遍，之后我再改一遍，保证给同学们及时、细致的反馈。这样同学才能及时看到自己的问题和进步。

另外，本课程要求同学训练很正式的学术批评：在一位同学做展示汇报时，我会要求另一位同学现场进行批评（展示汇报的材料需要提前发给做批评的同学），专门挑刺，至少挑个 3 处，越尖锐越挑剔越好，被批评的同学还要当场回应。这个促使批评者逼自己至少提出或发现一个让人尊敬的问题，持续对自己思考的精密度、批判性进行训练。

哲学追求极度精密的思维，绝对不是像诗一般朦胧的思维，不是像一团云一样的混乱的思维。当然，我也会适度"夸"同学的优点，如果光挨批评时间久了谁都受不了，容易"玻璃心"。

Q5：作为一门通识课程，您怎样考量课程的工作量和难度设置呢？没有哲学基础的同学可以跟上课程进度吗？

作为通识荣誉课，本课"有学理深度而无专业门槛"。因此，这门课预设同学的哲学基础为零，没有门槛要求。作为一门以哲学方法为核心的哲学入门课，这门课有相当的训练强度要求。而通过之前的授课经验，我发现大家的潜力是巨大的，需要给他们设置一定的挑战，才能激发出潜力。

我选择的阅读文献或讨论主题不区分本科或研究生的层次，四次作业也按照循序渐进、从易到难的过程进行安排。说实话，本课的阅读和写作量不是所有人都能跟得下来的（我知道大家都特别忙），但跟下来的人一定会有收获。

之前的课程中很多大一同学的潜力给我极深的印象，有人期末作业中写到得意处，一时没有收住，写了一篇 2 万字的黑格尔哲学的分析——当然，我会用自己的方式来预防某种过度"内卷"，但肯定也鼓励个别人的探索。目前我的四次训练都要求学生在 30 个命题内把 20 页经典文本的论证结构重构出来，同时批评和分析部分不超过 3000 字。

【通识探讨】

Q6：在您看来，不同学科的同学们为什么要学习"西方近代哲学"这门课呢？

哲学的魅力大家都有耳闻，哲学的用处大家可能无法说得透彻。我希望通过这门课，同学们可以进入哲学学科，掌握最基本的哲学方法，提高思维的精密度，提高表达的清晰性和条理性，培养哲学的批判思维能力和不断反思、寻根究底的精神，这样对于大家在任何专业的学习都能够提供思维能力上的帮助。

本课鼓励大家接触各自所学专业相应的分支哲学，比如物理哲学（量子哲学）、数学哲学、技术哲学、经济哲学、政治哲学、艺术（文学）哲学、法哲学，等等，从而对本专业的学习起到理论基础上的铺垫作用以及思想上的启发作用。

在大学阶段，每个人都应该匀出一部分时间来碰一碰哲学，不然以后接触它的机会将越来越少。哲学或许不是直接有用的，它对我们的思维产生影响——而我们思维决定着我们的行动。从这个意义上来讲，哲学训练是教育中首要而基础的东西。

Q7：老师是怎样理解"通识课程"这个概念的？

通识课程绝对不是专业课程以外的"点心课"或"水课"。通识课程是整个教育训练环节中的基础部分，是"有专业深度而无专业门槛"的。它可以为学生铺垫广阔的知识视野，训练学科方法，培养问题意识，以及让学科在交叉中发生奇妙的化学反应，为学生进一步深入某个具体方向提供强大的支撑。

通过"西方近代哲学"的教学实践，我发现，一门人文类的通识课程需要注意在课程形式上的 5 量——师生比例量、次课工作量、师生研讨量、作业训练量、助教投入量，以及在课程内容上的 7 度——价值塑造度、长效意义度、通识友好度、学理支撑度、交叉辐射度、环节丰富度、大纲饱满度。

新雅书院的理念就是强调通识教育，同学对通识课程的重视程度有时甚至比专业课还高。不管你未来是什么专业方向，通识课程的目标是给你铺一个比较厚的人文和数理基础，在这个基础之上，很多同学会生发出自己完全没有想到过的兴趣或可能性。

假如我们 22 岁左右本科毕业，工作 50 年退休。那么在未来 50 年间，你完全无法预测自己要从事什么工作，面临什么场景，需要什么能力——我们未来要面对的是我们想象力所力有不逮的无限可能性。因此，给自己铺垫通识性知识和能力至关重要。

本科阶段我们或许可以不要那么过于专精某个方向。我有时给新雅学生开玩笑说，你们最好学三个专业：一个为父母，一个为自己的兴趣，一个为自己的生存。

我们需要通识性知识、通识性能力支撑我们顺利工作 50 年及以上。比如读写能力、表达能力、批判思维能力，还有体育能力、文艺能力、社会工作能力、情感能力（爱他人和社会的能力），这些都是属于通识的。哲学（包括逻辑学）和数学一样，作为一种最基础性、通识性的知识与能力，它为其他学科提供基础性的视野和维度，我们应该把它作为高等教育不可或缺的环节。

Q8: 关于哲学教育，老师还有话想在课前说给同学听吗?

我觉得哲学授课者最主要还是尽可能精确地传达哲学的精神，多做一些"哲普"的工作，培养和鼓励少数同学的兴趣，最低限度要让绝大部分人不误解哲学。

我们不应该指望很多人都从事哲学工作，而且这对于社会分工也不合理。哲学应是作为一种通识性的能力和知识而存在，所有人都应该学习它，但是只需要极少数有天分的、有兴趣的同学继续深入从事哲学工作。

对大多数同学而言，能够在未来的学习或工作中不误解哲学的基本精神，并尝试借此助力自己的生活工作，就已经实现了绝大部分哲学课程的目的。当然这只是我个人的一孔之见，请同学批评指正。

教育哲学

教育哲学引导你步入真实的教育世界，
开启教育思想的旅程，领悟人生成长的秘密。

开课单位　教育研究院
课程分组　人文课组
学分学时　2 学分；课内 32 学时 + 课外 64 学时
特色教学　小班研讨；参观清华附小、清华附中

教师简介

石中英，清华大学教育研究院教授。兼任北京明远教育书院理事长、全国教育专业学位教指委副主任、教育部教育学本科教指委委员、中国教育学会学术委员会副主任、教育哲学研究分会理事长、中国高等教育学会大学文化研究分会副理事长等职务。主要教学和研究领域为教育哲学、高等教育哲学、教育改革、价值观教育等，著有《教育学的文化性格》《知识转型与教育改革》《教育哲学》《教育哲学的责任与追求》《穿越教育概念的丛林》等专著，主编《教育哲学》（马工程）及《公共教育学》等教材。

内容简介

该课程主要目的是指导学生哲学地思考教育问题，了解人类历史上的主要教育思想。课程主要内容包括教育哲学学科基础和教育实践问题的哲学研究两大部分。学科基础部分包括教育哲学的产生与发展、教育哲学的对象与方法、教育哲学的理论与实践价值等。教育实践问题的哲学研究部分主要从哲学人性论、认识论、价值论、伦理学、社会哲学等角度来分析研究教育实践中的根本问题，如教

育本质问题、教育价值问题、课程与教学问题、教育伦理问题、美育问题以及教育中的自由与秩序、个人与社会等问题，帮助学生获得一种对于教育实践的批判性思维和深刻的洞察力。

评价维度

小组报告；小论文；出勤；课堂表现。

教材/参考资料

《教育哲学》编写组：《教育哲学》，北京，高等教育出版社，2020 年版。

王国轩译注：《大学·中庸》，北京，中华书局，2016 年版。

石中英：《教育哲学》，北京，北京师范大学出版社，2008 年版。

[美]约翰·杜威：《民主主义与教育》，王承绪译，北京，人民教育出版社，2001 年版。

[美]Howard A. Ozmon，[美]Samuel M. Craver：《教育的哲学基础（第七版）》，石中英、邓敏娜译，北京，中国轻工业出版社，2006 年版。

教学安排

第 1 讲　绪论

第 2 讲　教育哲学的历史发展（一）

第 3 讲　教育哲学的历史发展（二）

第 4 讲　教育的本质（一）

第 5 讲　教育的本质（二）

第 6 讲　人性论与教育（一）

第 7 讲　人性论与教育（二）

第 8 讲　认识论与教育（一）

第 9 讲　认识论与教育（二）

第 10 讲　价值论与教育

第 11 讲　伦理学与教育（一）

第 12 讲　伦理学与教育（二）

教师微访谈

【课程定向】

Q1：本课程名为"教育哲学"，可以请您简要谈谈教育与哲学的关系吗？

我们可以从历史和现实两方面来看待哲学与教育的关系。

从历史上看，哲学与教育有着非常密切的关系。一方面，一些哲学家如杜威等人认为，哲学的活动是源于教育的需要和压力。教育是一种古老的人类实践活动，旨在向青少年一代传递知识、道德、正义等对于人类的集体生存来说不可缺少的价值。在传授的过程中，作为教师的智者就会去思考一些无法回避的教学问题，如什么是存在，什么是知识，什么是正义，什么是仁，什么是天道等，对这些问题的探索促进了古代哲学思想的发展。另一方面，在哲学史上，许多哲学家也是以教育为生的，他们的哲学论述中也包含了大量有关教育的论述，古希腊"三哲"（苏格拉底、柏拉图、亚里士多德），中国古代的许多思想家（儒家、墨家、道家、法家等）都有许多的教育论述，他们的这些教育论述与他们的哲学论述浑然一体，构成人类最早的教育哲学思想，是后来教育哲学思想的源头活水。

从现实来看，教育是一种大家都熟悉的社会实践活动，与青少年培养有关，但在当代社会教育已经超越了青少年的培养，成为面向人人的公共事业。教育实践要想顺利地展开，就不能不思考什么是教育、什么是好的教育，什么是道德、如何开展道德教育，什么是真理、如何引导学生去追求真理，以及什么是价值观、如何开展价值观教育等一系列问题。

这些问题中，有些是形而下的问题，涉及教育的方式方法和资源条件等，需要从课程论、教学论以及心理学、经济学等方面来研究。但也有一类问题是比较理论化的，属于形而上的问题，像什么是教育的本质，好教育的标准是什么，什么是有价值的知识，课堂中如何看待不同类型知识的竞争，等等，需要从本体论、认识论、价值论、伦理学和社会哲学等角度来加以分析研究，一言以蔽之，需要进行哲学的研究。

在此意义上，教育哲学学科的存在，绝非为了教育哲学家自身，而是为了教育的改进，为了能够通过教育更好地完成个体成长、社会进步、国家繁荣和人类和平的使命。

Q2：可以与我们谈谈开设这门课的初衷吗？

清华大学开设这门课的初衷有三个方面。

一是延续过去的课程传统。民国时期清华大学设有教育学专业，开设教育哲学课程，一些有名望的教授如邱椿、瞿菊农等都先后讲授过该课程，一直持续到抗战结束。所以，我今天在清华重开此课，算是接续传统。

二是助力同学们的健康成长。教育哲学的很多主题，如教育的本质、教育与人性的关系、知识类型与课程、价值观冲突与教育、美与美育等等，与学生自身的成长有密切关系。他们学习这门课程，获得的不仅仅是学科知识，还能够促进他们在人性、知识、道德、价值、审美、正义等领域的思考、反思和超越。

三是服务同学们未来的职业发展。选这门课的同学大多对自身成长或教育非常关心，他们中的一些人将来可能会从事教育研究和实际工作，这门课可以提升他们的教育素养，帮助他们形成哲学思考教育的态度、习惯和能力。

Q3：您在课程大纲中提到，这门课将指导同学们从哲学的角度对一些热点、难点教育问题进行理论批判和反思。可以举例说说有哪些教育热点和难点问题吗？

教育的热点和难点问题很多。热点问题像优质高等教育机会该怎么分配才公平，难点问题像中国教育为什么会出现"唯分数、唯升学、唯文凭、唯论文、唯帽子"等"五唯"问题。

认识这些问题，可以从很多的角度进行，教育哲学则有自己的角度。比如，如何分配优质高等教育机会才公平，这就涉及公平观的问题。对于同一种高考选拔政策，可能不同的人持有不同的公平观，有不同的公平与否的评价。教育哲学则致力于引导同学们去认识不同的社会群体所持的不同的公平观及其对优质高等教育机会分配的政策偏好，从而明白公平问题的复杂性和构建公平的高等教育体系的复杂性，防止片面地、抽象地、静态地认识教育公平问题。

又比如，"五唯"问题作为教育领域的"顽瘴痼疾"，如何认识，如何解决，是全社会关心的问题。从教育哲学的角度来看，它们共同的根源在于各种各样的教育评价都偏离了教育的本体，被其他的一些社会因素所左右，如功利主义、绩效主义等。要彻底解决这样的问题，就必须在学生评价、教师评价、学科评价、学校评价等各种评价中，回到教育的本体，思考评价本身是否符合以及在多大程度上符合学生、教师、学科、学校等内在性质和目的的要求。

我特别想告诉同学们，教育哲学不是玄学，而是智慧之学，是对教育基本问题和根本问题的哲学反思与讨论，旨在寻找教育发展的正确方向。

【教学设计】

Q4: 对于即将学习这门课的同学，您认为他们可能会面临怎样的挑战呢？他们有什么需要提前学习或准备的地方吗？

挑战会有的，可能主要来自两方面：一方面是教育经验缺乏；另一方面是哲学基础薄弱。

教育经验不同于学习经验，虽然回顾自己的学习历程可以积累一部分教育经验。中学时代学的哲学基础总的来说还是比较薄弱的，需要进一步努力。我上课时会考虑到同学们的教育经验缺乏和哲学基础薄弱的问题，会提供一些教育案例，也会以合适的难度来介绍相关的哲学理论。如果同学们在上课之前，能够自主地去多了解一些教育的相关主题，做些哲学的补充阅读，那是最好不过的。

Q5: 这门课程的开展形式十分多样，除了课堂授课、小组合作，还有小班讨论的形式，可以说说设计小班讨论课的初衷吗？这对同学们理解教育哲学有什么帮助吗？

康德曾经说过，哲学的教学不是教哲学的知识，而是教人哲学的思考。我的教育哲学课教学也是本着这个理念，教育哲学的教学不是教教育哲学的知识，而是教学生哲学地思考教育。哲学思考是一种过程，一种活动，因此，教育哲学的课堂是以教育为题材，进行哲学的讨论。这就是设计小班讨论课的初衷。

我们会对同学们进行分组，提出小组学习的主题或任务，先在小组中进行讨论，然后再面向全班进行汇报交流。从以往的教学经验看，小组讨论有助于促进同学们的深度学习，当然也能够培养同学们良好的思想品质。

Q6：在课程大纲里我们看到，这门课的教学团队十分强大，除了您和助教，还邀请了两位来自附中附小的老师，可以说说邀请他们参与课程讨论的原因吗？

这是这门课的一个创新之处，目的在于邀请一线的校长教师进课堂，和同学们来交流他们在日常教育教学和学校治理中的哲学思考。从以往的教学经验来看，面对面与一线老师接触，了解我国中小学校正在发生的一些事情，对于激活同学们的教育哲学思考特别有意义。

教育哲学是教育智慧之学，许多优秀的校长和教师都有自己的教育哲学思考。把他们请到课堂里来，或者带领同学们到学校里去，聆听他们的教育哲学思考，能够帮助同学们具体地理解教育哲学之于教育实践的价值以及教育哲学的实践源泉，增强他们学习教育哲学课程的兴趣和动力。我自己也很享受这种新的教学环节的设计和实施。

【通识探讨】

Q7：您认为作为一门通识课，学习教育哲学能够给同学们带来什么样的收获呢？

教育是一种普遍的事业，每一个人无时无刻不在教育的关系当中。做学生时，他要接受教育；将来做父母，就会承担教育孩子的责任；如果选择教师作为自己的终身职业，那对教育的正确理解就更不可缺少。这些年，到中小学做老师的清华毕业生不断增多。

教育哲学课旨在帮助学生系统和深刻地认识教育活动，把握教育规律，形成理性思考教育的自觉，树立正确的教育价值观，将来可以防止被各种教育的主张、口号或舆论所左右。

对于清华的同学来说，虽然身在教育的环境之中，但是恐怕很少有同学能够对他们所处的教育环境以及自己与这个环境之间的关系进行理性的思考。教育哲学的学习，可以引导他们进入一个既熟悉又陌生、既精微又广大、既普通又神圣的教育世界。

Q8：清华通识荣誉课程强调"高挑战度"，在您看来，同学们学习教育哲学的最大挑战在哪儿？大家应当如何应对这些挑战，从而更好地达到课程目标？

从以往的教学经验来说，同学们面临的最大挑战来自三个方面：一是哲学基础薄弱；二是教育经验不足；三是时间投入不够。为了能够更好地应对这些挑战，我会推荐一些通俗易懂的哲学著作给同学们阅读，同时带领他们走进中小学校进行实地的参与式观察和面对面的交流，同时督促他们做好课前阅读工作，并在课堂教学过程中尽量地提供一些典型案例，作为同学们哲学反思的材料。总之，我希望通过师生的共同努力，使同学们懂得，教育不仅是一种工具—目的行为，而且也是一种复杂的人文现象，对教育的哲学思考是把握教育本质和规律的一个基本路径。

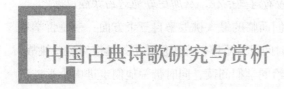

中国古典诗歌研究与赏析

昨夜星辰昨夜风。

开课单位 人文学院
课程分组 人文课组
学分学时 2 学分；课内 32 学时 + 课外 64 学时
特色教学 小班研讨

教师简介

孙明君，清华大学人文学院中文系教授。1984 年获陕西师范大学文学学士，1990 年获陕西师范大学文学硕士，1993 年获陕西师范大学文学博士，1995 年成为北京大学首届文学博士后。1995 年 6 月迄今在清华大学人文学院中文系任教，研究领域为中国古代文学以及魏晋南北朝文学。

内容简介

绪论部分概述中国古代诗歌发展流变大势，依次介绍先秦诗歌、汉魏六朝诗歌、唐代诗歌、唐宋词、元明清诗词概况，简要介绍近体诗格律知识。从第三周开始进入重点讲授环节，第一部分是先秦两汉诗歌，以《诗经》《楚辞》、汉乐府、《古诗十九首》为主；第二部分是魏晋南北朝诗歌，以三曹诗歌、阮籍诗歌、陆机诗歌、陶渊明诗歌为主；第三部分是唐代诗歌，以李白诗歌、杜甫诗歌、王维诗歌、白居易诗歌、李商隐诗歌为主。两次课程讨论分别对汉乐府《孔雀东南飞》和白居易《长恨歌》进行讨论。

评价维度

课程论文；课程讨论；课堂表现与课程阅读；出勤。

教材 / 参考资料

孙明君：《中国古典诗歌品鉴》，北京，高等教育出版社，2018 年版。

教学安排

第 1 讲　中国古代诗歌发展概况

第 2 讲　《诗经》

第 3 讲　《楚辞》

第 4 讲　《孔雀东南飞》讨论

第 5 讲　《古诗十九首》

第 6 讲　三曹诗歌

第 7 讲　阮籍诗歌

第 8 讲　陆机诗歌

第 9 讲　陶渊明诗歌

第 10 讲　李白诗歌

第 11 讲　杜甫诗歌

第 12 讲　王维诗歌

第 13 讲　《长恨歌》讨论

第 14 讲　李商隐诗歌

第 15 讲　交流与展示

教师微访谈

【课程定向】

Q1：从课程大纲中看到，这门课程目的是提高大学生对中国古典诗歌的欣赏与研究水平，请问在您看来，大学阶段对古典诗歌的学习和中学时期所学习的古诗词赏析有什么区别呢？

作为中国人，我们都喜欢古典诗歌。从孩提时代起我们就开始背《静夜思》

这样的诗作，在小学、中学阶段，大家也学过很多古典诗歌。上了大学后，很多学校都是上"大学语文"这门课，大家可能会觉得这门课只是高中语文的"升级版"，所以都没有兴趣。但清华的开课理念跟别的学校不一样，我们从20世纪90年代开始就特别重视文化素质课程，所以把"大学语文"拆分成了不同的课程和类别，比如中国古代小说、中国古代诗歌、中国古代散文等。事实证明，这样一种开课方式是比较有效的。"大学语文"这门课听起来很空泛，但是把它换成古代小说、古代散文、古代戏剧之后，大家就觉得授课内容更深入了——中学时我们学得比较"浅"，到大学后就学得比较"深"了。

中学阶段的学习是程式化的，主要目的是应对高考，要依照教育部的教学大纲，按照一种条条框框学习，"不能越雷池一步"。就古诗词学习而言，基本上是段落大意、中心思想、艺术特点这些固定内容。而到了大学，这些都要打破。相较于中学生，大学生已经有了相当的成长和阅历，对于同样的内容，也会有不同的理解，能够读懂一些自己曾经没有读懂的东西。大学的教育应该以学生为主，让学生自主学习。

还有一点是，有一些中学老师课讲得非常好，而方法大多是照本宣科；但是大学之后，老师就要讲出自己的研究。中学所学的东西是非常狭窄的，到了大学，我们就需要了解其相关的问题、这些问题在学术界的研究到了什么样的程度等。

Q2：您这门课是对中文系之外的同学开设，那么相对于对中文系开设的类似课程，您在这门课上做了怎样的调整呢？

中国古代诗歌是大学中文系本科课程体系中重要的一部分，但不是一门独立的课程。中文系中最主要的课程有中国古代文学、中国现代文学、中国当代文学等，其中中国古代文学占比最大，但不是分为诗歌、小说、散文那样学的，而是通过时间段的划分，在一个时间段内同时讲述所有类型的文学。而且，在中文系我们会更多地强调专业性、学术性。

但这门课作为一门通识课程，把诗歌从中国古代文学史中剥离出来了。只讲诗歌，不讲其他，不强调专业性，而是强调通识课带来的文化素质的重要性。

【教学设计】

Q3: 您的课能够营造一种"身临其境"的氛围，您在课堂上会用哪些特别的授课方式或者材料？

我追求一种身临其境的课堂氛围，但这种"身临其境"也是比较难的，我多年来都在尝试。不过现在随着多媒体的发展，要做到这一点相对来说就比较容易了。可以给大家放一段视频，放一段朗诵，也可以请同学们来吟诵。比如说《孔雀东南飞》，或许有同学愿意上台给大家表演一段戏剧，我觉得也非常有意思。

Q4: 从课程大纲中我们可以了解到，您开设的这门课程除了讲授之外还包括阅读、实践等，可以介绍一下实践环节是做什么吗？

这门课的实践环节主要包括三个部分：

首先就是要进行诗词鉴赏方面的实践，从审美的角度理解一首诗歌。

其次，我的这门课叫作"中国古典诗歌研究与赏析"，所以也特别强调研究，我这几年来要求大家尝试着写一篇研究型的学术论文。跟鉴赏型的不一样，研究型的学术论文需要按照学术要求来训练学生，这对大家来说是前所未有的。

最后就是诗词的写作。要读懂中国古代诗词、更好地理解中国古代诗词，就要学习自己写诗词。我要求所有人在一个学期里至少写一首诗歌。这个要求能够落实也多亏了一位跟以往不一样的助教，他是我的博士生，曾是中山大学学生诗词社社长。我邀请他来做助教，要求同学们每个人都写诗词，让助教指导修改。我觉得把这一部分加到我的课里来，给大家作为课外的实践，还是非常有必要的——而且我发现有些同学写得真是挺好的。

Q5: 您给出的参考书是您的作品《昨夜星辰》，您可以谈谈这本书的大致内容和您选择它作为参考书目的原因吗？书名化用了李商隐的"昨夜星辰昨夜风"，可以说说起这个名字的原因吗？

其实这本书的缘起是我在 1995 年来到清华以后，学校让开古代诗歌方面的课程。我选了大约 300 首诗，分为爱情、亲情、咏怀、山水、田园等主题，做了一些简单的注释，也加上了品评——包括引用古人的评语和一些我自己的评语。

一开始这本诗歌选是我自己复印出来发给大家作为讲义用的，后来出版社看到了，就出版了第一个版本。但我没有把它作为教材，否则学生看到了或许会觉得，既然有一个现成的东西，那为什么还要上这个课呢？所以我把它作为课程的参考书，要求大家至少要熟读这三百篇。但是上课的内容和这本书里的内容并不相同。

《无题·昨夜星辰昨夜风》，我特别喜欢这首诗。我对此的理解是，中国古典诗歌很美，就像我们在夜晚仰望星空看到的群星。因为它们都是古代的、过去的作品，所以我们称之为"昨夜"；但星辰又是永恒的，所以不论在"今夜"还是"明夜"，只要我们在仰望星空，都能够看到它们，都不会忘记它们。而且我说的是"夜晚"的星辰，白天大家都太忙了，所以我希望大家在晚上空闲的时候可以回到古代诗歌中，读一读古代诗歌。

Q6：课程重点讲授《诗经》《楚辞》、汉乐府、《古诗十九首》、三曹诗歌、陶渊明诗歌、李白诗歌、杜甫诗歌、王维诗歌、白居易诗歌等。像宋元明清时期的诗歌好像只是做一个简单的介绍，您选择重点内容的考虑因素是什么？

首先，对中国古代诗歌做一些筛选的原因是，在我们这门课的课时内，想要贯通地讲完中国古代诗歌，是不可能的。而且我个人研究的重点是魏晋南北朝时期的诗歌，对宋元明清的诗歌没有太多的研究，如果讲的话也只能照本宣科，没有多少意思。

事实上，中国的诗歌发展到李白、杜甫的时候基本上登峰造极了，从诗歌的角度来看，宋代的人都在学习杜甫的诗，却并没有展现出比唐人更高明的境界。

由于我个人研究的原因，我开设的课程是以诗歌为主的。我希望可以有更多的老师来开词、曲研究的课。但我们一直苦于教师数量少。

【通识探讨】

Q7：您认为对于选这门课的学生来说，在学习过程中最重要的是什么？这门通识课对他们来说又有怎样的意义？

非常有意义。这不是因为我教古代文学就抬高古代文学，而是学习古代文学是提高文化自信、弘扬优秀传统文化的重要途径。比如说习近平总书记特别强调优秀传统文化。在清华，理工科背景的学生占了大多数，可能每天都在刻苦学习，但学诗不一样，诗歌是一种美育，诗就是一种美。大家在刻苦学习自己专业知识的同时学习一些古典诗词，能够获得精神上的放松和审美的享受。

在学诗的过程中，我们可以了解到一个古代的世界。我在中文系学习的时候就感到特别幸福，因为我有两个世界：一个是我所工作、生活的这个世界，而当我关上门读古代作品时，马上就会进到另一个世界。我觉得那个世界很好，那个世界非常精彩，有很多人，有很多事，我也会为他们感到高兴、为他们流泪。我跟那个世界没有关系，但是可以近距离地看那个世界，在阅读的过程中，我感觉自己走进了作者的内心世界，自己的人生也得到了丰富。

Q8：您是否对来选课的同学或者对他们学习后的收获有一些期待呢？

我希望选课的同学都不是为了混学分才来的。我希望他们是真心喜欢中国古典诗歌，对这门课有自己的期待，然后再来试听一两节看自己是否真正感兴趣，最后再决定到底上不上这门课。我希望他们能在我的课上读一两本诗人的全集，比如李白、杜甫、苏东坡等等，了解他们的时代、他们的为人和他们的诗歌。同时，通过训练和论文，我希望也能让大家了解中文系的同学是怎么完成他们的学术论文的。

Q9：可以给对您这门课感兴趣的同学推荐一些书籍或其他学习资源吗？

其实我每学期上第一节课的时候会告诉大家一些最基本的诗选，比如《诗经选》《楚辞选》《唐诗三百首》《古诗源》、钱锺书《宋诗选》、中国社会科学院《唐宋诗选》，等等。在阅读《昨夜星辰》这本参考书的基础上，我希望大家可以去自主阅读这些选本，因为它们都选取了中国古代诗歌中的精华。

通过这门课，我希望同学们在理论上也能有所提高，所以我会给大家推荐一些思想史、如何治学等方面的书，比如李泽厚先生的《美的历程》，这本书是很好的中国古代美学入门；严耕望先生的《治史三书》，他是钱穆先生的学生，这本书记录了他有关如何研究历史的一些简单的想法，一开始传到大陆来的时候，学文科的同学都是手抄这本书进行阅读的；王力先生的《诗词格律》，里面有教人如何学习写诗等。

中国现代文学经典

打开新视野的一扇窗，

留下一些，

对20世纪文学和历史中重要问题的思考、冲击和触动。

开课单位　人文学院

课程分组　人文课组

学分学时　3 学分；课内 48 学时 + 课外 96 学时

特色教学　小班研讨

教师简介

袁先欣，清华大学人文学院副教授。毕业于清华大学人文学院中文系现当代文学专业，获文学博士学位。曾任美国哈佛大学访问学者（2011—2012），日本东京大学外国人客座研究员（2017）。主要从事中国现当代文学，中国与东亚近现代思想史、文化史方面研究。

内容简介

本课程副标题为"现代文学与现代中国"。现代文学在中国的诞生，似乎是历史进程的突变和异数，但它实际深深内在于 20 世纪中国独特的历史逻辑之中，它不仅塑造了我们今天的语言和美学观感，也与 20 世纪中国的一些要害问题血肉相连。本课程划分为 4 个主题，以若干中国现代文艺作品为核心文本，辅以相关参考对读文献，通过精读和讨论，让学生了解中国现代文学发生发展的基本脉络和背景，并引导学生进入 20 世纪中国的一些重大话题，对此展开思考。

评价维度

课程作业；课程导修；课堂表现；学期内进步程度。

教材/参考资料

课程内容涉及的中国现代文学经典书目。

教学安排

第1讲　导论 中国现代文学的问题性：现代·中国·文学

第2讲　周氏兄弟译《域外小说集》选篇

第3讲　鲁迅：《狂人日记》《呐喊·自序》

第4讲　鲁迅：《伤逝》、丁玲：《莎菲女士的日记》

第5讲　茅盾：《子夜》

第6讲　沈从文：《湘行散记》

第7讲　李劼人：《死水微澜》

第8讲　穆旦诗选篇

第9讲　张爱玲小说散文选篇

第10讲　丁玲小说选篇

第11讲　《白毛女》(参考延安鲁艺集体创作：《白毛女》剧本以及1971年芭蕾舞剧电影《白毛女》)

第12讲　赵树理小说选篇

第13讲　陈映真小说选篇

第14讲　新东北作家小说选篇

第15讲　最后一次大作业发表、互评会

教师微访谈

【课程定向】

Q1: 能请您简单介绍这门人文类通识课的开课历程吗？课程的设计理念是什么？

这门课最初是人文学院王中忱老师为新雅书院开设的人文类通识课程，2017年我接手了这门课程。本科期间我听过王中忱老师和新雅书院前任院长甘阳老师的课，对我设计这门课程都有诸多启发。作为一门通识课，课程的核心理念是要区别于传统文学史课程的，新雅书院当时作为清华通识教育的一个试点，很多选课同学将来不读中文专业，聚焦于讲授文学史基础知识的意义就没那么大。因此，这门课的定位是以文学作品为切口，以20世纪中国历史重大问题为核心组织材料，让同学们了解20世纪中国的一些核心问题，并思考这些问题发生的原因，以及它们对我们当今生活的塑造。

在以问题为中心的同时，这门课也兼顾文学史的时间顺序。探索初期，我曾完全打乱作品的时间顺序，按照问题类别组织中心文本，比如在"婚姻与家庭"主题，我将鲁迅《伤逝》和赵树理《登记》这两个时代背景差异较大的小说放在一起。后来我发现很多选课同学对文学史完全没有了解，对于文本背后历史的变化感到困惑，这给阅读带来了困难，因此我综合考虑，尽可能照顾到文学史时间顺序来编排中心文本，以帮助没有专业基础的同学获得对现代文学作品发展脉络的一个比较准确的认知。

Q2：课程名为"中国现代文学经典"，能请您介绍一下在选取能够代表中国现代文学发展脉络的作家和作品时的考量吗？

一般认为，中国现代文学只有三十年，我更愿意称之为"重要作品"而非需要经过时间拣选后被认为不可挑战和撼动的"经典"。我选择的本质是能够使读者进入20世纪的一些重大问题讨论的文本，而这些20世纪的重大问题和我们今天的生活息息相关。这样，我就把现代文学文本放在了问题交叉的中心，而非"圣贤经典"的高不可攀、不可更改。课程以承载重要问题脉络的主要文本为"重要作品"，力求从文本的切面中展现尽可能多的问题。

在作品的选取中，审美体验也是重要的一方面。有些作品在思想上、问题上具有重要性，但在文学上读起来不那么愉悦，可能就会使一些同学放弃。所以我在作品选取上考虑到自己本科时的阅读体验，选的至少是能带给我文学审美上的愉悦的作品，也在尽量照顾同学们的品味。当然，不同专业背景同学的审美是多元的，对作品的偏好差异较大，我在与同学交流的过程中会发现有意思的现象——到底什么是好的文学？这是一个富有争议的问题。

Q3：课程的副标题为"现代文学与现代中国"，您是如何认识现代文学与现代中国的关系的？您希望通过对课堂上涉及的文学作品的解读呈现 20 世纪中国的哪些重大话题？

一般认为，中国现代文学是在空间上横向寻找"现代经验"的共同特质和相互影响，在时间上寻找与传统中国的联系。但我现在有一个观点，可能中国现代文学无论从横向还是纵向看都是一种异数，它首先表现在与传统的割裂。其次，中国现代文学作家逐渐将文学看作能够独立改造社会的东西，重新创造世界的手段，它作为文化运动的一部分，在社会改造进程中，与政治的关系非常紧密。一个显著的特征是，中国的现代文学主动参与了现代中国形成的塑造，二者的联系是血肉性的。如果单纯地把现代文学当作欣赏的文学作品来读，是阉割了它很大的一部分，现代文学必须被放在历史语境中，放在问题的插口，否则不能描述清楚它的全貌。

整个学期的课程围绕四个单元的大主题展开：新文与新人、如何书写社会、战争中的中国、革命及以后，每个主题下有几个核心文本和若干扩展文本。通过这样的设计架构，同学们可以从文本入手，站在 20 世纪的延长线上，理解 20 世纪中国社会的问题，以及它们带给当代的影响。

【教学设计】

Q4：课程中安排观影讨论环节，您设计这一环节的考虑是什么？希望达到怎样的预期效果呢？

我选择的都是与课堂上讲授的核心文本紧密相关的电影，帮助同学们更直观地理解作品。有些作品如果只阅读文本会割裂它的意义，比如《白毛女》本身是一个剧本，具有文艺表演的性质，就需要结合它的舞台形式来讨论，剧本是单向度的，只有通过表演形式同学们才能感受到它的魅力，获得陌生化冲击的效果。再比如电影《钢的琴》是为了配合新东北作家群主题的讲授而放映的，电影和文学作品讲的是类似的故事，只是切入方式不同，这种比较可以帮助大家从多方面理解问题，比单独听讲更能激发兴趣。

Q5：您在课程大纲中提到，该课程要求的阅读量和写作量较大，您认为这种

训练对学生的能力提升有什么样的意义？

阅读量大的特点和新雅书院最初一批课程的设计有关，也和我自己关于现当代文学的理念有关。如果把一部作品单纯当作一个文学文本来读，其实在很大程度上削减了它的厚度和意义，因此要还原其丰富的层次和内涵，必须要有其他支撑材料和后续讨论，才有可能去全面地理解这部作品。很多理工科学生长久以来有一个误解，即人文学科的通识课是轻松的、消遣的，而这门课就是要提高人文课的强度，以足够的学理深度帮助学生更深入地理解相关问题。

关于写作训练，我在读大学的时候有过不知道怎么进行学术写作的困惑，所以我想帮助学生获得完整的学术论文写作训练，让同学们掌握用简短语言概括的能力，并理解不同研究之间的对话关系。通过对理论文献的阅读、理解和运用，同学们可以完成从建立观点、提炼论文选题到完成论文写作的一整套训练。写论文不仅是学术研究中重要的部分，也是思考的进一步深化和提炼，同学们只有经过自己的思考、写作和转换，对某一个问题进行过充分调查和理解，才能真正让问题内化于心。

Q6：课程设计中既有助教组织的写作作业详细讲评与授课内容答疑讨论，也有课程论文互评会，您希望通过这样的设计让同学们获得怎样的帮助呢？

每位助教会面对十名左右的学生，每位同学的每份作业都会得到助教和老师两遍的批改。在每次作业批改过后，助教们会组织面向自己负责的同学的作业讲评，有针对性地提出作业中发现的问题和改进建议，这样同学们就都能在写作上获得细致、具体、充分的帮助。

这门课程的大部分内容是老师主讲的，而设计论文互评会就是希望能给同学们一个自主表达观点的空间。在第十六周前大家会确定自己的论文选题，并提交给我一个选题目录，在第十六周的课堂上，大家轮流来讲自己论文的基本设想，以及目前的进展。这个环节有点像小型的学术讨论会，一方面同学们要在短时间报告自己的观点；另一方面他们要学会评价他人的论文。评价内容包括问题意识的设计，以及架构和观点细节上是否有欠缺。报告人可以看到不同同学的视角，我也会给出一些修改意见，帮助他们更好地完成最终的论文写作。

【通识探讨】

Q7：清华大学教育强调培养"更通识的人"，您认为从文学视角出发在通识教育中有哪些独特意义和特别优势呢？

通识培养中，学习现代文学不在于陶冶情操，也不在于学会了多少文学史的具体知识，而在于认识到问题，从而承担起社会责任，这和古代文人所推崇的"道"是相通的。我认为文理工学科中很多核心的问题是共通的。在通识教育中，学生需要思考历史变迁中真正重大的问题，触碰到深层的东西，感受到大问题对心灵的触动，从而完成价值的塑造。而文学是进入问题的手段之一。

我们不能成为工具性的人。在理性和规训之外，每个人都应该将自身与更广阔的社会关联在一起，进而思考如何在其中放置自己的生命和行动。我希望这门课能帮助同学们对这些问题有更多的思考和认识。

Q8：课程中人文学科方法的训练较有深度，挑战度较大，作为一门面向全校各专业同学开设的通识课程，您是怎样平衡专业和通识之间的关系的？对于非本专业的同学，您对他们在这门课上完成的成果有什么样的要求和期待？

我不认为专业课和通识课有什么本质的区别，本专业的同学在进入这门课的学习之初同样会产生陌生的体验。要想真正把握一个大问题，就要以一个有深度的方式进入，不是全面的、洒水式的，而是从文本内部出发，真正思考一些问题。这对于外专业的同学不是一种门槛，因为最核心的是思考问题的能力，我希望开启一个思考问题的切口，让同学们直接接触到学术界讨论的重大命题，可能会比较有深度和难度，但这种直接的接触更能够激发兴趣。在学习的过程中，大家会发现人文学科的概念和问题是一个立体的网络，刚开始接触可能会有一些听不懂的地方，随着建立起的坐标点越多，越能发现其中的关联。

对于作业，我比较看重的是在问题上是否能形成自己的思考，以及思考的深度和穿透力。希望同学们选取写作的是自己真正感兴趣的问题，能够提出真正吸引自己的观点。我还希望看到同学们能在论文写作中投入自己的生命经验，对文学作品形成自己独特的阅读和判断。

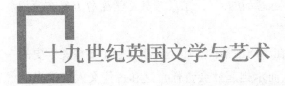

十九世纪英国文学与艺术

深入文本背后的复杂性，

被抛入问题之中，进而看见生命的厚度。

开课单位　新雅书院

课程分组　人文课组

学分学时　3 学分；课内 48 学时 + 课外 96 学时

特色教学　小班研讨；参观相关展览

教师简介

高瑾，清华大学人文学院助理研究员，新雅书院常任导师、班主任；先后就读于北京大学、耶鲁大学，主要研究领域为比较文学、文学理论与世界电影。目前开设的课程有"十九世纪英国文学与艺术""欧美现代小说""英语学术写作""比较文学的理论与方法"。发表文章《老年、艺术与政治：〈当你老了〉与爱的逃离》《语言功能与美学理论：朱光潜对罗斯金的误读》；译著《电影是什么！》等。

内容简介

本课所谈论的 19 世纪（1789—1914）对英国来说，大致从法国大革命开始，结束于"一战"前夕。此时期的英帝国面积约占全球 25%，国内社会秩序发生巨大变化，在政治、经济、文化、教育、宗教、科技、性别等问题上都产生了激烈的争论。19 世纪文学记录了这些巨变和争论，也是英国文学研究中最活跃的领域之一，从浪漫主义到现代主义的诞生，为跨学科、跨文化研究提供了丰富的研究资料和思想资源。本课程将通过对一系列具体文本和历史语境的深入研读，帮助大家加深对历史和社会的理解，更好地把握当代世界的复杂性，既希望提高大家对文学的品识力，也希望通过文学分析的写作，提升思辨能力和表达能力。

评价维度

出勤；课堂讨论；课程作业；学期内进步幅度。

教材 / 参考资料

Stephen Greenblatt et al. eds, *Norton Anthology of English Literature* (10th edition). New York: Norton, 2018.

［美］E.P. 汤普森：《英国工人阶级的形成》，钱乘旦等译，南京，译林出版社，2013 年版。

［英］雷蒙·威廉斯：《文化与社会》，高晓玲译，北京，商务印书馆，2018 年版。

［英］雷蒙·威廉斯：《乡村与城市》，韩子满、刘戈、徐珊珊译，北京，商务印书馆，2013 年版。

［英］劳伦斯·斯通：《英国的家庭、性与婚姻 1500—1800》，刁筱华译，北京，商务印书馆，2011 年版。

［英］琳达·科利：《英国人：国家的形成，1707—1837 年》，周玉鹏，刘耀辉译，北京，商务印书馆，2017 年版。

教学安排

第 1 讲　导论：何为 19 世纪？为何阅读 19 世纪英国文学？（威廉·布莱克《天真与经验之歌》选读）

第 2 讲　谁是诗人？诗歌与崇高概念（华兹华斯《歌谣》前言选 + 诗选读，柯尔律治《古舟子咏》）

第 3 讲　自我、社会与世界（奥斯丁《曼斯菲尔德庄园》）

第 4 讲　谁是诗人？艺术、历史与革命（拜伦、雪莱与济慈诗歌选读）

第 5 讲　科学、伦理与社会（玛丽·雪莱《弗兰肯斯坦》第一卷）

第 6 讲　科学、伦理与社会（玛丽·雪莱《弗兰肯斯坦》第二卷）

第 7 讲　科学、伦理与社会（玛丽·雪莱《弗兰肯斯坦》第三卷）

第 8 讲　维多利亚时代的社会与艺术批评（罗斯金《威尼斯的石头》选读）

第 9 讲　谁是诗人？（勃朗宁诗歌）

第 10 讲　维多利亚时代的社会与艺术批评（萧伯纳《华伦夫人的职业》）

第 11 讲　文化、语言与认同（叶芝诗歌选）

第 12 讲　新医学的影响（乔治·艾略特《掀起的面纱》）

第 13 讲　乡村与城市（哈代《西巡回线上》）

第 14 讲　爱尔兰与现代性（乔伊斯《死者》（一））

第 15 讲　爱尔兰与现代性（乔伊斯《死者》（二））

教师微访谈

【课程定向】

Q1：请问为什么聚焦于 19 世纪英国文学，作为深入问题的文本和语境呢？

这个时期的大英帝国成为世界上第一个实现城市化和工业化的国家，经济高速增长，人口增殖（除了爱尔兰）。其面积约占全球 25%，成为重要的世界力量，殖民扩张的势力通过战争、贸易和移民也伸展到了亚洲和中国。同时，国内社会秩序发生巨大变化，产生了激烈的变化和争论，其文学文本丰富多彩。人们怎样在这个时代中生活、思考和创造？英国作家怎样观察和理解这个激荡的时代？不同角度的探索以及随之产生的争论与实践都可以成为大学通识教育中适当的"教材"，不仅能帮助同学们了解英国与西方，也可帮助大家更好地思考自身、历史及当代社会变迁。

本课程选读的作者大致从柏克和布莱克开始，到乔伊斯结束，每年阅读的主题和内容会有一定调整。

Q2：请问本课是如何通过文本阅读，深入社会文化背景的呢？

阅读本身也是一个需要理论自觉和自省的行为。这个问题预设了一个隐藏的理论框架，即阅读的目的是了解作品的社会文化情境，也就是把文学文本从属于它从中生产出来的那个语境，并且也在暗示阅读是一个有效而纯净的工具和手段。然而，社会、政治、经济和文化体系与文本之间的关系应该被辩证地理解。在本课程中，阅读的面向非常丰富。与其说通过阅读深入社会文化背景，不如说对阅读和社会历史背景两者互相激发，互以对方为分析前提。

如果谈到目的的话，阅读可以有多个目的，甚至没有目的，这些可能性都应该被接受。我期待大家对本课程选读的文本能多读几遍，因此在阅读过程中如果出现无目的性的阅读，仅仅被智识的好奇或者阅读的愉悦所推动，也是很正常的情况。在无目的阅读过程中，也可能会捕捉到灵感，捕捉到那些并不是预设的、但最终能导向更有目的性阅读的问题。一门文学课最终训练的阅读方式是深入的、从容的、反思的。

为什么需要反思？因为我们的阅读习惯和方法本身就是被建构起来的社会文化传统，阅读时带着各种倾向，使用各种塑造思维的概念、范畴、预设甚至偏见。阅读行为并不是透明中性的。如果要达成真正的思考，那就需要首先反省自己对于阅读的默认理解，自己一贯实践的阅读方法，这之后才能形成深入的分析。

【教学设计】

Q3：相比于专业课，本课程面向各个专业的学生，请问在教学方面做出了哪些调整呢？

本课程在阅读量、作业方式、作业要求等方面都做了调整，借助比较文学与世界文学的理论思考，探索课程新可能，超越分割琐碎的学术分工来设计课程，面向一切对文学感兴趣、愿意投入时间认真阅读写作的同学。

同学们基本能阅读英语，但水平不一，差距还很大，而文本的难易程度也不一。因此在课前阅读和授课中对文本语言的选择比较灵活，既有使用英语文本，以译本为辅助，也有使用译本为主，参照英文的方式，也允许同学们在阅读时做自己的选择。有一个额外的要求是，在写作时引用的文本必须回到原文去认真阅读，不可完全以译本为准。我一直期待文学翻译界能推出一些更适合高等教育课堂使用的译本。目前这样的译本虽然也有，但是数量不多，大多数译者还是面向一般的文学读者。希望出版社和译者都能一起努力推动批评译本的出版。

课程对阅读文本的选择比较注意主题性和趣味性，注重文本的前后呼应，帮助知识的积累，并交错安排叙事文本和诗歌、论述文本。选择欧美大学通用的英国文学教材注释本 *Norton Anthology of English Literature* 或其他带有较多注释的优秀版本。

　　每次作业主讲教师和助教做认真批改和点评，帮助选课学生提高阅读、分析能力。在引用文献时，要求学生以对话的态度面对已有的学术研究，而非简单地引为论据，并尽量了解学术观点的来龙去脉。并要求同学们交作业前对自己的写作进行反思。

　　Q4：请问本课程的文本以英文为主，但授课和作业选择中文，是出于怎样的考量呢？

　　我不希望语言能力成为选课的绝对门槛，更不希望中学教育的资源不均衡持续地成为大学选课的障碍。本课程是一门通识课，并不是外语类课程，因此不以训练英语学术写作为宗旨。有英语学习需求的话建议大家选修专门课程，同时也注意逐渐积累：不积跬步，无以至千里；不积小流，无以成江海。没有哪门课是灵丹妙药，可以一揽子在一学期中解决全部问题，不如给自己时间从容成长。

　　课程实践中发现，虽然大家学了多年英语，但是在学期中非常有限的时间内要写出既有问题意识和扎实观点，又在形式上符合要求的大学本科水平英语文学论文，对相当部分同学来说还是比较困难的。即便是用中文写作，一部分同学还处在需要提高的状态。如果还没有摸到阅读和写作的门径，还要兼顾语言，那么匆匆开始用非母语写作不一定很有效。对一门英国文学通识课来说，用中文写作并不是降低课程要求，反而提高了对论文研究写作和思考问题质量的要求。

　　我衷心希望通过课程推动同学们反思一下那种流行的程式化文章的写法。其实，浮皮潦草看起来格式像论文但并没有实质性探索的文章对写作能力训练而言也是一种伤害。能写好中文文章，同时在阅读积累中提高英文能力，最后写英文论文会很自然顺畅。

　　本课程曾经用英文讲授，现在改为用中文讲授，便于同学们理解复杂概念，也便于大家在必然产生的翻译问题中，培养跨文化阅读的敏感性。

　　【通识探讨】
　　Q5：请问文学作为美育的重要组成部分，对于个人成长和通识教育的重要意义是什么呢？

教育部要求，大学生必须修满 2 个学分的美育课程方能毕业。从教育部的文件来看，高校美育主要分为美学和艺术史论类、艺术鉴赏和评论类、艺术体验和实践类。而蔡元培在谈美育时，特别指出他谈的是美育，而不是美术，区别就在于他理解的美育不但包括建筑、雕刻、图画、音乐、文学，还包括美术馆、剧场与影戏院的管理，园林、公墓、市乡的设置，个人修养、社会组织以及自然之美化。蔡元培没有给美育做一个本质主义的定义，只是框定了一个范围：美对他来说不只是感性和艺术的问题，也是整合了社会生活诸多方面后，关于个人成长、社会治理和自然环境的问题。蔡元培所构想的美育框架超越了当今的学科分野和专业主义所作出的细致划分，对通识教育也会有启发。

文学本身，可以说也具有蔡元培所理解的"美育"的整合特征，它可以覆盖个人、社会和自然的各个方面。借助文学来展开美育和通识教育是有一定优势的。

Q6：您曾提到希望延续大学校园中的理想主义传统，请问您认为理想主义与通识教育之间有怎样的关系呢？

理想主义传统要在大学校园延续，需要不以物喜，不以己悲，能超出物质利益和切身利益分析问题。在教育市场和培训班模式中成长起来的年轻一代更应该让思想冲破牢笼，拒绝低端和看似高端的模仿秀，认真读书思考，审慎而严肃地对待社会生活的方方面面。通识教育是育人的重要途径，这不仅是指诸位的选课上课过程很重要，也是指作为大学校园的一分子，每位同学都需要对通识教育做出反馈。应该保持智识上的好奇心，选择对自己的成长真正有帮助的课程来满足要求，如果没有合适的课程就尝试参与课程改革，师生一起探索新的可能性。乐观、建设性地参与也是理想主义的重要部分。

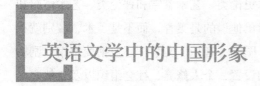

英语文学中的中国形象

以语言为钥匙，以文学为对象，
揭开西方中心主义和后殖民文学理论的面纱。

开课单位　外国语言文学系
课程分组　人文课组
学分学时　2 学分；课内 32 学时 + 课外 64 学时
特色教学　小班研讨

教师简介

孙赛茵，清华大学外国语言文学系副教授；南开大学文学学士，曼彻斯特大学教育学硕士，剑桥大学哲学硕士、哲学博士。主要研究领域为比较文学、中国现代文学、世界文学与跨文化研究。研究兴趣包括文学的现代性、文学史研究、后现代后殖民文学理论、文场理论，鲁迅的公众形象，民族、种族与文学，英语文学中的中国叙述及形象。曾获清华大学龚育之奖教金和年度教学优秀奖等荣誉奖励。

内容简介

本课程对 19 世纪末至 20 世纪 30 年代有影响的描述中国形象、中国人形象以及探讨中华文明与文化的经典英语文学作品进行选读讨论。从历史的角度去分析中国及中国人在英语文学作品中映射出的国际形象，探讨西方文学作品对"非西方"价值及文明的表达。描述中国的英语文学作品对中国过去和现在的国际形象以及西人过去和现在的"中国观"产生了怎样的影响？对中国近现代的自我认知是否起到了潜移默化的作用？作者的身份背景对其作品的正统性及接受度会产生怎样的影响？"他者"对中国文明与文化的描述、对中国问题与困境的讨论，对中国人的自我认知有什么启发？本课程通过选读经典英文文本和简要介绍后殖民理论来探讨相关问题。

评价维度

出勤；课前阅读；课堂讨论；观点写作；期中考核及期末论文。

教材/参考资料

Smith Arthur, *Chinese Characteristics*, Edinburgh & London: Oliphant, Anderson & Ferrier, 1890.

Gu Hongming (Ku Hung-ming), *The Spirit of the Chinese People, Peking*: The Peking Daily News, 1915.

Russell Bertrand, *The Problem of China*, London: George Allen & Unwin Ltd, 1922.

Said Edward, Orientalism, Penguin Modern Classics, 2003.

Buck Pearl S., *The Good Earth*, New York: John Day, 1931.

Lin Yutang, *My Country and My People*, New York: John Day, 1935.

教学安排

第1讲　Course Introduction.

第2讲　Key Concepts and Historical Overview.

第3-4讲　Smith, Arthur, *Chinese Characteristics*, Edinburgh & London: Oliphant, Anderson & Ferrier, 1900 (1st edition 1890): reading, analysis and discussion.

第5讲　Gu Hongming (Ku Hung-ming), *The Spirit of the Chinese People*, Peking: The Peking Daily News, 1915: reading, analysis and discussion.

第6-7讲　Russell, Bertrand, *The Problem of China*, London: George Allen & Unwin Ltd., 1922: reading, analysis and discussion.

第8讲　Said, Edward., *Orientalism*, Penguin Modern Classics, 2003: reading, analysis and discussion.

第 9–10 讲　Mid–term Progress Evaluation

第 11–12 讲　Buck, Pearl, *The Good Earth*, New York: John Day, 1931: reading, analysis and discussion.

第 13–14 讲　Lin Yutang, *My Country and My People*, New York: John Day, 1935: reading, analysis and discussion.

第 15 讲　Final Paper Writing–up and Submission.

教师微访谈

【课程定向】

Q1：在过去几个世纪以来的英语文学对中国的描述中，"英语文学中的中国形象"是怎样的？是否具有一定的共性？

在 17—18 世纪，欧洲有"中国文化热"，当时他们对中国是仰慕和赞赏的态度。而在课程的阅读书目中，几乎所有的作品所属的历史时期都是 19 世纪末到 20 世纪 30 年代，即中国国门被迫打开，受到西方列强主义欺凌的年代。所以，这个时期英语文学中对中国的描述带有很强的民族偏见和文化歧视。当然，也有一些认真观察、深切体会并富有洞察力和同理心的明智之作，但这个时期的整体作品色调还是偏阴暗的。

Q2：通过带领学生分析英语文学作者对中国社会和文化的解读，您希望他们能对中国历史及当下社会和文化进行怎样的反思并有所得？

事实上，这些英语文学作者对中国文化的解读对当时的西方世界建立关于中国的形象起到了很大的作用，而这些形象在很大程度上是构成今天西方人心中中国形象的底板。我希望通过带领同学们阅读这些历史文本，可以了解、讨论和评判他者对自己历史、国家、民族性格的观点，并在此基础上意识到自己对自己国家和民族了解的不足，同时产生对了解自己国家历史、文化、社会的兴趣和动力。我也希望同学们在指出别人的误解的同时，自己也能清楚地讲述本民族的历史和文化传统。

【教学设计】

Q3：您挑选课程阅读文本有怎样的依据和思考？

因为我自己是做中国现代文学研究的，所以我选取的阅读书目都是现代时期的。从 19 世纪末到 20 世纪 30 年代的文本中，我挑选的标准主要有两个，第一，是鸦片战争后的英语文学作品，且曾经在英语世界广泛流传，对英美为代表的西方的中国观产生过一定程度的影响；第二，作者的背景和观点要有多样性和关联性，观点之间要相互呼应，甚至互相矛盾都是可以的。

Q4：小组讨论、个人发言和 in-class writing 等互动性的教学方法如何助力您达到教学目标？

之所以会有互动性的教学，是因为我非常希望能通过增加课堂形式的多样性来吸引学生们的注意力，避免课堂枯燥乏味。

小组讨论：同学们可以在小范围之间交流了解，相互检测自己的观点是否严谨。他们之间有时会发生争吵，在这个过程中可以锻炼他们用英文沟通表达的能力，这个聆听他人、相互接纳和论证的过程能起到很重要的锻炼作用。

个人发言：虽然对于一个比较大的班级来说，把握每个人的发言时间有一定难度，但我基本会保证整个学期每个同学都有 3~5 分钟个人发言的机会。这会帮助老师了解每个同学，增强学生个体在教学中的主动性和存在感，与此同时，公开发言时问答环节会有互动，这也可以锻炼同学们的表达能力和反应能力。

课堂写作（in-class writing）：在这个环节，我们有时间限制，但没有字数限制，即尽可能在短时间内把观点自由地表达出来，这对学生个人观点的表达是很有帮助的。我会告诉学生，不用非常在乎语法，重要的是表达观点；可以用字典，可以查单词，只不过必须用英文。

Q5：课程对选课学生的英文水平有什么样的要求标准？您如何鼓励学生克服语言带来的心理压力，勇敢表达观点？

因为我们选取的文本有些是旧式英语，历史感比较强，挑战难度也比较大，所以我在选课介绍中提到了，需要英文"中级水平"。更详细地说，如果想在课程中有收获的话，词汇量在 4000 以上会比较好，如果以雅思水平衡量的话，至少在

6 分以上。

我会在课堂上给学生们讲一些英语阅读的技巧和方法，同学们也可以就具体问题来问我。我的建议是，刚开始即使读不懂，也要往下读，不要"绊"在那里。阅读，你要多读才能提高。没有必要 100% 读懂，我们每周 30 页左右文本，4~5 小时读完没有问题，读懂 60%~70% 就行，有些没有读明白的内容就暂且搁置，之后在老师课堂讲解和讨论中也会得到帮助。

其实阅读资料的难度是挺大的，我比较注重内容的质量，所以不会特地找很好读的语言材料。我会留必读和选读的材料，读完来上课，问同学们有没有读不通的地方。为了检测同学们是否读懂了，我会选一个比较有挑战性、容易误读的段落，专门在课堂上挑出来做细读。一个学期我们差不多要读 300 多页，相当于一本完整的书的厚度。学期结束后回头看第一周读的内容，会觉得比上这门课之前要好读得多。所以，不要被困难吓住，要不停往前走。

【通识探讨】

Q6: 您认为比较文学及跨文化领域的思维培养对学生的个人发展有怎样的裨益？对当今的人文学科建设来说又有怎样的重要意义？

我认为这可以帮助学生们在语言、思维和知识方面增强国际竞争力。希望同学们在明确并坚持自己立场的同时，也深入了解他者的立场，并能站在他者的角度思考问题。既立足本土，又有国际视野和国际交流能力，我觉得这是我们文科所强调并需要的——帮助学生认识并传承中国传统文化，在世界视野下深度理解当代中国和人类文明的丰富性和多样性。

Q7: 您认为文学的视角和异域的视角能为通识类的人文课程带来怎样的独特启发？在这一过程中，不同专业的同学们可能面临哪些困境，又应如何克服？

文学和异域的视角能帮助学生用比较文学与跨文化研究的基本思考方法，认识到中华文明在世界上的独特性及其与人类文明的共通性，能够在对中国及其传统文化有更深入了解的同时，对世界其他文明及文化产生好奇与兴趣，对各种历史及现代国际社会中有关中国的观点作出批判性分析与评价。

不同专业的学生在学习这门课的过程中大多态度积极，觉得很受启发，但也会有困境，比如，有些学生可能对阅读原版英语文学作品感到吃力或者觉得浪费时间、"没用"，有些可能对一些特别不同于自己认知的观点感到抗拒甚至愤怒，也有些完全没有跨文化经历和意识的同学可能会有非常狭隘的思考倾向，无法更好地参与课程与小组讨论，等等。我的建议就是，同学们要坚持积极阅读来扩展知识面，增强语言能力，开阔自己的视野，以一种开放包容、理性批判的心态来看历史、看现在、看世界、看中国、看他人、看自己、看相互之间的关系，成为一名有人文精神和国际视野的现代青年。

Q8：在您看来，要怎样在国际社会中塑造更加真实的中国形象？

首先，了解历史很重要，要了解中西交流的历史、他们对我们产生偏见和误解的历史根源，所谓"根深蒂固"的"根"在哪里，这是前提和基础。

其次，消除偏见和国力有密切的关系，我们确实要了解他们的观点和看法，但更重要的还是增强自己的自信心，在国际传播和交流中清晰地认识自己的位置。太受西方观点的影响去刻意改善我们的国际形象，这可能是缺乏自信的表现。我们只需要做好自己，按照我们的发展理念和价值观前进，强大自己并对人类发展做出贡献、产生正面影响，自然就会有好的形象。

最后，可能的话还是要学好英语，这样才能对他们的表达做到比较准确的理解，也能在国际舞台更好地自我表述。

《资治通鉴》导读

自淑，诲人，知道而乐。

开课单位　人文学院
课程分组　人文课组
学分学时　2 学分；课内 32 学时 + 课外 64 学时
特色教学　小班研讨；参观博物馆或历史遗迹

教师简介

张国刚，清华大学文科资深教授，人文学院历史系教授，2006 年入选教育部长江学者特聘教授。曾任中国唐史学会会长、中国中外关系史学会副会长、教育部历史教学指导委员会委员等职。历任德国洪堡学者，汉堡大学、剑桥大学、特利尔大学、柏林自由大学访问学者或客座教授。主要研究领域为隋唐史、欧洲汉学史、中西文化关系史等。出版著作近 20 部，发表学术论文 100 余篇，曾获《历史研究》创刊三十周年优秀论文奖（1984）、教育部全国高校人文社会科学优秀著作一等奖（2009）、国家级教学成果一等奖（2005）等，是国家级精品课程主讲教授（2009、2014）、北京市第十届教学名师（2014）。线上课程"中西文化关系史"先后被评为清华大学、北京市、教育部和国家级精品课程，2016 年入选教育部首批国家级精品资源共享课；"《资治通鉴》导读"慕课 2017 年入选教育部首批国家精品在线开放课程；"大唐兴衰"慕课入选 2018 年教育部国家精品在线开放课程。

内容简介

《资治通鉴》的内容涉及周秦汉唐的 1300 多年历史。正是中国文明与制度奠基与定型时代。本课程将通过对于历史人物与事件的分析，揭示中华文明的历史特征究竟是如何形成的，中国传统治国理政中的文韬武略究竟有何内容和意义。特别是结合古今中外的案例进行分析和讨论，比如，从三家分晋引发的为君之道与为臣之术问题；从战国商鞅变法及其意义引发的制度变革的得失问题；从秦国到秦朝的发展以及楚汉之争、刘邦建国等历史事实中引发的打天下与治天下问题；对于汉初到汉武帝时期的治理观念和制度建设的得失问题；东汉的士大夫问题；北朝的改革、南朝的士大夫政治；从杨坚、杨广到李世民、武则天、李隆基等隋唐风云人物的为政与为人；汉唐之间胡化与汉化问题；唐代中后期则聚焦于古代君臣论治以及社会转型与改革问题。

评价维度

课程作业；课程阅读与小组讨论；出勤；期末考试。

教材 / 参考资料

司马光：《资治通鉴》，中华书局标点本。

张国刚：《〈资治通鉴〉与家国兴衰》，北京，中华书局，2016 年版。

张国刚：《〈资治通鉴〉启示录》（上、下），北京，中华书局，2019 年版。

张国刚：《〈资治通鉴〉中的历史智慧》，北京，人民教育出版社，2020 年版。

张国刚：《〈资治通鉴〉通识》，北京，中华书局，2022 年版。

教学安排

第 1 讲　概说《资治通鉴》的成书与特色；三家分晋

第 2 讲　战国风云：政治家的悲喜剧

第 3 讲　从商鞅变法到秦灭六国

第 4 讲　立国开基：刘邦的成功之路

第 5 讲　汉武大帝

第 6 讲　方正与圆融：东汉的政治生态

第 7 讲　关键抉择：三国英雄何者胜

第 8 讲　曹魏国运与西晋乱局

教师微访谈

【 课程定向 】

Q1：在您看来，我们为什么有必要专门开一门讲《资治通鉴》的课呢？

首先，历史是文化素质课或者通识课的重要组成部分。例如在美国，美国历史其实是各级各类学校的通识课。我原来开过一门"中国史要论"，那个课以讲为主，读的东西少。相比之下，"《资治通鉴》导读"这个课程读的东西多。那为什么要导读《资治通鉴》呢？毛泽东主席曾说，中国历史有两部大书——《史记》和《资治通鉴》。《资治通鉴》有 300 万字，篇幅太大，一般人很难读下来。但我认为学习中国史，这本书必须读，所以就开了这个课。可以说大家要了解中国历史，了解从战国到宋以前这段历史，《资治通鉴》是无可替代的一本书。比如对战国的两件大事——商鞅变法和百家争鸣，《资治通鉴》对这些内容不一定有详细描述，但对于它的历史背景、历史舞台都有翔实的记载。接着需要提到的是秦汉大一统，它奠定了中国文化的基本格局。汉唐间的胡汉问题展现了中国多民族国家发展的另外一面。对如此重要的千年历史，《资治通鉴》有着详细而真实的记载，不可替代。这些算是历史的宏观层面。

其次是具体历史人物和事件所展现的历史智慧，可以算微观层面。都说读史使人明智，历史是最好的老师。《资治通鉴》注重治国安邦、经世致用，所以在这一主题下记载了很多鲜活的人物和事件。发未发之覆，解开历史的面纱，是本课的重要追求。正如王夫之所说——"自淑，诲人，知道而乐"，即提升自己，与人分享，学习修身治国之道而感到愉快，我们把这背后的人物和故事讲出来，就是要让大家感受到这些，最终提升大家察人知世的智慧。

Q2：跳出《资治通鉴》这本书，从更广阔的层面上看，您觉得我们学习历史有什么意义呢？

首先，历史是我们人类拥有的宝贵财富，甚至是我们区别于动物世界的重要标志之一。历史研究是一切社会科学的总基础。过去、当下、未来这三个时代断面中，我们拥有的就是历史，未来还没有到来，当下转眼之间就成为了过去，进入历史；因此，历史就是我们的一切。历史是人类走过的路，在历史的基础上我们走向未来、创造未来。

其次，历史是我们的智慧源泉，蕴含丰富的经验和逻辑，能给当下社会提供启发。孙权建议吕蒙要读书，"见往事"而增才略。

今天当我们看中国的问题时，如果没有历史的眼光，就很容易陷入鼠目寸光的困境。相反如果我们看看中国的五千年历史，再来谈对社会发展变化的认知，就可以避免目光短浅的问题。几千年来的历史川流不息，场景有变，人性没变；治乱兴衰的主角变了，背后的权力规则与得失逻辑仍在起作用。所以我们才说，以史为鉴，知兴替，明得失。

另外，历史也是我们的知识资源。我们论证观点、谈论思想，都需要讲事实摆道理，这个时候历史就作为我们共同拥有的知识资源，成为我们的依据和材料。上升到总体层面来看，我们正是在历史这一资源上构建思想、文化、智慧的。历史像语言和数学一样，是一种工具性的知识，因此是人人都需要的。

【教学设计】

Q3：课程大纲里，您这门课的参考教材包括《资治通鉴》原典和您撰写的《〈资治通鉴〉与家国兴衰》等几部书籍，您觉得大家应当怎样进行配合阅读呢？

《资治通鉴》原著是我们选读的基础，但是，又不可能有讲完全书的课程容量。于是选读就是必要，我的著作是我解读《资治通鉴》的心得，同学们可以借鉴我的解读入门，然后登堂入室。我的著作《〈资治通鉴〉与家国兴衰》等还涉及《资治通鉴》之外的许多知识，实际上就是起到了一个延展作用，它会比《资治通鉴》的内容更广阔一些，使我们更好地消化这部大书的内容。

Q4：根据教学大纲，这门课的评价包括平时成绩和期末考试两部分，您觉得

这两方面分别该如何操作呢?

如果我们有充分的课下讨论的话,我认为平时成绩占比会多一些,期末考试不会占特别的分量,只会略高一点。平时分几次布置作业,进行"阅读—思考—写作"的训练。首先是阅读,阅读后要有所思有所想,最后把它呈现出来,如果在讨论中就还要讲出来。目的就是提高大家分析历史文本和察人知事的能力。三次讨论和平时的一些作业就是我们评价的对象。

【通识探讨】

Q5:如课程名所示,这是一节"导读"课,但同时,清华通识课程又强调"学理深度",那么您是如何平衡导读的深度和广度的呢?

"导读"有两层意思,一个是"导"一个是"读"。我的课程还有一个副标题——"《资治通鉴》启示录"。

首先是"导",即将书中记载问题的逻辑、规律、特点分析出来,进行案例剖析,让大家理解《资治通鉴》背后的思想和智慧。大家平时看文本,可能常常看不出东西和道理来。所以我一方面通过我的分析帮助同学理解文本;另一方面也让同学们自己阅读文本进行分析。大家首先需要把一段文本的意思讲出来,这说明你读懂了;然后在这基础上你要分析背后的道理和历史经验。

其次是"读",即选择一部分文本让大家课后阅读讨论。当然根据教学的实际深入程度,我们也可以不摘选,找完整的一两卷让大家自由阅读。

在阅读材料选择上,我主要还是从"启示录"这一角度切入,选择对家国兴衰、治世得失有重大作用或者体现重大历史智慧的人物故事,比如唐玄宗,开元之治和安史之乱的背后有什么道理呢?我希望我们探讨的智慧不只是在历史成败这个层次上,更是要反思,当今的我们能得到什么。当然在带同学们"读"的时候,我的"导"会按一定的思路来。比如讲商鞅变法,我不会局限在商鞅变法上,我会分析历史的不同走向,这个走向实际上有关于当今中国要走的中国特色社会主义道路,它有其独特的内涵。总之,"读"的目的是引导同学们进行思考,训练大家的思维能力和察古知今的辨别力。

Q6：您觉得在学习这样一门历史学的通识课时，师生应该如何共同努力，让它真正有内涵、有收获、有意义？

我觉得好的课堂应该是活跃的，有充分互动。根据我在国外教书的经验，国外高校的老师很少把精力放在课堂秩序上，但是他的考试和作业"来真的"，因此我非常期待课堂上学生专注、老师倾囊相授，同时师生能互动。

此外，课外阅读非常重要。我的《〈资治通鉴〉启示录》上下册，是必读材料，投入时间多的学生还可以自己找感兴趣的材料；不仅是原著，还可以读一些别人对原著的分析。当然现在大家的课业负担都很重，因此我觉得还是先保证基本的阅读，然后根据自己的兴趣和精力适当拓展。

孔子和鲁迅

> 孔子问题是两汉以来中国文化的核心问题；
> 孔子问题不解决，则中国现在文化的动向无法确定。

开课单位　人文学院

课程分组　人文课组

学分学时　2 学分；课内 32 学时 + 课外 64 学时

特色教学　小班研讨；札记体写作训练

教师简介

顾涛，清华大学人文学院历史系教授，人文学院副院长，日新书院副院长。北京市青年教学名师，北京市课程思政教学名师。研究方向为中国制度史、思想史、边疆史。出版著作《汉唐礼制因革谱》《耕读经史》《礼学翠微》等。承担清华大学精品课"《史记》研读"、课程思政示范课程"孔子研读"、通识荣誉课"孔子和鲁迅"等教学工作。

内容简介

梁启超曾说："盖中国文明，实可谓以孔子为之代表。苟使无孔子其人坐镇其间，则吾史殆黯然无色。"中国历史上没有任何一个人物的评价，有如孔子这般复杂、争讼、扑朔迷离、难以调和。一千个人心目中有一千个孔子，每一个孔子都不一样，从顶礼膜拜直到猛烈攻击，形成针锋相对的两极。孔子问题，是中国文化传统中最难攻克的第一等学术难题。

孔子在两千多年的历史演进中被层层的"笋壳"包裹住，孔子思想在后世的狂热崇拜和激烈批判中，异化为一个个"概念木乃伊"。课程将从"由孝观仁""由仪入礼"两条主线展开，剥去包裹在孔子身上的层层"笋壳"，借助鲁迅的慧眼，透射入孔子思想的精髓。人类如果要在 21 世纪生存下去，就必须回首二十五个世纪之前，去孔子那里汲取智慧，这个孔子，一定不是假孔子、死孔子或旧孔子，而是真孔子、活孔子和新孔子。费孝通呼吁，"我急切盼望新时代的孔子的早日出现"。时代赋予当今各专业学子的巨大学术难题，一方面要向着博大的文明传统挺进，把历史上的各种"孔子问题"弄懂弄透；另一方面则要朝着全面建成社会主义现代化强国努力，提出中国主张，亮出中国智慧，拿出中国方案。完成这"二合一"，也就抓住了属于我们这个时代的最大机遇。

评价维度

圆桌式讨论；深度阅读测试；札记体写作。

教材 / 参考资料

司马迁：《史记·孔子世家》，北京，中华书局，2011 年版。

朱熹：《论语集注》，北京，商务印书馆，2015 年版。

Benjamin Schwartz, *The World of Thought in Ancient China*, Cambridge, Mass: Belknap Press of Harvard University, 1985. / ［美］本杰明·史华兹：《古代中国的思想世界》，程刚译，南京，江苏人民出版社，2004 年版。

费孝通：《孔林片思：论文化自觉》，沈宁整理，北京，生活·读书·新知三联书店，2021 年版。

Lionel M. Jensen, *Manufacturing Confucianism: Chinese Traditions and Universal Civilization*, Durham: Duke University Press Books, 1998. / ［美］詹启华：《制造儒家：中国传统与全球文明》，徐思源译，北京，北京大学出版社，2019 年版。

顾涛编：《摩登圣人：鲁迅眼中的孔夫子》（自印本）。

教学安排

第 1 讲　导言：孔子长什么样？

第 2 讲　两极："孔圣人"与"孔老二"

第一单元　由孝观仁

第 3 讲　舜德："孝"如何变成"二十四孝"

第 4 讲　儒佛双修：佛教如何征服中国

第 5 讲　Confucius：经学时代的撑破

第 6 讲　幼教：鲁迅的"救救孩子"

　　　　小班讨论：仁的社会学困境

第二单元　从仪入礼

第 7 讲　礼之本：天下无一物无礼乐

第 8 讲　礼云乐云：君子与伪君子

第 9 讲　与政通：唯乐不可以为伪

第 10 讲　反礼教：礼法断层与"游魂"的生成

　　　　　小班讨论：礼的精华——基于礼教批判

收尾　孔子问题

第 11 讲　司马迁"丧家狗"的启示：活孔子

第 12 讲　芬格莱特的启示：新孔子

第 13 讲　竹内好《鲁迅》的启示：真孔子

第 14 讲　深度阅读测试

教师微访谈

【*课程定向*】

Q1：这门课的名字很直白又很有趣，您为什么会选择孔子和鲁迅这两位中国思想史上的著名人物呢？他们有何矛盾与联系之处？

哈佛大学的史华兹（Benjamin I. Schwartz）曾经说过："孔子所拥有的独一无二的地位的确是罕见的，在任何其他古代文明之中找不到恰当的对等人物。"如果说"孔子"所代表的是中国 2500 年的历史文化传统，那么"鲁迅"所代表的则是近 100 年来批判传统、打倒孔家店的五四之魂。孔子和鲁迅，是中国 2500 年和100 年最激烈的锋芒对峙。

Q2：您将探寻"真孔子、活孔子、新孔子"作为课程的重要目标，那么具体

而言，您希望同学们如何解读孔子，如何理解其中的"真、活、新"呢？

实际上大多数人所看到的孔子是假孔子，比如对于礼这个问题，很多人会讲究所谓的礼仪、礼节，但这种对礼的注重很多时候会流于虚伪，孔子实际上最反对形式主义。当宋代的朱熹得出"天下无一物无礼乐"时，他的理解已独步千古。我们上这门课不是让大家去学那个死孔子，那个文本的孔子，而是在理解了精髓之后将孔子用活，探寻活孔子，甚至是在课程学习后认识一个"矛盾"的孔子。课程会主要注重"真"和"活"两部分，这一点我们可以通过课下的阅读和课堂讨论互动实现。而"新"这个终极目标在课程最后提炼出来，它更多还将依靠同学们在结课后继续去体会。

【教学设计】

Q3：我们发现您非常用心地列出了本课程的必读书单，其中既有古籍也有新著，还包括外国学者的著作，您是基于哪些考量选择了这几本书的呢？

这些书都是精心挑选过的，而且我现在还在不断修改书单。实际上对于人文学院的同学来说，如果想真正读懂孔子可能需要四五十本书，而为了不给选这门通识课的同学们造成过多负担，我从里面遴选出了古今中外共 10 部小书作为必读书目，大概 1~2 个星期可以读完一本，课程大纲也是几经删改。其中有一本书《孔子的树荫》是我选编的十几篇顶尖学者研究孔子最精彩的论文合集。因此总体来看，课外阅读量最终是 10 本书加 10 篇论文。

Q4：您曾提到"沉浸式"课外阅读，这个词对大家来说或许有些陌生，您可以具体描述一下这种阅读方式的要求和目标吗？

通俗地说，沉浸式阅读就是坐在图书馆四个小时、可以完全隔绝周遭环境的影响、浸泡在书本中深入阅读的能力，人文学科的学习十分需要沉浸式阅读的能力，比起我们如今每天都在进行着的快餐阅读、屏幕翻看、浏览式泛读，这种专门空出大块时间深入阅读经典并进行思考、得出相关体悟的能力对今天的大学生来说是极为稀缺的，但正是这门课着力要培养的。特别对于理工科的同学来说，可能平时习惯于做比较多的演算题目，在这一解题过程中或许能沉浸许久，那么现在我们要培养的是在文本阅读中"沉浸"的能力。

Q5：札记体写作训练也是您教学的重要组成部分，这与我们一般接触的读书笔记或论文写作似乎有很大不同，这一安排有何深意，具体又将怎样进行呢？

札记体写作应该说是我这门课的一大特色。一般的人文类课程的确多以论文的形式作为考核方式，但这门课程希望简化形式上的一些东西，比如摘要、引用、注释格式等要求，而专注于学生的感悟和理解，论文和读书笔记可以有引用和摘录，但是札记通常都是自己写的真实的灵光闪现，无论是非常赞同这个观点还是非常反对这个观点，都是我希望同学们真正写出的东西。札记体写作也可以帮助大家切身感受人文学科创新是从何而来的。可能一开始，我们写下的观点会非常幼稚，札记是半成品，是粗制品，这都没关系，慢慢积累下去就可以。其实清代学术能取得巅峰成就很大程度上是依靠札记的，现在我们人文领域的不少老师也多有记札记的习惯。

Q6：您将期末随堂测试设置为"深度阅读测试"，并提到其目标是考查"思想增量"，具体而言，您预计如何设计测试题目，来体现这种阅读的"深度"和思想的"增量"呢？

对于我这门课而言，课下的阅读是很必要的。如果单纯听课上内容，可能收获难以达到预期。那么期末的阅读测试实际上就是对一学期阅读积累的考查。题目的设计会从阅读书目中来，与课程中几个重要的研讨点相结合，大家在课程中会就不同的点产生不同的思想碰撞，最后的设计也会根据思想碰撞而变化。这样一来，如果平时不读书、不进行思考，到最后就很容易捉襟见肘了。

【通识探讨】

Q7：清华通识荣誉课程强调"高定位""高挑战度"。这门课的阅读量相对较大，阅读内容对同学们来说想必也有一定难度，那么您期待怎样的同学进入课堂，去接受这些挑战呢？

在设立课程时，我并没有设置任何先修要求。实际上，这门课程并不期待同学们在一开始的时候就具有很高的阅读水平，其实更注重的是同学们在课程过程中的收获与提升。可能在刚开始的第一个月，你写出来的札记并不算好，但是在每一次交札记时，助教和老师都会在你的感悟上写下反馈，经过反复的修改、互动和讨论，我相信最终大家由研读而思想输出的能力会有很大提升。

Q8：都说教学相长，在这样一门注重阅读、思考和讨论的课上，您期待师生之间碰撞出怎样的火花呢？

分享一段我印象深刻的经历吧。前些年有一位经管学院的学生，他对《史记》《汉书》产生了浓厚的兴趣，用他自己的话说叫作"痴迷于古典"。在本科阶段写了一本书叫《汉兴八十年》，在毕业的时候把这本书拿给我看。他对秦亡汉兴的这段历史的描写，给我带来了很强烈的触动，我也提出了不少建议，最终在研究生阶段经过修改，已由清华大学出版社出版。这位同学在清华的 7 年甚至已经超出了前面提到的"沉浸式阅读"的范畴，到了痴迷的境界。而这实际上就是阅读和思考给人带来的持续性影响，对老师和学生来说都具有很大的启发意义。

Q9：作为一门通识选修课程，跨专业、多学科是其重要属性，在您看来，这门课的学习对不同专业和学科背景的同学有何共通意义？更进一步，对于他们的专业学习是否会有别样的启发呢？

对于不同专业的同学而言，在这门课上的互相启发是非常重要的，人文社科领域的同学和理工科的同学可能会出现不同的看法，这也是我非常期待的一点。去年有一位计算机系已经本科毕业，在深圳研究生院读研的同学去游览曲阜——孔子的老家，最后给我邮寄来了一幅书法，我一打开赫然五个大字——"救出孔夫子"，我想这应该是他这些年有感而生最无法抹去的一种内心的激情。其实从我的角度出发，我无法代入同学们具体地说会获得怎样的独特启发，但我相信这门课培养的是同学多角度看待问题的能力，对同一话题，不同的人会生发出不同的观点。比如对平时接触人文领域不多的同学而言，这种能力很可能是对理工科"真理论"的一种冲击。

02

第二章

社科课组

通过分析政治、经济、法律等社会现象和问题，培养学生从多元视角理解、解释、解决社会问题的能力，塑造本土关怀，拓展全球视野。

经济学思维

以理性思维自强不息，以经济之学厚德载物。

开课单位　社会科学学院
课程分组　社科课组
学分学时　3 学分；课内 48 学时 + 课外 96 学时
特色教学　小班研讨

教师简介

王勇，清华大学社会科学学院经济学研究所教授、副所长，国家社科基金重大项目首席专家，北京大学光华管理学院博士，哈佛大学经济学系博士后，牛津大学桑坦德访问学者。主要研究领域为数字经济与平台经济、企业理论与国企改革等，发表 60 余篇学术论文，出版多部著作。曾获国家级一流本科课程、北京市高等教育教学成果奖一等奖、北京市青年教师教学比赛二等奖、清华大学精品课程、清华大学通识荣誉课程等荣誉。

内容简介

"经济学思维"旨在为青年学子"修身、齐家、治国、平天下"终身成长提供必备的经济学思维工具。课程着眼于高层次人才的培养，打破原有经济学教学体系，结合学生的成长路径，融合心理学、社会学、政治学、金融学等多学科知识，建立起一套强调思维训练的跨学科融合性知识体系。内容涵盖"个体决策、群体互动、组织行为、公共政策与全球治理"等五个的重要决策领域，训练同学们运用经济学思维解决实际问题的能力，提高认知和决策水平，以成长为富有理性思维和前瞻性眼光的高层次人才。自 2017 年开设以来，本课程取得了一系列较好的教学成绩，先后荣获清华大学首批通识荣誉课程、清华大学精品课等荣誉称号，2023 年被评为国家级一流本科课程。

评价维度

课程出勤；课堂讨论（包括 4 次小班讨论）；小作业；读书报告；课程论文；期中和期末考试（半开卷，评分包括一页 A4 "大抄"）。

教材 / 参考资料

N. Gregory Mankiw. *Principles of Economics*（*7th Edition*）, Cincinnati, Ohio: South-Western College Pub ulishing, 2014.

张维迎，《经济学原理》，西安，西北大学出版社，2015 年版。

［美］保罗·海恩，［美］彼得·勃特克，［美］大卫·普雷契特科：《经济学的思维方式（英文版）》，北京，机械工业出版社，2016 年版。

［美］曼昆：《经济学原理》，梁小民、梁砾译，北京，北京大学出版社，2015 年版。

教学安排

第 1 讲　从算盘到算法：经济形态的演变

第 2 讲　理性、均衡与制度：经济学思维的核心特征

第 3 讲　价值理性与工具理性

第 4 讲　不做超市里的野蛮人

第 5 讲　上帝也在扔骰子

第 6 讲　零和博弈与正和博弈

第 7 讲　走出"囚徒困境"

第 8 讲　企业之间的博弈策略分析

第 9 讲　企业性质的演变

第 10 讲　企业家精神与创新

第 11 讲　市场：看不见的手

第 12 讲　政府：看得见的手

教师微访谈

【课程定向】

Q1：我们注意到这门课叫"经济学思维"而非"经济学原理"，请问这门课和"经济学原理"有什么不同？课程的主要定位是什么呢？它的专业课性质和通识课性质如何兼容交融？

首先，"经济学思维"这门课主要强调经济学思维方式的训练，重点是"How"，强调知识的运用；而传统的"经济学原理"重点是传授经济学的基本知识和原理，重点是"What"，强调知识的讲解和传授。这门课定位于服务清华培养高层次人才的需要。在我看来，不管什么领域的高层次人才都需要具备高水平的决策能力，故这门课通过理性思维的训练，结合同学们成长过程中将会遇到的决策场景和问题，训练和提升同学们的决策能力。

其次，从教学内容的专业程度来看，这门课强调面向问题的思维方式训练，所以，专业知识方面的难度不高，但所涉及的知识面却很宽广，特别是会和国际学术前沿非常接轨。在课上，我们会引入近年来获得诺贝尔经济学奖、克拉克经济学奖的经济学家们的思想，不仅介绍他们面对现实问题提出的观点是什么，更强调他们是怎么思考这个问题的。因此，和"经济学原理"相比，这门课涉及更多的现实问题、更多的方式方法、更多的前沿新知。

简而言之，这门课是一门专业色彩比较浓郁的融合性课程，尽管对大家前置性的知识要求不高，但会挑战同学们的学习能力。

Q2：您这门课的课程设计是如何构想的呢？教学内容是依据什么逻辑来展开的呢？

我在进行课程设计时，首先想到的是同学们的终身成长，特别是要成长为"治国栋梁、兴业英才和学术大师"的高层次人才，因此，这门课在设计时，就以同学们潜在的成长历程为导向，思考同学们在成长中会遇到的那些重要的经济问题，该用哪些重要的经济学思维去解决，以这样一种思路来组织教学内容。

相应地，教学内容展开的逻辑就是我们古人所讲的君子成长的逻辑，即"修身、齐家、治国、平天下"。（注意，古人所讲的君子，不仅有道德楷模的意思，更多的其实是领导者的含义，即我们现在所讲的"高层次人才"。）在此基础上，我扩展为"修身、乐群、齐家、兴业、理政、治国、平天下"，以更好地贴合同学们成长的历程。

具体来说，"修身"部分，我们主要训练同学们的理性思维方式，特别是作为个体如何进行理性的经济决策，包括如何摆脱非理性，进行理性消费、理性投资等，涉及成本收益分析法以及行为经济学等知识。

在"乐群"部分，主要是训练同学如何建立起良性的与他人的互动关系，正确地面对竞争和合作，建立良好的团队精神，会涉及博弈论以及社会网络理论等。

修身之后是讨论"齐家"。同学们毕业之后开始进入恋爱、婚姻、子女养育的阶段，这个时候，我们如何用经济学的思维方式去认识这些情感婚姻一类的事物？怎么保持理性的深入思考？这一部分实际上是想引导大家用比较正确的思维方式去认识我们成长中非常重要的婚姻家庭等富有情感色彩的问题。

"兴业"部分主要是讲同学们的工作，或者同学们的创业、经营。这一部分实际上是结合经济学、管理学等中的企业的理论、劳动市场的理论，把就业决策、创业决策、经营决策所需要的思维方式提炼出来。

在讲完上述私人领域的经济决策后，将开始讨论公共领域的决策问题，即治国理政。这一部分是设想同学们毕业后进入政府部门，想成长为治国栋梁，该如何进行公共决策的问题。公共决策主要分成两大部分：一是涉及微观层面，是指市场监管、公共管理、社会福利等，即"理政"；二是宏观领域的公共决策，是指货币政策、财政政策等，即"治国"。我们会讨论制定这些宏微观领域的公共政策应该借助什么样的思维方式。

最后就是"平天下"。实际上作为现代的高层次人才，需要有全球化的视野，应该有一种全球公民的责任感。所以最后会讨论一部分全球化问题的决策，如贸易自由化、全球的可持续发展等。

概括来说，这个课程的设计思路是服务于同学们的终身成长，希望在同学们成长的每一个阶段，这门课程都能够给大家提供决策的思维方式和方法，帮助大家做出英明睿智的决策。

【教学设计】

Q3：您提到这门课侧重思维方式的训练，请问如何对同学们进行训练呢？课程中会让同学们进行决策场景的模拟训练吗？这些情景是如何设计的？可以举个具体的例子吗？

强调思维方式的训练是我们这门课区别于"经济学原理"最为显著的一点。而要进行训练，一定需要结合具体的决策场景。当然决策场景的训练方式有多种，一种就是学习与观摩，另一种就是讨论与交流，还有一种就是身体力行与自省反思。

学习观摩的训练方式主要通过我的授课以及邀请的课程嘉宾的讲座来进行。在课堂上，我会介绍很多重要的经济决策场景，告诉大家背后思维方式。此外，这门课还会邀请来自企业界和政府部门的课程嘉宾，结合他们具体的业务决策来向同学们介绍他们的决策过程，让同学们体会和观摩。

讨论交流会安排在小班课或研讨课上进行，主要由同学来介绍所读文献中相关经济决策问题，或者是角色扮演，假定你的身份现在是我国的财政部部长，或者是我国央行的行长，当遇到危机，你怎么决定现在国债的发放规模，或者财政政策应该怎么去制定？制定的理由是什么？有什么积极或者消极的影响？

身体力行的方式主要安排在课下由同学们的自身实践来完成。比如，假定你是一个消费者，现在"6·18""双十一"要到了，面对某一款你心仪的产品，厂家推出了力度很大的促销活动，你会怎么做决策？

总之，这门课会提供多种方式的思维训练，希望通过这些训练，能够切实提高同学们认识与分析经济问题的能力，从在校求学时期就开始作出高质量高水平的决策。

Q4：您这门课要求的阅读量如何？推荐的阅读材料是怎样选择产生的？

这里要给选课的同学打个预防针，这门课的阅读量非常大，不仅要阅读教材和参考书，更要阅读一些经典著作和最新文献。从难易程度来看，教材是最容易的，经典著作就有些难了，最难的则是新的文献。前面提到这门课比较注重和国际学术前沿接轨，因为做决策是一个现实问题。"经济学原理"是把大家都已经接受了的理论作为原理来介绍，但其实这些年经济学的发展是非常迅猛的，原来大家都承认、接受的一些结论，逐渐会被发现是有前提的。这样的话，有时候书上所讲的结论就不太适用了。所以，当大家面临现实问题做决策的时候，不仅要知道传统的原理，还要知道最新的见解。这就要求大家要去阅读最新的文献。因为这些最新思考往往就包含在那些最新发表在国际国内权威期刊的论文上。

Q5：您觉得同学们可能会在学习中遇到什么样的困难与挑战？

主要是两点。第一点就是信息量的挑战。我在课堂上可能会给大家提供非常大的信息量，因为涉及的问题很多，会对大家进行思维方式的饱和式训练，需要大家上课聚精会神，进行沉浸式学习。

第二点就是阅读量非常大。这门课不仅要求同学读一些经典著作，更重要的是还会安排大家去研读一些新的比较重要的期刊论文，这些论文大部分都是英文的。阅读量主要是基于我们小班课程来安排的。

Q6：讲完挑战性，您预计同学们在本课程中的最大收获是什么？最感兴趣的内容可能是什么？

我希望这门课给同学们带来的最大收获是明智决策、理性成长，即让大家能够用比较理性的方式来面对我们成长过程当中的一些重要问题，帮助同学们作出明智决策，让人生的成长更加顺利更加平稳。

考虑大家的年龄和经历，我预计大部分同学可能会对"乐群"这一部分感兴趣吧。乐群是借助博弈论的思想告诉同学们如何进行与他人的互动决策，大学生活和高中生活相比，同学们之间会开展更多的交往，走向社会后，更是需要大量的人际交往，因此，我想博弈论这一互动决策的理论是大家会感兴趣的。

总之，这门课尽管富有挑战性，需要投入比较多的时间，但绝对值得，不仅收获满满，而且意趣盎然。

Q7：在考试设计中，您的要求是学生可以携带一张 A4"大抄"进入考场；为什么会选择半开卷的形式？您在试卷问题的设计上有什么心得呢？

我这门课的考试方式也比较新颖，叫"大抄"，属于半开卷的方式。"大抄"，就是光明正大地"抄"，而不是偷偷摸摸地"打小抄"。具体来说，考试时，允许同学们带一张 A4 纸进入考场，这张纸上面可以记下重要的概念、名词、公式，或者同学们认为任何有可能考到的内容。

这么做的主要目的是训练同学们"从厚到薄"的提炼归纳能力。从厚到薄的提炼归纳能力是非常重要的学习能力，把一学期课程的重点要点能整理到一张 A4 纸上，是这种能力的一种体现。

在试卷问题设计上，我最主要的心得是增设了阅读材料分析题型，即通过提供现实的经济报道素材或是节选著名经济学家的文章，让同学们读完之后开展经济分析，回答问题。这不仅会鼓励同学们认真对待平时的课下阅读，也考查了同学们运用知识的能力，同时把考试也变成了一个学习环节，从考试中获得新知和新智，可以说一箭三雕呢。

【通识探讨】

Q8：最后，您对选课的同学们有什么样的期待或寄语？

以理性思维自强不息终成栋梁；以经济之学厚德载物不负年华。

生活中的经济学

经济学是最为重要的社会科学学科之一，
而生活的逻辑其实就是经济学的逻辑。

开课单位　社会科学学院

课程分组　社科课组

学分学时　2 学分；课内 32 学时 + 课外 64 学时

特色教学　贴近学生生活，紧跟时事热点

教师简介

靳卫萍，清华大学社会科学学院经济学研究所副教授，理论经济学博士，清华大学社会科学学院政治经济学研究中心秘书长、宏观经济研究部主任。主要研究领域为宏观经济学和凯恩斯经济学，教授课程包括"经济学原理""经济思想史""中国经济分析""高年级学术研究训练"等，曾获 2019 年清华大学优秀慕课奖、2019 年和 2020 年度教学优秀奖，2017 年教学基本功大赛一等奖，2015 年和 2019 年优秀班主任一等奖等教学奖励，"经济学原理"被评为国家级线上一流本科课程。

内容简介

本课程是将经济学原理中的最具有魅力的概念和原理与生活中遇到的现象进行完美结合。经济学原理包括微观和宏观原理。在微观部分，帮助学生在学习相关原理的基础上对遇到的生活中的现象进行分析，使大家对生活中出现的现象的认知由模糊到清晰，培养经济学思维；在宏观部分，让学生们了解宏观经济运行框架，跳出专业所限，看到自己所学的专业在中国经济中的位置，了解并认同专业学习和研究可能对未来中国经济高质量发展的贡献。

评价维度

一课一问；课程讨论；课程阅读。

教材/参考资料

［美］N. 格里高利·曼昆：《经济学原理（第八版）》，梁小民、梁砾译，北京，北京大学出版社，2020 年版。

教学安排

第 1 讲　经济学研究的是什么

第 2 讲　买买买的经济学（一）

第 3 讲　买买买的经济学（二）

第 4 讲　买买买的经济学（三）

第 5 讲　教育内卷背后的经济学

第 6 讲　科斯定理（一）

第 7 讲　科斯定理（二）

第 8 讲　平台、反垄断与加强监管（一）

第 9 讲　平台、反垄断与加强监管（二）

第 10 讲　中国 GDP 超过美国意味着什么？

第 11 讲　通货膨胀是怎么形成的？

第 12 讲　货币是哪儿来的？

第 13 讲　当前宏观经济形势分析（一）

第 14 讲　当前宏观经济形势分析（二）

第 15 讲　当前宏观经济形势分析（三）

教师微访谈

【课程定向】

Q1：您开设"生活中的经济学"这门课程的初衷是？

2017 年暑假，我参加"唐立新奖"地中海游学时发现，很多理工科背景的老师和学生都对社会经济现象很感兴趣，但是他们通常是从本专业角度或生活常识的角度去理解，而非从经济学的角度去分析。由此，我萌发了要开设"生活中的经济学"和"中国宏观经济分析"两门通识课程的想法。

其实对于需要入门经济学的学生而言，这一门课程就可以了解经济学基本的研究内容和研究方法，并不一定要通过修双学位等方式来实现。使学生最快地对经济学进行了解，是开设课程的另外一个初衷。

这门课程主要是面向理工科学生的。因为我想让学生们跳出自己的专业，看到自己所学的专业在中国经济中的位置，以及了解、认同自己所从事的专业学习和研究可能对未来中国经济转型升级的帮助。对于一些学生而言，他们可能会带着转专业的想法来选课。通过几年的课程，我反而还"劝退"了那些希望转到经济学的学生。原因很简单，尽管经济学高于生活，但毕竟源于生活，想把握其基本规律并不是十分困难；专业选择不仅要符合自己的兴趣，还要与中国经济发展需求相契合，把个人的发展纳入国家的历史进程中，这才是最好的人生选择。而且，经济学是长期供大于求的专业，国家也需要很多理工科的学生努力科研创新，挖掘中国科技硬实力。

Q2: 您认为经济学视角的特殊性是什么？这样分析问题对我们实际生活有哪些帮助？

经济学是最为重要的社会科学学科之一，提到经济学，就不能脱离它的特定含义和研究范围。经济学是一门研究人类在"稀缺"前提下做出选择的科学，是在稀缺条件下资源的优化配置。稀缺性是指现实中人们在某段时间内所拥有的资源数量不能满足人们的欲望时的一种状态。显然，资源是有限的，欲望是无穷的，所以稀缺是普遍存在的。

很多人都认为钱是最稀缺的，然而实际情况是人最稀缺的不是钱，而是时间——每人每天只有 24 小时。鲁迅说过，时间对于我来说是很宝贵的。用经济学的眼光看时间就是一种财富。我曾经在网易云音乐上看过这样一条热评："到了一定年纪，我们就必须扔掉 4 样东西——没意义的酒局，不爱你的人，看不起你的亲戚，虚情假意的朋友。"我们每个人一天只有 24 个小时，却总把大把的时间花在了取悦无关紧要的人身上，这就是在浪费生命。所以，我们应该过滤掉生命中那些无用的社交，才能在繁华浮躁的尘世中，活得清醒又独立。

经济学还有一个重要的假定——理性人。理性人是对从事经济活动的所有人的基本特征的一个一般性的抽象，是指"能利用所有可获得信息做出投入最少而收获最多的选择的人"。学习经济学，就是要求人们从理性人的角度看待事物。对于严肃的社会科学而言，人类的温情和善良是很少被考虑的，如果不把所有人设定为唯利是图，那整个经济学就失去了基础。撒切尔夫人曾经说过："经济学是一种方法，其目标是改变心脏和灵魂。"尽管人不是所有时候都保持理性，但基于理性人之下的经济分析，构成了一种标杆。

【教学设计】

Q3：您是如何把生活案例和经济学知识结合起来的？

很多人认为经济学只是研究"经济"的，比如产业、贸易、金融市场，等等，这些领域似乎离我们很遥远。其实，对于普通人而言，经济学就像月亮紧跟地球一样跟你紧密相关，经济学分析的内容既包括婚姻、家庭、健康等与个人相关的问题，也包括政治、教育、犯罪、环境等跟社会相关的诸多问题。毫不夸张地说，日常生活的方方面面都涉及经济学。从最简单的角度来看，生活中人们都无法避免选择，明智的选择使现在和未来都更快乐、舒适和幸福。比如，当我们买到性价比极高的商品时，就能感到"小确幸"；反之，如果意识到买的没有卖的精，就会不开心。

课程设计包含微观层次和宏观层次的经济现象的说明。在微观层面，生活中学生们总遇到关于专业选择等方面的困惑，那么经济学的很多原理，例如机会成本、成本与收益等都会帮助学生做出自己的选择。"买买买"的经济学，会分析"双十一"促销背后的经济学，包括消费者行为理论和宏观层面的变化。例如，2019年"双十一"的口号是"社交场景、下沉市场、全民拼购"，从这些口号入手帮助学生理解什么是新基建和新动能，理解电商厮杀背后的利润来源。此外，以社科为背景的经济学，也会围绕热词分析，例如"打工人"是在新冠疫情之中收入下降或难以明显增加收入的底层收入人群与中产阶层在互联网平台上的舆论合流，"名媛拼购"是搭上新经济快车的人向上层次阶级的攀爬，"凡尔赛文学"

则意味着在新经济发展中产生的冲突等。

Q4：您是如何安排每节课程的课堂时间的？

每次课堂刚开始时，我会花一些时间分析当下的经济热点，讲讲每周发生了哪些重大的经济事件。现在自媒体太多了，很多分析的声音会打架，我会有逻辑地帮学生梳理。根据当下经济事件的复杂程度以及大家的关心程度，我会灵活调整这部分的讲授时间。这门课程经常会随着生活现象的发生来代入课程内容，课程规划也会随之而变化，当然这些变化的首要原则就是学生的需求和兴趣。

第二部分就是根据大纲里的原定内容进行讲授。

此外，我的课程里有很重要的一个环节——提问。每次课程会布置一个问题，即"每课一问"，一共 12 次，提的问题可以是课堂内容之内的，也可以是课堂内容之外的；可以自己提问自己回答，也可以请老师或助教回答。

Q5：这门课程有什么特殊、有趣的环节吗？

一般我会让学生在开学的时候提一个问题或是在这门课上想要达到的小目标，写在小纸条上交给我，在期末的时候发回给他们，让他们可以传阅，看看有没有达成开学时的目标。

Q6：每周课下 4 个小时的学习可能存在一定的挑战，您有没有对同学们学习经济学更加高效的建议？

最重要的还是关注、观察生活中的经济现象，心里有这门课。我希望这 4 个小时用得非常自然，比如每次作业的字数就限定在 500 以内，也是希望大家不要把它当成负担，重要的是对思维的凝练，甚至可以用思维导图的形式来画，只要逻辑足够清晰、概念理解正确就可以。

【通识探讨】

Q7：2020 年是特殊的一年，在这样的国际形势下了解经济学有哪些特殊意义？

希望学生们关注的是在当前百年未有之大变局下，中国道路的选择和个人的选择相一致的问题。也希望他们能明白中国经济在向上提升过程中，中国制造、科技和创新的意义所在，从学理上理解扶贫和乡村振兴的经济意义与历史使命。唯有此，才能让学生更清晰地看待未来，并且学会预测未来可能会发生的现象。希望这门课可以通过有逻辑的推演让经济学的游戏在学生们的脑海中留下烙印。

Q8：清华通识荣誉课强调"高定位""高挑战度"，在您看来，这门课对同学们最大的学习挑战在哪？将如何引导大家迎接和克服挑战？

为了提高挑战度，我通常只讲微观、宏观的基本定义和原理，课堂上有展示环节，请学生们在查阅资料的基础上自己分析、讨论和展示，也可以找我讨论，进而加深对经济学原理的理解和分析方法的掌握。我希望课程是"学一部分、推一部分、错一部分、讲一部分"。希望这样的方式可以给学生提供一个思考问题的路径，让他们知道生活中遇到的问题会出现在什么地方、去哪里求助、怎样寻找资源，带他们在方法上入门。

Q9：您有什么想跟即将走入课堂的同学们说的？

热爱生活，就可以选这门课。

通过学习这门课程，不仅是让学生爱上经济学的分析方法和框架，更重要的是热爱生活。生活并非一帆风顺，生活的哲理却是不变的，学会用经济学原理来分析生活中的经济现象，则如虎添翼。

生活中，人性、社会、历史和政治是慢变量，互联网、人工智能等科学技术是快变量。我们容易掌握规律的是慢变量，而焦虑的是快变量。当我们退后两步看，我们看到的就是生活的哲理和规律，以及所有的慢变量。掌握这些规律，会让你的人生减少焦虑，以至于更从容、更坦荡。

法律思维

> 我不认为任何人都应该成为一名律师，
> 但是上法学院实际上是有用的，因为它教会你如何以某种方式思考。
> ——斯蒂芬·乔布斯

开课单位　法学院
课程分组　社科课组
学分学时　3 学分；课内 48 学时 + 课外 96 学时
特色教学　小班研讨

教师简介

刘晗，清华大学法学院副教授。著有《合众为一：美国宪法的深层结构》《想点大事：法律是种思维方式》，论文见于《中国社会科学》《中国法学》《美国比较法杂志》等刊物。曾获美国比较法学会英特玛奖、北京市百名法学英才、清华大学学术新人奖等荣誉。讲授课程入选国家级一流本科课程，获清华大学教育教学奖励十余项。

内容简介

本课程是超出法学专业视野、面向全校各专业本科和研究生介绍法律思维的通识课程。课程以法律领域经典文献和经典案例为材料，通过课外阅读、课堂讲授和课堂讨论相结合的方式，引导学生透过法条、程序和案例，掌握法律思维的基本模型和总体特征，理解复杂的法律体系背后的演变过程和社会逻辑。

评价维度

课程作业；课程讨论；期末测验。

教材/参考资料

刘晗：《想点大事：法律是种思维方式》，上海，上海交通大学出版社，2020年版。

教学安排

第1讲　导论

第2讲　秩序与规则

第3讲　权利与边界 + 讨论一

第4讲　程序与终局

第5讲　预期与次优

第6讲　权威与遵从 + 讨论二

第7讲　事实发现与证据思维

第8讲　事实描述与规则选择

第9讲　法律语言

第10讲　法律标准 + 讨论三

第11讲　保守与变化

第12讲　普遍与例外

第13讲　后果与类比 + 讨论四

第14讲　复仇与法律

第15讲　法律专业化

教师微访谈

【课程定向】

Q1: 我手里有一份您上学期出的考题，从中我们觉得您应该是一个比较幽默风趣的人，也常常有同学认为您是一个出色的"段子手"。您觉得自己授课是一种什么样的风格呢？

的确有同学也这么说过。其实，所谓幽默风趣主要是想让同学能更集中注意力，倒不是纯粹"讲段子"。所有教学效果的前提都是学生要有足够的专注度。而在大家都有智能手机的时代，这一点挺难的。所以我会有意识地在课上"加点料"，讲点跟课程知识点相关的背景材料，或者用生活中的例子来说明抽象的概念。这既能让大家保持专注，又把知识点用大家喜闻乐见的方式讲出来，让大家吃得透、记得牢。

从更深层次讲，我觉得，任何知识和技能的学习都源于好奇心，而趣味很多时候是好奇心的起源。知识再重要、再有体系、再实用，如果不能激发同学的好奇心和兴趣，促进同学们主动的探索，教学效果就会打折扣。因此，趣味不仅是教学的佐料，更是知识的入口。

Q2：课程大纲中提到"让学生认识到法学这门古老学科所能够赋予现代人的人文启迪"，那么法律与人文这两个概念之间是如何交叉的呢？

法律的确跟人文是很接近的。首先，法律特别贴近社会生活，背后的理念是人类为自己定规则，而不是像自然科学那样，去发现客观规律并予以应用。那么，要回答如何设定规则、考虑什么因素、如何使用规则、如何落实规则等问题，就需要我们对人性和社会进行深入考察。比如说，我们在制定规则的时候，究竟是要高标准、严要求，让每个人都成为高尚的人呢？还是标准定得稍微低一些，符合一般普通人的人性期待呢？这就特别有讲究。立法者需要体察人性，普通的、广泛的人性。有时候，标准定得太高，就会超出一般人的承受能力，反倒让规则被架空，事与愿违了。

再者，法律运作的核心是解释，就是把法条里抽象的词语与现实中的事物对应起来。这就需要法律工作者结合生活经验、文学历史甚至哲学等的视角进行处理。比如，牙膏究竟算不算相关法规里规定的"化妆品"？西红柿算关税法里所说的"水果"还是"蔬菜"？这些我们的日常用品，一旦到了法律里，在争议当中，可能都不那么好回答。所以，法律解释的很多技巧，都是从文学解释学、哲学解释学乃至于宗教解释学里借鉴来的。

Q3：我们了解到您在"得到APP"上也开设了这门课程，您觉得在线课程与学校授课有什么不同？

这个是有意思的问题。其实，区别还是很大的。纯粹线上的课程没法直接搬到教室里，因为线上课程主要适应的是已经毕业工作的人在碎片化时间学习的方式。而在学校里，同学们有相对大段的专注时间，因此通识课不仅要让大家学到知识，更重要的是学到学习的方法，感受到不断探索、不停"烧脑"的乐趣，享受与老师和同学面对面交流的愉悦，甚至还能碰撞出新的火花和亮点。

打个比方来说，学习纯粹在线课程的，有点像没时间坐下来吃饭的人，因此要喝提取好的营养液，追求短平快，学以致用；学校里的通识课则是要把有营养的食物，吃进嘴里，慢慢咀嚼，然后消化吸收，因此不但要有饱腹感，还要有咀嚼的快感，甚至还有回味的空间。而且，你还可以跟大家边吃边聊。

所以，开课以后我会布置一些原始案例以及相关书籍章节，提前让大家阅读预习，而不只是听课记笔记。在阅读的基础上，辅之以讲授和讨论，加深学习的体验和效果。大家也可以根据自己的学科背景，从不同维度读出自己的东西，增进课程的内容，使我们的课堂不断迭代、不断反馈，努力实现教学相长。

【教学设计】

Q4：您的整体课程结构是按照怎样的内在逻辑设计的呢？为什么会这样安排呢？

首先，我大概会交代一下法律独特的基本思维模型。比如法律特别讲规则，特别注重程序，特别喜欢诉诸权威等。

然后，我们会模拟法律人处理案件的思维过程。法律里的事实究竟是案件真相还是人们的想象性重构？法律人是如何讲故事的？法律人如何制定规则？我都会和大家一起探讨。

最后，我们将讨论这种独特的法律思维方式是怎么形成的，即从发生学角度讲法律体系的起源和发展，一步步地从最简单的模型，还原出来法律体系的成长过程。这对初学者来说可能是最好的学习方式，因为可以一步步演绎出复杂系统的诞生和演变过程。

Q5：我们注意到您会外请法律实务工作者（包括法官、检察官、律师等），请问他们会以什么样的形式参与课堂呢？

主要是邀请一线的法律人讲讲工作的感触、体验和思考，给大家做分享。这比教师一个人讲课更加贴近现实，能给大家一些直观印象，而且我也希望通过提问互动的方式，加深交流感，引发一些超出预想的知识点来，至少是一些大家在学校里无论如何也想象不到的"奇葩"案例。毕竟，法律是个特别贴近现实的行业，很多事情和道理是在书斋里想不到的。比如，我记得曾经请一位目前在香港工作的清华法学院校友来做分享，她说到有一次开庭的时候，准备的材料太多，以至于最后雇了一辆卡车拉过去。很多同学听到以后都觉得很震撼。

Q6：您能具体介绍一下这门课的作业与考核形式吗？

似乎每一次，同学们最关心的都是这个问题。这门课没有标准化的考试。我可能更偏重平时作业，会让大家针对案例、论述写回应文章（response paper），或者出开放性的问题让大家作答，而不是长篇的论文或简单的读后感，更不是标准化的考试题。期末一般会有一个小测验，会出两道问答题，让大家自己选择作答，所以还是比较自由的。

至于评价标准，死记硬背肯定是不需要的，我其实很期待每个同学针对具体问题的"清奇思路"，看大家是否思考了从未想过的问题，或者用别人意想不到的思维方式理解一个事情。另外，我期待同学们能学会清晰、有重点地交流和写作。可能很多上过课的同学都能记得，我的要求是"Clean and Clear"（简洁和明确）。

此外，我希望同学们在讨论问题的时候能用"大白话"把抽象的事情或者专业的知识说清楚。在行业壁垒越来越深的时代，通识课的一个重要意义或许在于此。清代文学家袁枚曾引九华山寺楹联"是真佛只说家常"。我希望能够跟同学们一起努力。

【通识探讨】

Q7：在清华推行通识教育的大背景下，您开设的这门"法律思维"课程面向全校各专业的同学，您觉得法律思维对其他学科的同学有什么意义呢？

其实，在我们这个时代，每个人都需要多元的思维模型，来应对复杂的问题和未来的挑战。开这门课的主要目的就是尝试从法律的角度出发，提炼出一些可以跨界移用的思维方式，让不同专业的同学，能戴上法律的眼镜重新看世界，重新思考和解决问题。

我们国家现在提倡探索通识教育与专业教育结合的人才培养模式，我们清华也在推进"通专融合"。按照我的理解，其中一个方面就是，让专业学科能为其他专业的同学提供思维层面的启示，而不仅是介绍专业知识或者从事"科普"。

因此，法律思维课不是普法课，而是想尝试着从法学专业知识里面，抽取出法律人的世界观，以及一些特定的思维方式。这种思维方式可能不仅适用于法律，其他专业也可借用。举个例子，在我看来，法律思维的一个核心要点就是：做事情不追求完美方案，只追求"次优"方案。比如，法律人特别强调程序正义，其实就是说，一个案件的处理必须严格按照法定程序进行，只要程序是公正的，我们就默认结果是可接受的。如果程序得出的结果不符合某种实质正义的观念，很多时候也只能表示遗憾。这就是一种次优解。

可能很多其他学科的同学，尤其是我们清华的同学，经常会在做事情的时候，有追求完美的冲动。法律思维或许能告诉你，很多时候，完成比完美更重要；有一个确定的结果比有几个完美的选项更重要。

Q8：我们刚才说了这门课对人文学科和理工学科同学的意义，那作为一门新开的课程，您觉得这门课有什么新意？

首先，不需要大家有法律基础。我们讲述的不是专业知识，而是思维方式。专业知识是分化的，但思维方式是共通的。当然，课程肯定会涉及一些法律专业概念和知识，但我希望能够用通俗易懂的语言解释清楚，为大家的认知扫清障碍。

其次，它不是专业知识和技能的训练，而是让大家接触到新的看待社会问题的独特视角，或许能够应用在未来工作和生活中一些事情的处理上。

最后，这门课也是法律知识体系的入门级——但却是有深度的——导游，为大家进一步学习法律提供一把钥匙。我希望，这门课能以最快的速度，带领大家进入法律的大门，让大家能够发掘更大的宝藏。

因此，我会努力把法律现象和知识还原到哲学维度，尽量同各个学科对话。

主权与人权

与经典思想家一起思考全球秩序。

开课单位 新雅书院

课程分组 社科课组

学分学时 3 学分；课内 48 学时 + 课外 96 学时

特色教学 小班研讨

教师简介

刘晗，清华大学法学院副教授。著有《合众为一：美国宪法的深层结构》《想点大事：法律是种思维方式》，论文见于《中国社会科学》《中国法学》《美国比较法杂志》等刊物。曾获美国比较法学会英特玛奖、北京市百名法学英才、清华大学学术新人奖等荣誉。讲授课程入选国家级一流本科课程，获清华大学教育教学奖励十余项。

内容简介

"主权与人权"课程是基于法学专业基础知识、融合交叉学科背景（政治学、哲学、历史学、心理学、国际关系）的通识课程。本课程侧重现代法律与政治的基本概念和思想（国家、个人、主权、人权、宪法、国际法等）的深度导读，特别是冷战后国际法与国际政治的转变，以法学理论基础和现代经典著作结合的方式为本科生提供全面的介绍。课程由背景阅读、课前阅读、热身探讨、课程讲授、课程报告与作业、小班讨论六部分组成。

评价维度

课程作业（每次不超过 2000 字）；课程讨论；期末测验。

教材 / 参考资料

［英］霍布斯：《利维坦》，黎思复、黎廷弼译，北京，商务印书馆，1985 年版。（同时对照英文原版）

［法］卢梭：《社会契约论》，何兆武译，北京，商务印书馆，1980 年版。（同时对照英文译本）

［德］康德：《永久和平论》，载康德：《历史理性批判文集》，何兆武译，北京，商务印书馆，1990 年版。

教学安排

第 1 讲　导论

第 2 讲　霍布斯：自然权利与主权国家（一）

第 3 讲　霍布斯：自然权利与主权国家（二）

第 4 讲　卢梭：人民主权与社会契约（一）

第 5 讲　卢梭：人民主权与社会契约（二）

第 6 讲　康德：国际联盟与普遍人权（一）

第 7 讲　康德：国际联盟与普遍人权（二）

第 8 讲　施米特：主权政治与例外状态（一）

第 9 讲　施米特：主权政治与例外状态（二）

第 10 讲　阿伦特：难民与人权

第 11 讲　凯尔森：国际法与联合国

第 12 讲　哈贝马斯：超越主权的欧盟

第 13 讲　奈格里：美国"帝国"主权

第 14 讲　罗尔斯：万民法与全球正义

第 15 讲　总结

教师微访谈

【课程定向】

Q1：能否请您先介绍一下这门课程的开设初衷和开课历史？

这门课最早是新雅书院的课，2015 年为了书院的政经哲（PPE）专业专门开设的。当时的主要考虑是，作为政经哲的学生，需要具有国际视野，特别是对于全球事务、国际规则和世界秩序有一些基本的思考，所以就开了这门课。

当然，因为新雅书院当时也是全校通识教育的一个实验区，所以也开放给全校本科生作为通识选修课，主要是想培养同学们的主权意识和全球视野，特别是在国际问题上定规则、做决策的能力。

Q2：您为何选择将"主权"和"人权"两个概念放在一起进行讨论？在您的课程安排中，"主权"和"人权"概念的流变是在怎样的逻辑下展开的？

之所以选择"主权"和"人权"作为核心概念，甚至作为课名，有两个基本的考虑。一方面是因为这两个词都很流行。比如，大家说到国际问题，经常会说到这两个词，我们在新闻当中也经常会看到这两个词，甚至舆论当中会去讨论"主权高于人权"之类的话题。而且，这两个词在中文当中都以"权"结尾，听起来很对称。

另一方面是出于学理的考虑。根据我自己的研究，如果我们要去问国际秩序的基础是什么，主权与人权或许是最重要的两个答案。我们常常说，所有的国际规则都必须建立在尊重每个国家主权的基础上。我们也常常听说，国际秩序要建立在保护普遍人权的基础上。那么，主权和人权究竟是什么关系？两者对于建立国际规则和国际秩序而言意味着什么？这是这门课程想引领大家去思考的问题。在这门课程里，我们不会去追溯这两个概念在语词和理论层面是怎么演变的。我们会带着大家去看，这两个概念背后的基本想法是什么，谁在什么情况下提出这个概念，又被谁在什么语境下将其改造或者提升，等等。

Q3：在课程介绍中您提到，"'主权与人权'课程是基于法学专业基础知识、融合交叉学科背景的通识课程"。在您的课程设计中，主要涉及哪些学科背景？不同的学科知识是如何融合的？这样设计又有何用意？

主要涉及的是政治哲学和国际关系等学科，有时候也会加上一点文学艺术的内容。政治哲学不用多说，你看课程布置的阅读文献，无论是早期的霍布斯、卢梭、康德，还是20世纪的阿伦特、施米特和罗尔斯，都是政治哲学家。

我们也会加上一些国际关系的内容，甚至有一年的助教中就有国际关系学科的博士后。比如，我们在讨论霍布斯的时候，就会将当代国际关系理论中的现实主义学派引入进来，去讨论国与国之间究竟是不是相互为战的"自然状态"。

我们也会加上点文艺的元素，比如讨论卢梭生平的时候，就会特别介绍卢梭早年写作歌剧、创立简谱的经历，由此谈到他对于人类情感的洞察，乃至于这种洞察对于他构建政治理论的影响。

总之，这门课是面向问题的，哪些学科的知识与我们关注的问题相关，而我自己又的确有些了解的，就会引入进来，倒没有什么特别的设计。如果非说有设计的话，可能是这样的跨学科方式也可以增加不同学科的同学的参与度。比如有一年，我印象很深的是，有一位来自国际关系学科的同学，写了一份很长的作业，追本溯源，以康德的理论为基础，深入剖析和批判了当代西方流行的"民主和平论"，非常精彩。

Q4：您希望通过这门课培养同学们的"跨学科思维、批判性思维和全球化视野"，能谈一谈您对这三个关键词的认知吗？在具体教学中，您是如何达到这些教学目标的？您希望同学们在修读完这门课后在这些方面产生怎样的变化？

其实我的理解比较简单。在我看来，跨学科思维就是，真实世界的问题不分学科，因此思考这些问题就没法分学科，为了解释或者解决这些问题，哪些学科相关、哪些知识有用，就拿过来。这一点的具体做法上面我已经说过了，这里不再说了。

而所谓批判性思维，其实也不是说上来就要批判什么，而是说要敢于突破思维定式，敢于质疑已有的学术范式，去探讨那些大本大源的问题。比如，我们的课程就会问同学们，大家都知道每个人都有人权，但大家有没有想过人的权利来自于哪里？是像很多学术书里面说的，是"天赋人权"吗？还是说人权是来自于人类自己的创造和赋予？这就是一种批判性思维，其实是一种追本溯源的思维，不盲目接受某种既有的学术命题或者学术观点。

而所谓全球化视野，我的理解是要真正的全球化，特别是去了解其他国家和其他文明文化的深层结构，而不是浮于表面。比如说，这门课程就是想带同学们去看，五百年来对于现代世界具有统治力的西方文明，到底是怎么构想世界秩序和世界规则的？背后的基本理念是什么？又经历了哪些变化？换句话说，我们不能仅仅看现在的国际法、国际关系和国际现象，还要去问，他们究竟是怎么想的。

因此，我的希望就是，同学们在上完这门课之后，能够跳出当下热点，把问题想得更深。

【教学设计】

Q5：这门课程主要是通过阅读经典著作和研讨等方式，帮助同学们构建有关主权与人权问题上的基本价值。但您也在其他采访中提到过，对于其他学科背景的同学来说，最重要的还是"从生活和实践出发"。那么您会如何将概念与生活实践和现实问题相联系？这些概念如何帮助同学们理解和分析现实情况？

其实，我感觉，经典原著阅读和从生活实践出发不矛盾。因为这些经典原著，无论是霍布斯的《利维坦》还是卢梭的《社会契约论》，本身也是来自于作者的生活实践。所以我们对于每一个思想家的阅读和讨论，都会首先去看他或她的生平和成长环境，以及这种环境如何影响了他或她的思考。我们在课上讨论过，康德一辈子都生活在小城哥尼斯堡，但却对国际秩序问题思考很深，其中一个很重要的原因就是哥尼斯堡是个大学城，有来自世界其他地方的人，康德就生长在一个相对国际化的环境中。再比如，阿伦特是一位从小到大不断颠沛流离的犹太人，这种经历就促使她特别深刻地去思考移民和难民的问题，去思考"世界公民"和"普遍人权"意味着什么，去思考如果脱离了其所在的政治共同体，是否真的有普世的人权。

所以在课上的讨论中，我们也会从同学们的生活经验出发，来切入一些比较抽象的理论概念，特别是经典思想家提出的、至今仍然被人们常常使用的概念。比如说，我们会讨论霍布斯提出的经典的"自然状态"概念，就是人与人之间的惨烈竞争。我们会从当前同学们很关心的"内卷"现象出发，甚至会去看霍布斯的原著里对于"内卷"的经典表述——"把生命比作一场比赛……除了成为第一名，没有其他目标，也没有其他花环。努力就是欲望……视他人落后，就是荣誉；

着眼过去以至于失利，就是虚荣……不断被超越就是惨，不断超越前面那一个，就是福，放弃比赛，就是死"。同学们读到这段话，自然是会心一笑。

Q6："主权与人权"是一门面向全校同学开放的通识课，同时您也特别提到，希望这门课程可以特别帮助理工科同学提升写作与沟通能力。面对选课同学多元复杂的学科背景，相较于法学专业课程，您在设计这门课的过程中进行了哪些特别的准备？面对相对缺乏法学基础的同学，您是否会进行一些特别的设计来帮助同学们跨过包括文献阅读、逻辑理解、框架搭建方面的"门槛"？

有一说一，其实这门课的法学专业背景倒不是很强，不像"法律思维"那样，需要基于法学的特殊知识背景。换句话说，这门课即使对于法学院的同学，也是很陌生的。无论是法学院的同学，还是其他学科的同学，都要共同面对这些比较难的原著。比如，课程里要求阅读的唯一一名专业法学家——奥地利的凯尔森——本身在法学院里也没有多少人去读他的原著，除了法学理论专业的研究生。我们去读这些原著，一方面是为了跟着作者一起去思考，另一方面也让大家看看经典作品的写作表达，从中学习言简意赅而又不失深度的写作方式。

具体说如何帮助同学们跨过各种概念和理论的门槛，是这么来做的。首先，以趣味和好奇作为教学起点，让同学们体会这些概念和理论都是针对什么问题的，而这些问题跟我们的当下生活是息息相关的。课程在每一节课开始时，用有趣的案例或者问题来导入，比如"为什么一向主张全球化的美国，却在特朗普时期特别强调主权？主权为什么即便在全球化的时代仍然很重要？"这样同学们会感觉话题有意思，更容易听下去、参与讨论。

其次，尽量把专业术语翻译成日常语言。比如，课程文献中讲到"主权就是决断例外状态"。我在课上就把这句话"翻译"了一下，于是就有了"惊喜"——"而主权者，就是出了大事，说了算的那个人"。同学们会感觉，"哦，这么简单！"在这个基础上，再做深入的专业讲解，学生能够听得懂、记得住。反正，每当引入一个专业概念或者术语，都要用自然语言进行"翻译"，相当于把一个个小疙瘩给捋平了。

Q7：在您的设计的 6 个课程环节中，相对大量的课前阅读和 4 次小班讨论是比较有特色的环节，可以分享一下在选择阅读材料时是如何考量的、小班讨论是如何设计的吗？在课程环节中这样设计的原因和目的又是什么呢？

选择阅读材料的基本考量是，一方面要经典，而所谓经典，就是它提出了一个领域或者一个方面的本源问题，并且给出了最基本的回答。比如，要问为什么现代人类社会会分成一个个国家，我们就得问主权是怎么来的，而霍布斯的作品就是最经典的论述。另一方面又要篇幅合适。你不可能让同学们把一本《利维坦》或者《社会契约论》全部啃下来，那不现实，也没必要。我会选里面比较经典的、与我们讨论的问题密切相关的章节段落。

小班讨论的考虑是这样的，就是解决"独学而无友"的问题。同学们读了文献，听了课，肯定还想知道其他同学是怎么想的。小班讨论就是给大家一个教师不在场时的研讨空间，与同辈人进行交流，特别是与不同学科背景的同学进行交流。我们每一次小班讨论基本都是以当次的作业为基础，这实际上也是让同学们把自己写的文章，拿出来接受其他同学的检验和质疑。此外，这也是让大家逐渐学会如何把自己写的东西能更好地说给别人听，锻炼公开讲话和与人在正式场合讨论问题的能力，一句话，就是学习怎么"开会"。

【通识探讨】

Q8：清华通识教育强调"无专业门槛，有学理深度"，那么在"主权与人权"的教学中，您是如何以"无门槛"的方式，把大家引入这一专业领域的？又如何达成课程的深度和挑战度？

我觉得"无门槛"的核心是因为真实的、根本的问题是大家都面对的，无论任何学科都是如此。所以，要做到"无门槛"，实际上首先要找到那些真正的共通问题。比如，无论哪个学科的同学，可能都在这几年面对国际环境的变化，特别是其对自己日后求学方向的影响。这就促使我们去思考，国际秩序的基础究竟是什么？又会按照什么原则发生变化？如果说这门课程怎么贯彻"无门槛"的方式，可能就是不断地挖掘各个专业同学的某些共同体验，从中生发出一些共同的问题，再结合经典著作和各学科的基础理论知识来予以解释或回答。

Q9：对于"主权"和"人权"这两个概念，同学们或许都有不同的理解乃至对立的观点，您会如何理解、应对和引导这种差异？在您看来，对这些议题的讨论对不同专业和学科背景的同学有何意义？

我觉得有不同的理解和观点是挺好的，毕竟，经典著作对于这些问题也都有着不同甚至截然相反的答案，甚至课程也是以霍布斯为代表的强调主权的传统和以康德为代表的强调国际主义的传统相冲突为"主线剧情"。对于我来说，重要的不是立场或者观点，而是每个同学如何能够把立场和观点进行论证和建构，让它们能有更大的说服力，影响到其他的同学。这就需要训练，更需要同学自己去阅读原著，并在这些"巨人"的肩膀上提出一些自己的想法。我想，至少对于人文社科的同学来说，这种学习过程是共通的。

Q10：可以给想要选修这门课程的同学们一些寄语吗？

面临百年未有之大变局，更需要阅读经典，思考世界秩序的大本大源问题。

中国政府与政治

把秉青年人公共关切之熠熠荧烛，

求"人类文明新形态"之日月清辉。

开课单位　马克思主义学院

课程分组　社科课组

学分学时　2 学分；课内 32 学时 + 课外 64 学时

特色教学　小班研讨；政治微项目

教师简介

何建宇，清华大学马克思主义学院副教授。先后在清华大学机械工程系、经管学院、二十一世纪发展研究院获得工学学士、第二学士、硕士学位，香港中文大学政治与行政学系博士。主要研究领域有中国特色社会主义理论、党的建设、社会组织与社会治理。开设课程有"毛泽东思想和中国特色社会主义理论体系概论""习近平新时代中国特色社会主义思想概论""中国政府与政治""党的建设专题研究"等。

内容简介

这是一门关于中国政府与政治的通识课程，通过讲述当代中国，特别是改革开放之后政治体系及政策制定过程的发展与变革，带领学生了解与日常生活密切相关的政治体制、政府运行过程和政治变迁方面的基本知识，并初步掌握分析中国政治的基本方法与批判性思维。

评价维度

出勤与参与；小班讨论；论文研究与评述；政治微项目。

教材 / 参考资料：

景跃进、陈明明、肖滨：《当代中国政府与政治》，北京，中国人民大学出版社，2016 年版。

朱光磊：《当代中国政府过程（第三版）》，天津，天津人民出版社，2008 年版。

李侃如：《治理中国：从革命到改革》，胡国成、赵梅译，北京，中国社会科学出版社，2010 年版。

阎小骏：《当代政治学十讲》，北京，中国社会科学出版社，2016 年版。

教学安排

第 1 讲　导论：概念、框架与方法

第 2 讲　预备专题：中国政治传统的延续与激变

第 3 讲　专题一：政治体系（一）——制度

第 4 讲　专题二：政治体系（二）——结构

第 5 讲　专题三：政治体系（三）——运作

第 6 讲　专题四：政治体系（四）——变迁

第 7 讲　专题五：中央地方关系

第 8 讲　专题六：地方政府与基层治理

第 9 讲　专题七：国家与经济

第 10 讲　专题八：国家与社会

第 11 讲　专题九：国家与公民

第 12 讲　专题十：党的建设

第 13 讲　政府实务专题实践

第 14 讲　政治微项目交流会（一）

第 15 讲　政治微项目交流会（二）

教师微访谈

【课程定向】

Q1：您可以与我们谈谈这门课程开设的初衷吗？

我是理工科出身，半道改行念政治学博士的，博士期间我旁听我的老师王绍光教授为本科生开设的"中国政府与政治"课，感觉完全颠覆了自己的传统思考，原来中国政府与政治可以这样研究、可以讲得如此生动。

2007 年我有幸回到清华教书，除了学院分配的固定教学任务，我就特别想把在博士期间所听的一些对自己启发很大、自己也有所研究的课程带回来给学弟学妹们。当时，我查了一下，清华还没有关于当代中国政府与政治的课程，我想我的课程正好能填补这个空白。

我也深信，深刻理解国家的政治制度、把握政治运行的基本规律、坚定制度自信和理论自信，一定程度上是清华的同学们走出校园后，未来在社会各行各业、在广阔的国际舞台上发挥引领作用的基石。

Q2：对于大部分清华同学来说，高中时业已在课堂上学习过中国政府制度结构与政治运行的基本知识。作为一门通识课，"中国政府与政治"是如何从全面的研究视野和系统的理论方法层面，帮助同学们更好地理解政治遗产与当代实践的呢？

高中学习中国政治制度是以宪法文本为基础的，但随着同学们对社会更深入地观察思考，会发现生活中文本、制度与现实运行往往存在一定的张力。

这门课想让大家依托政治科学的学理基础，在现实的政治运行、变迁和宪法的制度文本之间搭一个桥梁，在高中学习的基础上展开一个更丰富与动态的政治世界，提供一个更鲜活与深入的探讨空间，帮助同学们更全面、深刻地理解中国政治的理想、结构、运行与变迁。

【教学设计】

Q3：这门课程涉及了诸多概念和理论，当代中国的政府体系与政治过程本亦复杂。在具体的讲授中，您是如何兼顾课程的深度与广度的呢？

这门课涵盖了中国政治制度、政府运行与政治变迁三个板块，传统上要先把政治制度的基础知识讲充分了，再讲运行与变迁。但为了兼顾广度和深度，我把讲授重点放在了政府运行与变迁两个方面，因为对于清华同学而言，制度的基本知识很容易在比较成熟的教材当中获得，我会让同学们通过小组作业去学习如何了解一个具体的政治制度。

因此在课程专题讲授中就能有更多时间讲一些一般教材上没涉及的内容，比如如何从制度与现实的张力中认识中国政府与政治的独特性，如何看待中国政治的"变"与"不变"，这样启发大家学会分析纷繁复杂和变动不居的政治现象，提升大家关心和思考政治的兴趣。有了兴趣后，通过自主阅读学习基础知识是一件非常容易的事情。

Q4："中国政府与政治"由丰富多样的教学环节构成，包含了课程讲授、课程阅读、课程讨论、论文研读小班讨论和政治微项目等内容，它们在能力培养和价值塑造层面有怎样的侧重？

价值塑造是潜移默化的过程。很多年之后也许具体的知识会遗忘，但留下的是一套思考政治的方法论。在这样一套方法论的指导下，同学们以后遇到感兴趣的政治问题时就知道自己应该有针对性地查阅什么内容，并在阅读思考的基础上展开讨论，在不同的政治观点碰撞交流时坚定立场、善于辨析。

比如，论文研读小班讨论环节，就是想让同学们看看有关中国政府与政治的新知识是怎么生产出来的。一方面学习其中的方法；另一方面通过批判性的讨论消除神秘感。

我印象很深刻的是，有一次小班讨论的是一篇发在很好的刊物上的学术论文，几位来自不同理工科专业的同学对论文中用到的数据分析方法和模型做了一个很彻底的批判。其中很多观点是我这个政治学博士从本学科角度所没有想到的，所以当时完全被同学们所震撼。我相信这些同学经过认真阅读和批判性讨论，将来也会更加坚持独立思考，不轻信学术权威。

政治微项目则是鼓励大家以自己擅长的方式，包括长图、视频、戏剧甚至设计游戏等各种手段，在理解所学知识和研究方法的基础上，分析政治制度的内在逻辑和政府的运行过程，准确、系统、创新地表达自身的思考。其中有很多微项目很有趣，有趣就会激发起更深入的探索。

Q5：较之以往，您在课程设计中增加了一个实践专题，计划参访中央或北京市政府机构或者邀请相关政府官员来到课堂上进行分享交流。是基于怎样的考虑增加了这一教学环节？其预期成效是什么？

设计实践环节，主要是希望增进同学们对于政府与政治的直接经验和感性认知，通过切身体验更好地理解深层的逻辑。但是现在看来这个实践环节有一定的实施难度，我想了两个弥补方式。

一是邀请有比较丰富经验的政府工作人员到课堂上进行分享，比如之前讲全面从严治党的新变化时，我们曾经邀请过在中纪委工作的清华校友。他在课堂上分享了一些很生动的案例，一般的研究论文很难获得这样翔实的经验资料，同学们听得也很"带劲"。

二是利用假期时间，以实践的形式让同学们走进政府机构。

【通识探讨】

Q6："中国政府与政治"这门课要在对理论和历史的再讨论、对方法和实践的再研究中，培养同学们怎样的学术意识与公共关切？

首先要培养的是一种批判的学术意识，很多时候大家对批判的理解就是解构，但只解构是不够的，建构同样重要。譬如美国的政治学教材会用一套建构的话语阐释政治基本原理，梳理自身的正当性逻辑，帮助公民形成国家政治认同。

而这门课会更关注学理、现实和理论的碰撞，同时也希望清华的同学将来走到国际舞台上，在建构我们的制度自信、讲述制度实践的中国故事时能够更从容一些。希望同学们能够具备"关注大问题，落实小行动"的公共关切。

Q7：通识荣誉课程强调高挑战度，"中国政府与政治"是如何设置这一挑战度的？在您看来，一门优秀的通识课如何在给予学生充分"挑战"的同时又避免让同学陷入学理难度过大、吸收理解不足的困境？

这门课的挑战度主要设置在需要非专业的本科同学们直接研读一些政治学专业学术文献，同时参加小班讨论，并写作文献评述。学术文献往往会涉及本学科的一些概念、理论和方法，需要有一定的基础知识。同学们第一遍读往往会感觉有点难，但也非高不可攀。我希望大家能调动以往常识、平时积累以及课上听讲，并通过参与小班讨论，大家一起研读，能把握到这些文献的主要问题、主要结论以及基本分析思路，从而能借此感受有关中国政府与政治的知识生产的鲜活过程。完成这个过程后，同学们会觉得专业门槛并非高不可攀，借助阅读、思考、讨论，其实完全可以克服这一困境，甚至会激发更深入的思考和兴趣。

Q8：您对于选课的同学有什么样的期待和寄语？

我希望大家能够带着对中国政府与政治的好奇心进入课堂，努力在学习中体验建构与批评、解构与再建构的复杂过程。

正如习近平总书记在庆祝中国共产党成立 100 周年大会上的讲话中指出，"我们坚持和发展中国特色社会主义，推动物质文明、政治文明、精神文明、社会文明、生态文明协调发展，创造了中国式现代化新道路，创造了人类文明新形态"。

希望这门课能够为大家打开一扇创新的理论之窗，在去标签化和动态化的研究中融会贯通地理解中国的政治变迁与政治改革。

社会学的想象力：结构、权力与转型

直面社会真问题；

力求客观，绝不冷漠。

开课单位　社会科学学院

课程分组　社科课组

学分学时　3 学分；课内 48 学时 + 课外 112 学时

特色教学　小组研究；小班研讨

教师简介

晋军，清华大学社会科学学院社会学系副教授、系副主任，研究领域包括城市社会学、环境社会学和政治社会学，长期关注城镇化、社区治理、环保组织、气候变化等问题。获得 2017、2018、2019 年度清华大学年度教学优秀奖，入选 2016 年第六届、2018 年第七届、2020 年第八届清华大学清韵烛光我最喜欢的教师及 2020 年首届春风化雨奖。

内容简介

本课程为清华大学人文与社会大类平台课程及全校通识课程，旨在系统介绍社会学的基本概念、核心理论与经典研究，帮助学生理解和掌握"社会学的想象力"，使用社会结构这一社会学特有的分析视角，针对中国转型期的社会现象和重大问题进行学术分析和解释，同时培养学生的社会责任感。

课程以"社会学的想象力"为主线，以"社会结构""权力实践"和"社会转型"将课程分为三个板块，分别关注"社会结构对个人境遇的影响""多维权力在日常生活的实践"和"社会转型的中国故事"等三大主题，力图将社会学理论与

中国现实更为紧密地联系起来，让同学们更好地了解和把握社会学的分析视角和研究方法。

评价维度

通过小组研究、小班讨论、社会学自传等环节，考查学生运用社会学的想象力的能力。

教材/参考资料

应星、周飞舟、渠敬东主编：《中国社会学文选》，北京，中国人民大学出版社，2011 年版。

Garth Massey ed, *Readings for Sociology*, New York: W. W. Norton & Company, 2006.

教学安排

第 1 讲　社会学的想象力

第 2 讲　社会学理论视角

第 3 讲　社会学研究方法（小班讨论一）

第 4 讲　互动与群体

第 5 讲　社会与社会化

第 6 讲　组织与单位（小班讨论二）

第 7 讲　城乡与社区

第 8 讲　分层与流动

第 9 讲　不平等与转型（小班讨论三）

第 10 讲　性别与种族

第 11 讲　宗教与变迁

第 12 讲　越轨与社会问题（小班讨论四）

第 13 讲　集群行为与社会运动

第 14 讲　小组研究课堂报告

第 15 讲　结构、权力与转型

教师微访谈

【课程定向】

Q1：本课的标题为"社会学的想象力"，它与米尔斯的《社会学的想象力》一书有没有内在联系？副标题是"结构、权力与转型"，为什么选择这三个概念？

课程借用了书的名字，同时我也想让同学们了解"社会学的想象力"是怎么用特殊的视角来观察和分析社会的。

副标题是三个最重要的概念，这门课也会从这三个角度向同学们介绍社会学的基本概念与方法。"结构"就是米尔斯"社会学的想象力"中的"结构视角"，即从个体或群体在社会结构中的位置，来理解他们获得的机会与资源，经历的人生轨迹。

如果说"结构"是一个宏观视角，那么"权力"就是微观一些的分析工具。这门课希望同学们在使用结构视角分析社会现象时，也能够注意到权力的运作机制与权力实践的社会后果。

第三个词"转型"跟中国直接相关。从社会学的角度看，中国从改革开放之前的"单位制社会"转向了"新单位制"或"后单位制社会"。人们的组织方式、生活方式、工作方式，包括思维方式都发生了巨大变化。中国的很多经验与成就都是转型的结果。

总体来说，"结构"可以说是一个分析的视角，"权力"可以说是分析的工具，而我们讲的"转型"则是分析的背景。

Q2：这门课在内容上与您另一门"社会学概论"有什么区别？有不同的侧重吗？

大部分知识内容一样，但会略有不同。"社会学概论"主要面向经管高年级同学，所以授课内容中会有与经济学的结合。

"社会学的想象力"是全校通识课，低年级同学居多，所以在课堂的讨论和讲述过程中，会更多样化一些。不过这门课规模比较大，讨论的机会就相应较少，"社会学概论"规模小一些，讨论起来相对更容易。

Q3：社会学与自然科学相比，其理论体系显得有些松散庞杂，您在课程设置

上如何克服这一教学难点？

这是一个挺麻烦的事儿。社会学不只与自然科学，包括跟其他社会科学比如心理学、经济学相比会显得特别松散。所以经常会出现这样的状况：通识课上工科背景的同学觉得很困惑，同一个现象用不同的理论都可以解释，但这在他们的学术训练里是不成立的。

针对这个问题，我觉得还是需要通过实际的案例分析来让大家理解和体会。一种现象可能需要多个理论共同分析，理论之间的关系并不是完全互斥的。虽然理论与理论也有竞争关系，但哪怕是竞争的理论间往往也会有相互补充的作用。我觉得这也是社会学研究的魅力，它没有一个标准答案。

习惯于标准答案的同学一开始可能会比较困惑，但当你发现没有标准答案时，哪怕一个大师对一个事情做了判断，即使是后进的学者，依然也可能做出自己的解释并在某种程度上填补大师遗漏下来的空白。这给人带来的成就感是很大的。

【教学设计】

Q4：您在多年的课程中都介绍了"侦破式案例"泰坦尼克号，这个案例是否会常讲常新？

当然。下次再讲这个案例的时候，我也许会让同学们看一部 2020 年上映的纪录片《六人》，讲的是泰坦尼克号上的中国乘客。因为当时有传言，幸存者中发现了男扮女装的中国人。这部纪录片我还没看过，但可能涉及性别、族群、阶层、歧视等重要的社会学问题，会给同学们新的启示。

Q5：这门课程的作业类型很多，比如社会学自传与课前小测。在后期反馈中您有印象深刻的学生作业吗？

有啊。我以前在课上经常讲一个经管的同学，他们小组的研究选题是"在清华如何脱单"。他们的研究方法主要是访谈和观察。观察发现一般是男生向女生表白，他们就想看什么样的表白技巧、表白安排可以让表白更成功。

期末每个小组会做一个 20 分钟的报告，并且带领全班讨论。轮到这位男生的时候，他站起来说"我们小组做报告之前，首先给大家介绍一个人"。这时候站起来一个女孩。这个男生继续说这个女孩是她的女朋友，他之所以做这个题目，也是因为想追这个女孩。他确定题目之后，去找这个女孩说"我有这个作业""我要做一个参与式观察""有一些表白的技术我要试一下好不好用"，结果后来真的就成功了。当时全场热烈鼓掌，我也印象很深刻。

Q6：小组作业里您让同学进行自己的社会学田野调查。初涉社会学的同学都是新手，做田野调查有很多不规范的地方，为什么要坚持这一传统？

米尔斯说社会学是一门手艺，也就是一定要上手，这跟读理论不一样。只与理论对话你可能大概觉得懂了，但在实际调查里可能并不如此。特别是在分析一个具体的社会问题的时候，我们需要进入田野，需要摔跤。初学者会犯错误，已经做了很多年调查、功成名就的大学者们也依然会犯各种各样的错误。

我曾经和大家说过，做定性研究，非常知名的老师可能并不会做访谈，他把访谈都变成了上课。反而做定量研究的老师可能访谈能力非常强。所以我觉得初学者一定要碰壁，一定要犯各种各样的错误，在犯错误的过程中，不要只看见自己的错误，更要看见学到了什么。

Q7：如今这门课程的电影讨论从兴趣选择变成了必要的小班讨论。变化的原因是什么？

这个变化跟新冠疫情相关。如果做"清华是个大田野"的话只能是线上调查，困难很多，所以就改成电影小班讨论。最初设计电影讨论环节，是因为我觉得清华的同学缺少"社会实感"。

大家的同质性较高，大多来自大城市、中产家庭，接受素质教育，对于非城市、非中产的社会生活缺乏足够的了解。而社会学的想象力最重要的方法就是比较分析，可能横着比，可能纵着比，可能多个案例一起比。社会学最经典的理论也往往来自于不同阶层之间、城乡之间、族群之间、性别之间的比较，这就要求同学们对于不同的社会情境、不同的社会群体有更多了解，也就是我们所说的"社会实感"。

本科生本来就因为阅历较少常常缺乏社会实感，而清华的同学又因为同质性强面临更大的挑战。因此，每周布置一部与本周主题相关的电影，就希望同学们通过这种艺术形式尽量多地去了解不同文化、不同情境、不同社会群体、不同历史阶段的多元生活经验，帮助大家尽快增强社会实感。

【通识探讨】

Q8：作为面向全校的通识课程，混合专业的课堂给您带来怎样的感受？

我觉得困难不算大，好处特别多。

困难不大是因为，一方面，这门课大多是大一的同学上，各个专业的不同在刚刚入学的同学身上表现得不是那么明显。另一方面，课程选择的"侦破式案例分析"，因为基于鲜活的案例，所以对专业基础的要求也并不高。

混合专业的好处是什么呢？选择这门课的外专业的同学，往往已经对某些社会问题感兴趣，有了自己的思考或者困惑。他们带着这些思考和困惑来上课，课堂的教学效果当然会更好。同时，理科和工科的同学，特别是那些高年级的同学，会在课堂上提供不同的分析视角，让整个讨论变得更加多元、更加有趣了。

Q9：您觉得对清华学生而言，学习本课程的最大困难是什么？

对于有些同学，这门课的最大困难，可能来自于我的一个故意设计——不提供标准答案。学校倡导课程的三种目标：价值塑造、能力培养、知识传授。我觉得在这门课里面，我最想给同学们的是提出问题的能力和发现问题的意识。

在日常生活当中，在那些人们已经习以为常的经验现象当中，提出或发现一个新的问题其实并不容易，大家对于很多事情都熟视无睹。社会学的贡献，就是在这些看起来没有问题的地方发现真实的和重要的问题。

比如说，在泰坦尼克号的案例中，突然发生的灾难，一群人中有人能活下来，有人不能活下来是必然。但如果没有社会学的想象力，就不一定去分析活下来的人有什么共同特征，没活下来的人又有什么共同的特征，这种共同的特征跟他们的性别、阶层、族群又有什么样的关联？如果我们说，泰坦尼克号案例说明一个人或群体在社会结构中的位置决定了其生存机会的话，那么这种社会位置和生存机会的关系，是不是在日常生活中也普遍存在？这就是问题意识。

Q10：最后，您对准备选课的同学有什么寄语吗？

如果来了清华，一定要上一些跟自己本专业不相关的课。我在参加招生的时候，经常会说：哪怕你想学文科，哪怕你想学社会学，也要认真考虑清华。北大当然是一个文科特别强的学校，但清华的优势在于学科门类齐全。

除了农学，我们所有的学科门类全都有。学科门类齐全的一个好处是，一个问题或一个现象会有不同门类、不同学科的人在研究，问题意识不一样、理论视角不一样，分析方法也不一样。去了解其他门类、其他学科怎么来研究同样的现象，会对于本专业的分析产生巨大帮助。所以，多上本专业之外的课程，不仅能开阔视野，也会对本专业的学习带来帮助。

国际关系分析

我就希望上完这门课之后，他们最大的、共同的收获是不再盲从。

开课单位　社会科学学院
课程分组　社科课组
学分学时　4 学分；课内 64 学时 + 课外 128 学时
特色教学　小班研讨

教师简介

阎学通，国际关系理论家，清华大学社会科学学院国际关系学系教授，清华大学首批文科资深教授，俄罗斯科学院外籍院士。1992 年获得美国加州伯克利大学政治学博士学位。现任清华大学国际关系研究院院长、世界和平论坛秘书长。主要研究领域是国际关系理论和中美关系，曾创建"道义现实主义"理论，著有《中国国家利益分析》（1996）、《美国霸权与中国安全》（2000）、《历史的惯性：未来十年的中国与世界》（2013）、《世界权力的转移：政治领导与战略竞争》（2015）、*Ancient Chinese Thought, Modern Chinese Power*（2011）等多本具有广泛影响力的中英文学术著作。科研方面，曾在 2008 年被美国《外交政策》杂志评为全球百大知识分子之一、2014—2020 年连续入选爱思唯尔高被引学者；教学方面，曾于 2002 年获得清华大学良师益友奖，于 2017 年获得清华大学新百年教学成就奖，于 2019 年获得清华大学教学成果一等奖，于 2020 年被评为北京高校优秀公共课主讲教师。

内容简介

本课程是面向全校各专业本科一年级和二年级学生的通识课程，介绍国际关系基础知识及研究方法。课程采取每周 3 课时的大课讲授与每周 2 课时的小班研讨相结合的讲授方式。在 3 课时的教学课上，由教师讲授国际关系核心概念和原理，并结合当周国际热点示范如何运用基本概念和原理解读时事，为学生答疑解惑；在 2 课时的研讨课上，由助教为学生介绍国际关系研究方法，指导学生将研究方法应用于自身的研究论文和作业中，引导学生针对阅读资料和所学知识进行报告和讨论。

本课程的教学目标有三个。第一，知识获得，帮助学生掌握国际关系基本原理和概念。第二，能力获得，使学生掌握国际关系科学研究方法，具备独立分析和思考的能力。第三，价值观成长，帮助学生提升自强、负责和爱国的品格，注重概念、联系时事、强调方法是本课程的教学特色。在教学的过程中，本课程注重对国际关系基础概念的讲解和运用，联系当前时事，介绍科学研究方法，提升学生的独立分析能力和批判能力。

评价维度

出勤；参与讨论；读书报告；团队报告；随堂测验；小作业；期中考试；期末论文。

教材/参考资料

阎学通、何颖：《国际关系分析（第三版）》，北京，北京大学出版社，2017 年版。

阎学通、孙学峰：《国际关系研究实用方法（第二版）》，北京，人民出版社，2007 年版。

阎学通：《历史的惯性：未来十年的中国与世界》，北京，中信出版社，2015 年版。

阎学通：《世界权力的转移：政治领导与战略竞争》，北京，北京大学出版社，2015 年版。

教学安排

第 1 讲　国际关系学概况与研究方法

第 2 讲　国际体系和国际秩序

第 3 讲　国际行为体和国家主权

第 4 讲　国家利益和民族认同

第 5 讲　综合国力和大国崛起

第 6 讲　国际安全和世界和平

第 7 讲　国际冲突和国际合作

第 8 讲　期中考试

第 9 讲　危机管理和对外决策

第 10 讲　国际军控和战略威慑

第 11 讲　意识形态和宗教

第 12 讲　国际组织和国际规范

第 13 讲　国际经济关系和经济制度

第 14 讲　国际关系预测方法与未来五年预测

第 15 讲　汇报小组集体研讨成果及期末考核

本课程包含小班研讨课：

第 1 讲　课程内容与要求，介绍学术论文的结构

第 2 讲　研究问题的含义和类型，关于国际体系和国际秩序的读书报告与问题讨论

第 3 讲　选择研究问题，关于国际行为体和国家主权的读书报告与问题讨论

第 4 讲　文献回顾的内容、作用与学术写作注释，关于国家利益和民族认同的读书报告与问题讨论

第 5 讲　文献回顾的步骤与方法，关于综合国力和大国崛起的读书报告与问题讨论

第 6 讲　假设的含义、类型和来源，关于国际安全和世界和平的读书报告与问题讨论

第 7 讲　变量和变量值，关于国际冲突和国际合作的读书报告与问题讨论

第 8 讲　期中考试

第 9 讲　概念操作化的含义和程序，关于危机管理和对外决策的读书报告与问题讨论

第 10 讲　测量的等级，关于国际军控和战略威慑的读书报告与问题讨论

第 11 讲　假设检验，关于意识形态和宗教的读书报告与问题讨论

第 12 讲　变量控制与案例比较的方法，关于国际组织和国际规范的读书报告
　　　　与问题讨论

第 13 讲　具体案例研究实例介绍与解析，关于国际经济关系和经济制度的读
　　　　书报告与问题讨论

第 14 讲　分小组集体研讨与报告

教师微访谈

【课程定向】

Q1："国际关系分析"是一门国际关系入门性基础课程，也是通识课程，您在教授这门课过程中，最重要的目标是什么呢？

我的目标其实比较简单——提高学生们的独立分析能力，这也是这门课的最终目标。当今网络时代，不管是传统媒体还是社会媒体、自媒体，其中很多对国际关系的分析和判断都不符合实际情况，对学生甚至普通人的误导性都比较大。因此我们希望，通过学习这门课程，同学们能对国际关系相关问题有独立的看法，能够不被一些不符合实际的说法所误导。

举个例子，我曾经遇到一个学生，他说自己是国际关系业余爱好者。在上高中的时候，他非常喜欢看某个媒体发布的资讯；然而在上完这门课之后，他告诉我，以后他再也不看这个媒体了。这也就是说，他已经具备了独立判断的能力，自己掌握了分析国际关系问题时应该有的基本思路，不会再被一些不符合事实的媒体报道忽悠。

Q2：您期待来自全校各个院系的同学们在修完这门课程之后，能获得什么不一样的收获呢？

我并不希望他们获得不一样的收获，我希望他们能获得一样的收获。我就希望他们最大的、共同的收获是不再盲从，不会随便相信媒体的说法，而是先过一下自己的脑子，如果觉得有道理就有道理；如果觉得没道理，同学们就要思考为什么这样的说法是没有道理的。所以我不追求收获的多样性。

国际关系是一个非常复杂的社会现象，理解它需要非常专业的知识。目前传统媒体和自媒体上绝大多数国际关系文章都不是专业人士写的，往往和客观事实有着相当大的距离。与客观实际相符合的绝大多数是学术文章，不是大众、非专业人士能看得懂的。就算是学术界去做一些普及，也需要受众具有最基本的国际关系科学知识，而现在中国绝大多数从事国际关系教学和研究的学者还是采取传统的方法，没有能力去做科普。

从这个意义上说来，绝大多数人在国际关系问题方面受到的影响往往具有误导性。但很多人可以承认自己不懂化学、物理、数学，却不会承认自己不懂国际关系，他们认为自己非常懂。比如在中国，很多看过《三国演义》的人都认为自己懂国际关系，觉得国际关系就是这么回事。所以在这门课上，不管同学们学什么专业、出于什么目的，我们都希望大家能不受媒体偏见的影响，经过独立思考，做出对国际现象的分析，这样这门课就很成功了。

【教学设计】

Q3：课堂形式结合了大课讲授和小课研讨，为什么会这么设计呢？您是怎么看待这种课堂形式呢？

刚开设这门课的时候我就设计了大课讲授和小课研讨。当时因为没有足够的教室，我们在大课末尾留下 20 分钟，在这 20 分钟里，同学们分成四个小组在大教室里讨论。因为当时选课人数有 600 人，所以每个学生每学期只能参加一次讨论。后来经过教学改革和学校支持，我们开始采取小班讨论形式——每周一次大课讲授之后，每个小组再单独组织一次小班讨论。由于时间更加充裕了，我们也在小课上增加了关于国际关系基本研究方法的教学内容。

我设计小课研讨的原因主要是希望通过交流，让同学们对大课上讲授的问题有更深入的了解，纠正可能产生的错误理解。在大课讲授之后，如果不让学生进行讨论，那么他们对相关问题的认识就不会那么深入；只有通过讨论，通过和其他同学的不一样认识的交锋，那些自己误以为是对的、但实际上可能是错的理解才能得到纠正。大部分学生往往在上课时都带着先入为主的观念，而每个人先入为主的观念很可能是不一样的。因此，通过和同学的交流，他们就会发现这种"不一样"，转而从更符合客观的角度去理解国际关系问题。

Q4：这门课程作业类型非常多样，包括了读书报告、课堂展示、小作业、解释性学术论文等，您在课程设计的时候是如何考虑的呢？

我主要是希望通过不同类型的作业，让同学们掌握不同的知识和技能。大课上，在刚刚讲完概念之后就做几道测试题，有很强的实时性，这主要是考验同学们对当堂讲授知识理解的清晰程度和逻辑能力的强弱。而小作业主要培养的是同学们对"是什么"的判断能力和描述能力。它考查的是，针对一个现象、一个思想、一个观念，同学们能否用文字描述清楚；如果无法描述清楚，那么后续分析就很难进行。期中考试的内容包括概念考查和概念应用，概念考查题是为了强化对国际关系基本概念的认识，概念应用题是为了加强同学应用概念解释实际情况的能力。最后，期末论文的目的主要是培养同学们做国际关系研究的基本能力。

Q5：多元的课程设计对学生来说也是具有一定挑战性的，请问您是如何考虑这个问题的呢？

从教师的角度看，作业量和考试难度设置是最难解决、也最困扰我的一个问题。如果难度太大，同学们承受不住，就会有很多同学退课；如果挑战性不够，很多同学就会觉得这门课是"水课"。此外，每年的学生不同，去年可能不太有挑战性的问题，对今年的学生来说可能会变得有挑战性。

通过这么多年的摸索，我现在找到的挑战性合适区间主要体现在三点。第一，考试难度得符合中间水平的学生，多数同学通过努力就能完成；第二，考试题中要有一两道题能让特别认真学习和特别感兴趣的同学觉得有挑战性，这些题只有投入大量时间学习的同学能回答出来，大概占10%；第三，考试题中还要有一部分"送分题"。

到现在，我也还在摸索怎么才能让学生喜欢具有挑战性的学习。不同时代的学生不一样，不同专业的学生也不一样。固定的考题无法适应每年的变化。因此，每年开课的时候我也不知道喜欢挑战的学生有多少，这都需要我在教学过程中去体会，根据每年选课学生的具体情况，比如当堂测试题的结果，一点点地调整。

Q6：您在大课讲授中很注重师生之间的互动，您是如何看待这种课堂互动的呢？

我认为课堂互动是必须的。这门课的大课有 3 个课时，如果全程没有互动，那么学生注意力根本集中不了。从生理上讲，每一个人能够把注意力集中起来的时间也就是 20 分钟。所以在教学中，要通过互动去变换新的内容、新的话题，让学生的大脑受到一点儿刺激，让同学们的注意力重新集中起来。此外，互动也能让学生的脑子高效地运转、有逻辑性地思考问题。现在同学们也向我提出了一个建议，就是我在 3 个课时的大课中间没有休息，同学们会觉得有点累，到下半节课的时候思维就跟不上了。这是一个挑战性较大，同时也很实际的问题，所以我从下学期开始会在大课中间安排休息时间。

【通识探讨】

Q7：“国际关系分析”已经开设了 18 年，您在教授这门课程的过程中有哪些收获和感触呢？

我最大的感触就是同学们对这一门课的需求非常大。以前我上 600 人大课的时候，报名人数都远远超过课容量，抢都抢不上。

第二个感触是从开课到现在，得到学生最大肯定的是大课上第一部分关于时事的介绍，这说明大家都很希望了解国际环境的变化，且特别希望能够知道变化的原因。而时事受学生欢迎，也因为时事是鲜活的、是真实的。使用课上讲的知识来解释这些时事，则给了学生应用这些知识的机会，他们会发现这些知识是真实的、是有用的。有些国际关系课程不受学生欢迎，就是因为课上讲的都是历史，学到的知识道理并不能解释今天的现实情况。

第三个感触是在这门课上完之后，很多同学改变了自己对国际关系的认识。很多人上完这门课才知道，国际关系原来是一门科学，而不只是讲故事。清华国际关系的科学方法确实在国内国际政治领域是独树一帜的。很多学生一开始来上这门课的时候都以为过来就是听讲故事，后来发现并不是听故事这么容易，而是要学基本概念和原理，所以很多学生认为这门课非常不像“文科课”。

Q8：本课程的教学特色是“注重概念、联系时事、强调方法”，您在课堂讲授中很注重时事的分析，立足当下，可否请您分析一下新冠疫情对当今世界政治格局和大国关系的影响呢？您觉得拜登上台后，将给中美关系和中国所处的国际

环境带来什么样的变化呢？

新冠疫情对全球化产生了很大影响，逆全球化变得更加严重，尤其是产业链脱钩。各国现在为了产业链的安全，不能再像从前那样依赖国际产业链，而是要缩短产业链。比如拜登上台以后搞"产业链俱乐部"，首先就是希望俱乐部成员在产业链上相互依靠，取得一定的安全保证；其次便是通过俱乐部化战略跟中国进行竞争。大国之间的矛盾不是从新冠疫情才开始的，它从特朗普时期开始加剧，现在是进一步加剧。

中国现在面临的国际环境比特朗普时期更加严峻。我们课上讲过孙学峰老师提出的"崛起困境"概念，就是实力差距越来越小，国际压力越来越大。中国和美国的实际差距越小，美国防范中国的力度就越大，这是必然的。现在的问题是，中美实力差距缩小在继续，有什么办法能够破解这个困境呢？存在不同的策略，如有的人建议采取"战狼外交"，跟美国对抗；有的人认为应该通过和第三方合作的方法来争取多数支持，瓦解美国的联盟；有的人认为要改变对外战略，减少跟国际社会的联系等。

我认为我们还得走开放的道路。中国改革开放经历了三个阶段：第一阶段是"引进来"，没有能力"走出去"；第二阶段是"引进来"和"走出去"并重；现在到了第三阶段，我们加大力度"走出去"，但"引进来"减少了，这就出现了一个大问题。如果不许别人进来，那跟别人的共同利益就减少了，支持中国的国家就会相对减少；而如果我们允许别人走进来，我们的市场对别人开放，对他国有好处，其他国家自然就跟中国有共同利益了。所以开放不只是"走出去"的开放，还需要扩大"引进来"的开放。

Q9："国际关系分析"课程获得了很多荣誉，您本人在教学方面的成就也很高。对于清华未来的课程改革建设、青年教师的成长发展，您有哪些期许和建议呢？

我希望学校能够继续教学和科研并重。教师的本职是教书，如果没有并重的政策，教师们对教学就很难有积极性。学校坚持教学科研并重的政策，才能够让广大教师提高教学的积极性。从现在来讲，多一些教学方面的鼓励政策会比较好；对教学质量特别差的课程，学校还是要有些措施，投入人力、想办法去解决，只是给一个倒数 5% 的教评是不够的。

对青年教师的建议就是在教学上投入时间。其实一般教学质量差的最大原因就是投入时间不够。就"国际关系分析"而言，每堂课我讲授的部分也就是 3 个课时，但是为了这 3 个课时，我得备课 8~10 个小时，这还是在已经教授多年和有 PPT 的基础上。比如每次课前时事部分涉及的三个新闻都是当周的，都需要我花时间整理出来，梳理其历史背景和来龙去脉，这就得好几个小时了。所以我觉得，教学的关键就是时间投入，没别的，只要投入了时间都不会太差。

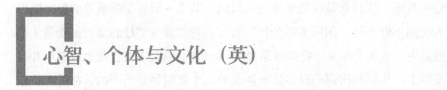

心智、个体与文化（英）

Curiosity, Creativity, Compassion.

孩童般的好奇心、少年般的创造力、智者般的同理心。

开课单位　社会科学学院

课程分组　社科课组

学分学时　3 学分；课内 48 学时 + 课外 96 学时

特色教学　小班研讨

教师简介

钱静，心理学博士，清华大学社会科学学院心理系副教授。中国心理学会经济心理学专业委员会理事、学习心理学专业委员会理事、积极心理学专业委员会理事、国际学术交流工作委员会理事。清华大学社科学院积极天性与基层社会治理研究中心主任。研究领域为行为经济学、心理测量学。曾获清华大学青年教师教学基本功大赛一等奖、北京市高校教师教学基本功大赛二等奖及最佳教案奖、清华大学龚育之奖教金、清华大学课程思政示范教师。教授课程被评为首批国家级一流本科课程，清华大学通识荣誉课、清华大学精品课。译著包括《津巴多普通心理学（第七版）》《自我的本质》《隐藏的自我》等。

内容简介

拥有心智是人类有别于动物的最大特色，人类依靠心智去认识世界、创造文明。作为人类，我们能够确认光年之外的星系，我们能够研究比原子还小的粒子，但我们至今仍无法揭示心智的奥秘。语言学家乔姆斯基曾建议将我们未知的事物分为"问题"和"谜"。当我们面对问题时，我们不一定知道它的解法，但我们有思路，有不断增长的知识和对我们所探究的问题的有逻辑的想法。在本门课中，我们将了解人类研究心智的历程、现状以及未来的发展方向；运用心理学的研究方法来探究心智的生理基础、认知的机制与功能，以及社会文化环境对心智的塑造。

　　课程内容涵盖心智、个体与文化三大模块，对应着 6 个主题，分别为：脑与意识、感觉与知觉、注意与记忆、判断与决策、发展与异常、人格与社会。本课程用全英文进行讲授与讨论，选课的同学来自十几个不同的国家。全英文的教学特色有助于培养学生的全球胜任力，锻炼学生的表达与沟通能力。通过融合式教学，让学生们在国际化的课程氛围内，形成自觉的文化自信和全球视野。

评价维度

　　知识部分，包括 SPOC 课堂测验和期末考试；能力部分，包括小班讨论、课堂展示、网络学堂讨论区发帖、期末论文；实践部分，包括参与心理学实验。

教材 / 参考资料

　　［美］菲利普·津巴多、［美］罗伯特·约翰逊、［美］薇薇安·麦卡恩：《津巴多普通心理学（第七版）》，钱静、黄珏苹译，北京，中国人民大学出版社，2016 年版。

　　Philip G. Zimbardo, Robert Johnson, Vivian McCann, *Psychology: Core concepts (8th Ed.)*, London: Pearson, 2017.

　　Stephen Pinker, *How the Mind Works*, New York: W. W. Norton & Company, 2009.

　　Bruce Hood, *The Self Illusion: How the Social Brain Creates Identity*, New York: Oxford University Press, 2012.

　　［美］埃雷兹·艾登、［法］让－巴蒂斯特·米歇尔：《可视化未来：数据透视下的人文大趋势》，王彤彤、沈华伟、程学旗译，杭州，浙江人民出版社，2015 年版。

　　Erez Aiden, Jean–Baptiste Michel, *Uncharted: Big Data as a Lens on Human Culture*, New York: Riverhead Books, 2013.

教学安排

第 1 讲　General introduction

第 2 讲　Mind and brain: biological bases of behavior

第 3 讲　Consciousness: Sleep and dreams

第 4 讲　Sensation and Perception: Reality or illusion

第 5 讲　（Class debate）The self illusion (AI and us)

第 6 讲　Attention and Memory

第 7 讲　False memory, amnesia and hyperthymesia

第 8 讲　Judgement and decisionmaking

第 9 讲　（Class debate）Human rationality: normative or ecological

第 10 讲　Development across the life–span

第 11 讲　Stress, health and wellbeing

第 12 讲　Self and society

第 13 讲　（Class debate）Genes vs environment

第 14 讲　Review and presentations 1

第 15 讲　Review and presentations 2

教师微访谈

【课程定向】

Q1：如果这门课是他们的入学第一课，您觉得它的重要性和独特性是什么？

首先，大学生要明白人生的意义，心理学可以让你认识你自己、你的思想和你的行为，帮助你清楚自己的未来规划，知行合一。

其次，心理学注重科学训练，可以帮助你在这个信息泛滥的时代认识到信息的有效性和准确性。心理学的研究方法就是在做去伪存真的推理过程，任何理论都是通过实践验证的，只有大胆假设小心求证才能得出结论，这种批判性的思维训练对每个人都很有用。

还有是对人性的滋养，学了心理学的人会变得更有同理心、更包容，当你明白人们为什么会产生千奇百怪的行为时，就会更理解不同的人生、不同的选择以及背后的机制等。

Q2：您觉得这门课程全英文授课的独特优势在哪里？您是如何考虑的？

优势主要有两个，其一是培养学生的学科素养和国际视野。心理学本身具有学贯中西、融汇文理的特色，这也是清华的特色。心理学的学科基础主要还是西方一百多年逐步构建起来的，如果同学们能接触最前沿的心理学进展，包括教材和科研文章，那么就能站在一个更国际化的平台上展开学习。

其二是培养学生的全球胜任力和文化自信。心理学关乎人类命运共同体，在探讨意识、伦理、心理、发展、决策的话题时，我希望同学们不仅能够用中文表达，而且能用英文流利表达，这也是中国人文化自信的体现。同时，由于这门课是全英文授课，留学生的选课比例逐年增高。多元化也成为了这门课的一个特色。上一学期这门课的课堂上一共有来自 20 多个国家和地区的同学，除了来自欧美的同学，还有来自蒙古、俄罗斯、印度等地的同学，给我们的讨论提供了非常有益的多元文化的视角。这使课程成为天然的培养全球胜任力的舞台。同学们在这样的文化环境里，会产生对文化差异的理解和包容，习得尊重、理解、谦逊的人文精神，厚德载物，这是很难得的。

【教学设计】

Q3：介绍中提到，课程以启发式教学为主要教学手段，请您结合教学案例具体介绍一下启发式教学？

启发式教学源于苏格拉底时期的诘问法，即提出问题，让学生先思考，再提供一系列案例以及分析问题的工具，促进学生展开探究式的学习过程，逐步做到慎思明辨、去伪存真，获得新知，并且知道它的局限和发展前景（bigger picture）。

举个例子，比如我在讲感知（Perception）的时候会问学生：你认为色彩是否是客观存在的？大多数人会觉得色彩当然是客观的。但当我们学习了人如何用眼睛、用大脑构建视觉世界的时候，我们会发现这是一个误解。色彩是由人类视觉系统对不同波长的光线的感受和处理产生的一种主观感受，这种感受是由我们的大脑处理和解释的，并不是客观存在的物理属性。比如在一天的光影变幻中，学堂窗外的梧桐树在我们视网膜上呈现的颜色一直是变化的，但我们的大脑会用"色彩恒常性"的算法让我们认为上午的梧桐树和中午的梧桐树是同一个颜色。再比如同一颜色在不同文化和社会中可能会有不同的象征意义和情感联想，中文的

"青"可以表征青天（蓝色）、青草（绿色）、青衣（黑色）。

在这一过程中，我也会结合重点概念，给同学们推荐一些读物。比如《火星上的人类学家》的第一章讲的就是一个皮质性色盲的患者，他的眼睛能看到光但其大脑特殊部位损伤导致他感受不到颜色。我会通过这样一些特殊的案例让大家形象地认识到色彩其实不仅是客观的，而且由于我们共通的脑机制所达成的一些共识。通过提问，通过反例，通过思辨，通过汇集得到更深入的认识，这就是这门课经常用到的启发式教学。

Q4: 课程通过脑、个体与社会文化三个层面介绍心理学，您为何选定这三个层面？有什么参考标准吗？

这三个层面对应人的微观、中观和宏观三个层面，也是心理学学科构建所关注的三个层次。

微观是生理层面，人作为一个生物体的生理特征，包括大脑运作的机制、遗传的影响等，我们介绍最多的是脑科学的研究。中观是自我层面，跟人的成长经历、自我认知方式有关，比如我们会发现记忆其实是你对过去的信息提取、加工的结果，同样一幅画在不同人眼里是不同的风景。宏观就是社会文化层面，环境如何影响我们的行为和决策，因为我们每个人不是独立存在的。所以这门课会从微观、中观到宏观，关照 Mind-Individual-Culture，最后整合为对人的行为的系统、多元、整体的认识。

Q5: 课程实践的特点是有实验参与的方式，您如何选定合适的实验并让同学们参与？

心理学的学科特点是实证的，这门学科的进步都是靠大量的实验。所以一方面，学生在课堂上会学到很多经典的实验；另一方面，我们也会给同学们提供一些机会接触正在开展的研究，邀请学生参与我系教师或者研究生开展的一些前沿实验，作为被试去亲身体验，同时也贡献实验数据。

对于实验的选择，一方面，我们会筛选一些前沿的研究；另一方面，我们也会着重选一些应用性的研究。比如时间压力下人们的决策会不会更从众，准备做汇报（Presentation）的前一天人们的心率会呈现何种规律的变化，如何动态追踪识别焦虑与抑郁，如何能够助推学生更好地完成小目标等。有些同学可能通过我们的实验缓解了考试焦虑，或者解决了拖延症这样让他头疼的事情，这也是学生们参与实验可能的收获。

Q6：这门课采取混合式教学设计，您会如何分配慕课和线下课程的授课内容？

我在 2017 年做的全英文慕课"走进心理学"讲了心理学中一些比较核心的内容，对这门课是一个基础知识层面的补充。我会让学生课前看慕课，这样在每节课课堂上，用于知识传授的部分减少，用于深入讨论和思辨的时间增多。我们更可以针对学生们关心的痛点问题开展研讨。慕课的学习不会造成很大负担或占用很多时间，每个章节对应的是 50~70 分钟，有时候一个章节分两周讲，一周一般不到一个小时，课余时间就可以轻松完成。

Q7：这门课程有很多阅读材料，您是以什么标准选定这些阅读材料的？如果阅读有难度，您会如何建议同学们提高阅读素养？

首先这门课的主要阅读材料是我在 2016 年翻译的一本教材，大家可以选择读中文版或者英文版。这个教材本身有 70 万字左右，很厚重，而且每个章节有很详细、系统的讲解。其次，在这个基础上，我会给大家提供很多拓展阅读内容，主要是偏科普类或畅销书类的最新书籍，每个主题推荐一本书，不要求同学们都看完，主要是给那些特别感兴趣或者希望在某个角度深入学习的同学们提供一些资料。在这个过程中如果发现更好的书，我也会随时补充推荐，这样学生可以从丰富的书单里面自己选最想读的。同时，我们为推荐的书目配备了小班讨论环节，选择参加小班讨论的同学可以提前阅读相应书籍。

推荐的书大多数都是非专业的，跟生活相关，比较有趣。如果有稍微难的书目，我们会指定部分章节供大家阅读，并且加入一些导引。

【*通识探讨*】

Q8：因为面向的主要是大一新生，您如何平衡知识的难度和通识教育的科普性之间的关系？您觉得新生的特性对设计这门课有哪些影响？

　　这门课在国际上也是属于没有学科门槛，但有学理深度的通识课，会被称为"每个人的第一门心理课"，即 Psych101。这门课作为大一新生课的设置是有历史原因的。2017 年我校设立大类平台时，社科学院每个学科要提供一门零基础的通识课，这门课就是心理学通识课，定位就是把我们认为最有趣但学术门槛比较低，同时又有学理深度的课程内容组建出来，让学生了解心理学是干什么的，心理学能做什么，以及心理学未来的发展。2021 年这门课评上了通识荣誉课，社科学院的大类平台课也加入了更多的心理学课程，所以这门课可以开放给不同年级的同学来选，不再局限于大一新生。

　　心理学离我们很近又有点远，大众的理解会存在一些偏差。对此，心理学有很多很好的教材和导读资料可以帮助学生了解这个学科。比如第一周我会推荐 *How to Think Straight about Psychology*（对伪心理学说不），这本书就是阐明什么是心理学、心理学如何做研究、心理学能研究什么等问题。这些经典的畅销书正本清源，可以帮助同学们入门。结合启发式教学，我会在每个章节前给同学们提一些常识性问题，比如有个流行的说法是"人类的大脑只开发了百分之十"，你认为这个说法有科学依据吗？这是一个广为流传的谬误，甚至还有《超体》这样的电影为之背书。但是，认真想一想就有很多不合理的地方。这些问题没有学术门槛，而同学们可以由此锻炼批判性思维，辨别事实（fact）与虚构（fiction），并且给出论据。我会通过这样的教学铺垫，吸引大家入门并且爱上心理学。

　　Q9：您强调课程期待同学们运用学科交叉的角度和跨学科的方式，您能举个教学中的例子吗？您觉得心理学知识对他们本专业的学习有哪些裨益？

　　心理学是研究人和人的行为的，所以跟很多学科都有交叉，因为我们选课的同学很多是社科类的同学，所以我会结合经济学、社会学、语言学等学科，在课程中进行跨学科的思考。举个经济学的例子，人到底是理性的还是非理性的，理性的标准是什么？在凯恩斯的一个思想实验中，他指出不能把人简单假设为同质的理性人，实际生活中人的行为决策是互依的，有不同层次的理性程度，人的行为也不是唯一受利益最大化驱动，而受公平、利他等核心价值观影响。我们可以通过心理学与经济学的视角，用思辨去审视新古典经济学，并且引入行为经济学的一些理论和案例。这样可以让同学在不同的视角更综合地看待问题，锻炼思辨能力、批判性思维和实证推理能力。

Q10：您提到力图培养学生的批判性思维和创新思维，为什么您认为这两种思维对新生来说很重要？课程会采用什么样的方式方法着重培养这两种思维方式？

同学们从中学走进大学，最需要培养的能力就是批判性思维和创新思维。中学着重培养的是标准化的解题思路，是去搜寻一个相对明确的答案。但大学会更加注重培养开放的思维方式、自由的创新能力，培养的是你能不能问出一个好问题的能力。这门课也是也此为目标的，我希望同学们可以回到像孩子一样对这个世界充满好奇的状态。其实不是提出问题研究问题就一定能找到答案，而是在这个过程中把问题提得更好，更加明确，更有意义，就是进步。我希望同学们上这门课之后越来越喜欢问问题。关键不是要提出多么特别的问题，而是能否提出关乎人类命运发展、关乎自我发现的值得追求的问题，这和你们之后的科研及人生都有关系。

Q11：您如何看待自己在教学中扮演的角色？您对同学们的期望是什么？

不知不觉我在清华教书已经十多年了，开始作为初登讲台的讲师，我希望自己是一个无所不知的、被学生问不倒的智慧的化身（sage on the stage）；但后来，在教书满七年时，我发现知识的传授不是最核心的，学生有很多方式去获取知识，我的功能就是"guide on side"，做好引路人，因为大家需要面对的是充满不确定性的未来。与其把自己灌满，不如把学生们发现问题、学会提问的火点燃。

这种想法也贯穿了这门课的价值塑造，就是对未知保持敬畏、好奇，然后保持开放的态度去勇敢地探索，这也是心理学工作者的价值观，永远像一个小孩子去面对未知的世界，充满勇气地往前走。

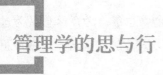

管理学的思与行

探索管理学的思与行，
做"深入思考的行动者"和"有力行动的思考者"。

开课单位　经济管理学院
课程分组　社科课组
学分学时　3 学分；课内 48 学时 + 课外 96 学时
特色教学　团队访谈；领导力自主挑战项目

教师简介

张晨，清华大学经济管理学院领导力与组织管理系副教授。清华大学经济学学士（经济与金融专业）、清华大学管理学硕士（组织行为与人力资源方向）、密歇根大学管理学博士（管理与组织方向）。主要研究领域为组织行为学，主要研究方向包括工作中的时间、精力与身心健康问题，工作设计与再设计，组织中的积极主动行为等。研究成果发表于管理学的国际顶级期刊 *Organization Science*，*Journal of Applied Psychology* 等。教授课程包括博士生"管理研究方法 I"，本科生"管理学的思与行""管理学（商学导论）"等。多次获得清华大学年度教学优秀奖、经管学院教学优秀一等奖，并获清华大学青年教师教学大赛一等奖、龚育之奖教金等教学荣誉。

内容简介

本课程基于个体与群体、人际与领导力、组织与战略三大模块，引导同学们观察、剖析、应对日常无处不在的管理学问题和领导力挑战。课程将介绍一些管理学的经典理论与前沿研究，作为分析和思考问题的知识工具。更重要的，课程将大量开展"浸入式"与"行动式"学习，包括①分析和研讨丰富复杂的真实案例；②动手进行模拟练习；③访谈校外实践人士；④开展校内领导力自主挑战等。由此引导我们超越管理学理论与实践之间的界限，培养系统性思维与批判性思维的能力，提升面对复杂问题与实际挑战时的领导力素养，做到思与行并进，不断朝成为"深入思考的行动者"和"有力行动的思考者"成长进步。

评价维度
案例预习报告；团队访谈；领导力自主挑战项目；课堂讨论贡献；课堂出勤。

教材/参考资料
教师特选案例材料：中英文案例是本课程的重要学习材料。每次课堂所需案例将提前一周在课上发放纸质版。

教学安排
第1讲　概论：与管理学相遇

第2讲　（一）个体与群体：沟通与谈判

第3讲　（一）个体与群体：团队工作

第4讲　（一）个体与群体：伦理决策

第5讲　第一模块总结 & 领导力自主挑战研讨（1）

第6讲　（二）人际与领导力：权力与影响

第7讲　（二）人际与领导力：社会网络

第8讲　（二）人际与领导力：组织内变革

第9讲　第二模块总结 & 领导力自主挑战研讨（2）

第10讲　（三）组织与战略：组织设计与组织文化

第11讲　（三）组织与战略：业务模式——商业模式的视角

第12讲　（三）组织与战略：业务组合——公司战略的视角

第13讲　第三模块总结 & 专题研讨：管理学的理论与实践

第14讲　团队访谈汇报展示

第15讲　结课省思

教师微访谈

【课程定向】

Q1：感觉比起中文名字，这门课的英文名字更有意思——"management as a perspective"，那么您觉得管理学视角是一个怎样的视角呢？它在思维和行动上有何特别之处？它的意义又在何处呢？

管理学本身是一门融会了很多不同思想的学科，因此不同的人对这个问题可能会有不同的见解。于我个人而言，在管理学需要思考的问题中，最重要的就是，在面对一个人与人、人与事、事与环境不断互动的复杂情境时，我们应当如何解决问题和创造价值。

"Management as a perspective"，这一课程名其实与同学们密切相关。本科的同学并不是传统意义上的管理者——正式身处管理岗位或承担着全职性管理职责的人，但实际上，无论你处在什么样的人生阶段和生活环境里，管理学的问题就在你的工作和生活中无处不在；而管理学的视角可以帮助你去应对这些挑战。以同学们的校园生活为例，假如你希望在自己所在的社团中推动一项新的举措，虽然你自己相信这个举措是非常有利的，但是在你下了很大的功夫之后，可能会发现社团里的其他成员对此反应冷淡，这个时候你要怎么办呢？这个简单的例子，其实就是管理学问题在我们生活中的投射。

在正式的课堂上，我们也会一起思考一些新闻中或校园里的例子，比如之前清华大范围推行在线教学的举措，就涉及教师、学生以及一些校外群体，那么，怎么去有效落实、协调各方、实现共赢？这其中就蕴含着大量的管理学问题。

总结来说，这些日常生活中呈现的问题本身就是我们这门课所教的"管理学的思与行"。正是由于即使我们没有承担着正式的管理者岗位，也会在生活和工作中遇到大量和管理学相关的挑战，管理学才会在我们的"思与行"中作为一个"视角"存在。

管理学视角本身存在着一个特点，它所面对的问题，大多没有定解。在这门课上，我们会讨论很多的案例，而同学们会发现，许多案例即便经过长时间讨论，最后也很难得出一个唯一的"正解"。因此，对于管理学的视角来说，有的时候思维方式比单一结论更重要。

进一步来说，管理学问题的思考方式非常重视情境的复杂性。作为研究管理学的学者，我们必然在不断探索一些共性的规律。但在面临真实的社会问题时，有难度的部分经常在于，一个具体的情境必然包含着很多复杂的因素，比如说你要解决一个问题，这个问题不仅可能牵涉各种立场态度矛盾的人，还可能有特定的历史性累积。所以在解决问题时，我们不能简单地套用规律，而要格外注重这种情境性和复杂性。

相信讲到这里你也发现了，管理学是一个思考与行动高度交织的学科。因此，我希望教给大家能从管理学的视角解决问题，既要能深入思考，又要会有效行动。如果你只做一些学理性的思考而不去面对真实的问题，这种思考的意义是很有限的；同样，如果你不做深入思考，只凭感觉行动和意气用事，也是不行的。我们应当做"深入思考的行动者"和"有行动力的思考者"。"管理学的思与行"这门课不是为专职的管理者准备的，而是为了让我们每个人都可以意识到自己也能做个"leader"——在这里，leader 不是指"领导"，而是指"引领者"。希望通过这门课的学习，大家可以意识到，我们每个人能够从身边的人和事做起，直面真实的挑战，发挥领导力，去创造积极的影响和价值。

Q2：这门课程分为了"个人与群体""人际与领导力""组织与战略"三大模块，管理学视角是如何切入这些主题的呢？

这和管理学自身的特点是密切相关的。在管理学中，我们经常会运用从微观到宏观的不同层次来帮助我们思考问题——比如从微观的个体开始，个体组成团队或群组，不同的群组与个体之间会形成一个复杂的系统，这个系统就是组织，组织外部还有环境——这就是从微观到宏观的不同层次。

那么在第一个模块"个体与群体"中，我们谈的更多是偏微观一些的话题，比如沟通与谈判、团队的有效工作、伦理决策，等等。而在第三个"组织与战略"模块中，我们的话题要宏观一些，主要跟组织层面及组织外部环境相关，如组织的结构设计、组织整体的文化、组织在外部环境中竞争与发展的战略等。而在两者之间，领导力（第二模块）既贯穿微观与宏观的决策，又可以成为联结微观与宏观之间的要素（如将宏观的组织变革落实到微观的沟通中）。

【*教学设计*】

Q3：这门课包含了案例研讨、课堂讲授、行动式挑战等多样的教学方法，这些用心设计将如何助力您的教学目标呢？

在这三种教学方法中，案例研讨是这门课最重要的教学方法之一。正如前面所说，管理学视角看重的是思考与行动交织，而案例的作用就是让我们进入一个具体、复杂的情境中，从而能够身临其境地去面对问题，然后做出一些选择和决定。所以，在案例研讨中，我们既要分析问题本身，又要考虑"如果是我，要怎么办"，从而让大家在思维方式和行动能力上同时获得成长。

课堂讲授更多是起到一个升华提炼或画龙点睛的作用，它可以把我们对于案例的感性讨论与理解再提升一个层次。同时我们也会介绍一些管理学的经典框架，为大家提供分析问题的工具。

行动式挑战则包括课堂上的模拟练习和课外的行动挑战。一方面，这些挑战可以帮助我们意识到真实事件中存在的困难，从而帮助我们更好地去思考我们将要学习的知识点和理论原则。另一方面，在行动过程中，它也能促使大家更主动、更综合地运用课上的所学所想。

实际上，这三方面是相通的，它们最终都是要促使大家同时提升思考与行动能力，更好地做到知行合一。

Q4：您特别设计了两次针对实践人士的访谈任务，您认为与老师教学和文献阅读相比，这两次访谈有何特别意义？

设置访谈任务，是希望大家去访谈在不同行业、不同组织中全职工作的人士。访谈能够帮助大家更强烈地认识到，真实的组织和管理问题中的实践，有时可能远比我们课堂上的理论学习要复杂。访谈还可以帮助大家建立起更强的批判性思考意识。有时候我们会发现访谈对象所谈论的观点，和我们在课上学的理论知识点有所出入甚至相悖，这也会激发大家的好奇心，燃起大家对二者（理论知识点、访谈对象的说法）都更深入地、更审辨地思考的欲望。

Q5：贯穿整个学期的领导力自主挑战是这门课程的一大亮点，可以向我们透露一下这个教学环节具体要做什么、为了什么、如何评价吗？

设计领导力自主挑战这个环节，主要是希望同学们可以把课程中的所学所想与自己真实的校园生活紧密结合起来。正如前面所提到的那样，管理学思维的一个特点是思考和行动需要紧密交织。因此，通过做这样一个自主的领导力挑战，大家能够更加主动地去成为"深入思考的行动者"和"有力行动的思考者"。

具体而言，这一部分就是请大家自选一个真实的校园情境，比如社团工作、班级工作、寝室生活、跟老师的互动，或是你参加的科创或者实践项目等，在这样一个情境中去自己制订一个与"变化、创造或影响"有关的目标。然后在整个进程中，你需要通过实际行动去朝你自己定的目标前进，并将其与课程中的思考和收获相结合。

那么在这种课外努力的同时，我们也会组织一些课内的阶段性研讨和交流。到学期后期，大家还要完成领导力自主挑战报告，这个报告的具体内容其实就是反映大家在挑战过程中所做的思考和行动。

在评价方法上，我们首先希望大家为自己定的目标是真实且具有挑战性的。我们不会以最终是否达成目标来评价，而会更在意大家所付出的实际努力，比如你的思考深度，你所制订的行动方案的有效性，以及你的课内研讨表现和领导力报告质量。因此它更多是一种过程性评价，目的是促进大家去思考和行动，并从中获得成长。

Q6：您特别强调了社群性学习在这门课中的重要性，在您看来，这种交流对同学提出了什么样的参与要求？又会带来哪些益处呢？

在课程学习中，我们会有相当多的讨论需要通过社群性学习完成，这就需要大家用心参与，聆听其他人的想法并积极贡献自己的思考，这样才能真正做到互相激发与共同成长。

我每一年上课都会和同学们强调的一点是，社群性学习不是为了表现自己比别人更聪明或显得自己格外积极主动，而是为了切实地互相启发和共同进步。很多时候我们习惯于将学习上付出的努力视作是为了我们自己的收获与进步，但是，我希望这门课可以让大家认识到，你自己付出的努力也能够并且应该要促进他人的进步。

过去我也收到过同学们的一些针对课程的匿名反馈，他们有的提到了自己可以从其他同学的发言中获得新的想法，有的提到了学会了更勇敢地向他人表达，还有人在团队访谈项目中认识了很好的朋友。这些对大家来说都是很真情实感、也很宝贵的收获。

【通识探讨】

Q7: 您在简介中提到了"浸入式"和"行动式"的学习，您认为这两种学习方式在这门课乃至更广义的通识课中有何独特作用？

我认为这两种学习方式的重要之处在于，它能帮助大家真正把通识课的所学所思内化，实现一个更长远的"带走（take away）"。这实际上和清华通识课"无学科门槛，有学理深度"的目标是一致的。也就是说，虽然我们不需要有很强的专业基础才能跨入某一个学科的门槛，但是我们的学习要体现这一学科思考方式的深度。这也就意味着，我们不能走马观花地学，而是需要通过"浸入"和"行动"，在更深刻的感受中让所学所思成长为自己思维方式的一部分。

另外，这样的"浸入式""行动式"学习方式还有助于实现我们清华强调的"三位一体"教学理念。在知识传授层面，如果少了行动式与浸入式的学习，你或许也能实现相当多的知识学习。但是到了能力培养层面，这种缺失就会导致能力"不扎实"。而最重要的，在价值塑造层面，要让价值塑造能够深入人心，能够切实对同学们的价值观或品格带来积极影响，则很需要依赖浸入式和行动式的学习。"浸入式""行动式"学习的这种影响，可能在短期内并不容易马上感受到，但它会以更深远、更长久的方式体现在通识教育和"三位一体"的培养成效中。

Q8: 最后，您有什么建议想提供给选课的同学吗？

这门课程获评了学校"通识荣誉课程"。高标准、高要求的课程设计，首先意味着，在课外大家需要付出相当程度的努力。比如整学期我们一共有 9 次案例研讨，每一次大家都会在课前做案例预习报告。而大家也要为团队访谈和领导力自主挑战等课外实践性环节付出努力。同时，大家也需要认真投入、参与课上的思考与讨论。为此，会要求大家在上课的过程中不使用手机、电脑等电子设备（以往有很多同学都表示很"喜欢"这个要求！）。虽然管理学的讨论主题比较"软"，但我希望大家的努力程度都是比较"硬"的。因此，欢迎对自己要求比较高的同学来选修这门课。

讲好知识的故事

How to Educate Others for 20 Minutes without Being Hated.
（如何教育别人20分钟而不被讨厌。）

开课单位　公共管理学院
课程分组　社科课组
学分学时　2 学分；课内 32 学时 + 课外 64 学时
特色教学　小班研讨

教师简介

梅赐琪，清华大学新雅书院院长，公共管理学院副教授，《公共管理评论》副主编兼编辑部主任。曾任清华大学写作与沟通教学中心主任。研究聚焦于中国中央地方关系的若干核心理论问题。面向本科生开设"政治学基础"（清华大学标杆课）、"讲好知识的故事"（清华大学通识荣誉课）等课程。曾获国家教学成果二等奖，北京市教书育人先锋，北京市教学成果一等奖，北京市青年教学名师奖，北京市青年教师教学基本功比赛一等奖、优秀指导教师奖、优秀指导教师团队奖，清华大学青年教师教学优秀奖、年度教学优秀奖、先进工作者等奖项。

内容简介

本课程旨在通过课堂讲授、案例研讨和实践操作等教学环节提升学习者讲好知识故事的能力，并努力塑造"共情、创新和人文"的价值观。课程将从知识的交流属性入手从"内容设计、表达技巧、个人风格"三个方面讲授讲好知识故事的关键原则。课程引入大量的案例研讨和实践环节，引导学生顺着从"学着讲"到"想着讲"，到"比着讲"再到"自己讲"四步走的流程，逐步地提高讲好知识故事的能力。其中，在"学着讲"的环节，通过电视节目、TED 演讲、教学比赛等经典案例，让学生自己分析和总结优秀的知识故事讲述技巧，并直接付诸实践，以从中发现和感受学习的难点；在"想着讲"的环节，通过教师对于知识论理念和内容设计原则的讲授，让学生自己找到突破学习难点的方法，并再次付诸实践，从内容组织和设计能力上打下讲好知识故事的基础；在"比着讲"的环节，让学生选定内容主题，进行内容设计，结合教师对于知识演讲技巧的传授和分享，展开小组研讨准备，最终通过"故事会"比赛的方式完成相对成熟的小组展示；在"自己讲"的环节，让学生在前三次实践的基础上，提交一份以文章、PPT、小视频（三选一）为载体的"讲知识故事"的个人大作业。

评价维度

出勤；课堂表现；小论文；小组展示（"比着讲"环节）；大作业（"自己讲"环节）。

教材／参考资料

［美］托马斯·库恩：《科学革命的结构》，张卜天译，北京，北京大学出版社，2012 年版。

［美］保罗·法伊尔阿本德：《反对方法：无政府主义知识论纲要》，周昌忠译，上海，上海译文出版社，2007 年版。

［美］丹尼尔·卡曼：《思考，快与慢》，胡晓姣、李爱民、何梦莹译，北京，中信出版社，2011 年版。

［美］理查德·塞勒、［美］卡斯·桑斯坦：《助推》，刘宁译，北京，中信出版社，2018 年版。

［美］杰瑞米·多诺万：《TED 演讲的秘密：18 分钟改变世界》，冯颙、安超译，北京，中国人民大学出版社，2014 年版。

教学安排

第 1 讲 绪论：从《致富经》看讲故事的方法

第 2 讲 如何讲知识的故事

教师微访谈

【课程定向】

Q1: 什么是知识的故事?

在我看来，知识本身就是一个个故事。关于知识，我们一般有两种看法：一种叫本体论；另一种叫认识论。本体论认为自然界自有它的规律，人们要做的事情是发现它。认识论是说事物有没有规律其实不重要，重要的是我们人如何去理解事物。从认识论的角度去看，知识本来就是故事，人类的知识体系本身就是个故事汇，我们都通过讲故事让更多人尽可能地去理解这个世界。

Q2: 为什么希望大家学会"讲好知识的故事"?

"讲好知识的故事"是一个非常重要的技能，也是一个很多同学尚不具备的技能。学习和研究是为了了解这个世界，本来是特别有意思的事情。都说兴趣是最好的老师，但很多人在讲知识故事的时候，似乎完全是为了扼杀别人对知识的兴趣而讲的。所以，我觉得特别有必要去开这门课。知识本身就是故事，评判它的标准有两个，第一要对现实有解释力；第二要讲得好。需要强调的是，讲得不好，首先是因为想得不通，然后才是因为没有技巧，所以这门课希望从知识论和讲故事技巧两个方面来提高大家讲好知识故事的能力。

Q3: 您把课程的英文名叫作 "How to Educate Others for 20 Minutes without Being Hated"，这个 "20 分钟" 有什么特别含义吗？

这几年我一直在做青年教师教学比赛培训的工作。青教赛有一个特点，所有的课堂设计都是 20 分钟，每一节课都是一个 20 分钟的知识的故事。在和团队一起备赛的过程中，我确实觉得如何在 20 分钟之内把一个看起来很深奥的知识讲得通俗易懂是有规律的，这需要总结和学习。

我特别反对把大学的知识简单化。"大学应该是传授深奥知识的地方"。我们要让别人听懂，不是要把东西简单化，而是应该想办法把一个深奥的知识给别人讲懂。必须承认的是，通常情况下用深奥的知识教育别人 20 分钟是会被人讨厌（hated）的。如果 20 分钟听完了，听众感觉到 "我居然并不讨厌"（Hey, I don't even hate you），这个故事很有可能就讲成功了。

脱离青教赛的背景后，20 分钟的时间限定是否依然有意义呢？我发现很多同学们做展示的场景，都是限定在 20 分钟内的。比如社会实践答辩、挑战杯、学术会议报告等。这个时间要求跟听众的注意力有关。20 分钟可以比较完整反映出讲述者的思维、表达和知识建构能力。让大家拥有这些综合能力在 20 分钟内做一个好的讲述是我开课的目的之一。

Q4: 从面向老师到面向本科生，您觉得对普通同学来说，这门课接受起来会困难吗？

从青教赛中我们总结出的是教学法，而这次我的课希望做的是从教学法当中提炼出讲述法。教学和讲述跟知识本体有关，但又是相对独立的。一个知识的故事讲得好不好，不完全由讲述者知识水平的高低来决定。所以，同学们不用担心有学习的障碍。

我设计这节课本身就是希望从一个具备高等教育背景的学生的角度，从生活的经验入手，来探讨如何讲好一个故事、别人为什么愿意听并且能够听懂。我也很希望班上有不同专业的同学，这样我们可以一起去寻找在所有知识故事背后共同的讲述法。

【教学设计】

Q5：为什么选择《TED 演讲的秘密：18 分钟改变世界》《迷人的材料》《教什么知识？》与《人类简史》作为参考书？

《人类简史》和《教什么知识？》是关于知识论和教学法的。清华的教育理念强调价值塑造、能力培养和知识传授的"三位一体"。为什么要把价值塑造放在第一位？因为能力和知识是会过时的，但价值观是底层逻辑，是认识论，只会增厚不会变质。通识课绝对不应该成为让大家轻轻松松过关的"水课"，也不是仅仅教授技能的课，它应该是有价值观培养功能的课。《人类简史》这本书，告诉我们知识是什么、知识体系是怎么形成、人类和自然界的关系是什么样子的。希望通过这本书，让同学在一门讲故事的课上，先认识自己，认识知识。

而《TED 演讲》和《迷人的材料》提供了很多如何讲好知识故事的优秀范例。我希望通过这些优秀的例子，和同学们一起探讨知识的故事应该怎么设计、如何讲好。

总的来说，我希望这门课是一门既有知识论层面探讨，又有具体案例分析的课程，所以选了这四本参考书。

Q6：您一直以作业设计新颖而在学生中"闻名"，那在这门课中，您会怎样让学生去"产出"呢？

我会布置三次大作业。第一次作业是"学着讲"。在进入知识论之前，请同学们看完《致富经》和《走近科学》以后就开始"裸讲"，既让同学们展现讲故事的天赋，又暴露一些问题。

第二次作业是"想着讲"。课程会在把知识论部分讲完但是还没有讲技巧部分之前，请同学们根据学到的知识论的内容，再来讲一次。前面两次大作业都是个人的作业，大家可以选一次参加。

第三次作业是"比着讲"。在讲完互动、幽默、个人风格这三个具体技巧部分以后，我们会组织两次故事会——文科和理工科分别组队。这是一个小组作业，就像一部电影的拍摄过程中有导演、有主演、有编剧，小组内部也可以做一个分工，最后每个组来讲一个知识的故事。我们会邀请全班同学来投票选出班里的故事大王。

同时，每周课都给大家设计了小作业。比如说上课我们讲《致富经》，那么除了课上的剖析之外，下课后还会请同学们自己看一集《致富经》，来亲自分析一下，为什么人家的故事讲得好。小作业是感想式的，体量不会太大。

我也希望这些作业和课程讲授一起帮助我们达成课程的目标。第一，要知道别人为什么讲得好；第二，要能自己讲得好；第三，更高境界是开始思考如何帮助他人也讲得好。如果达到这三个目标，你就不仅是知其然，而且是知其所以然了。我知道本科生是全清华最忙的人群，但是这门硬课对大家应该会有些帮助，期待能够吸引一些真正有兴趣的学生来上这门课。

【通识探讨】

Q7: 您在公管学院的官网上写道，您希望自己的学生"始终好奇，对简单逻辑有警惕，跟拯救世界保持距离"，这是什么意思呢？

人类只是地球的过客，是我们喜欢这个世界，世界对我们兴趣并不大。喜欢，就一定要有好奇。

世界本身非常的复杂，任何用简单逻辑去概括这个世界的尝试都基于一个预设——"世界一定有规律"。其实世界才不在乎有没有规律。所以，任何的简单逻辑都有可能是对世界的歪曲，因此要有警惕。

世界不需要人拯救。知识从一开始便是人类为了保存自己而形成的一套体系。跟拯救世界保持距离，我更希望传递的是敬畏之心。对于知识的渴求，是出于知识本身，而不是为了拯救世界；只有这样，我们对知识的追求才会不那么工具性、不那么短视、不那么没有趣味。

全球胜任力海外实践课程

行路成书，阅人见物；
重识一个非西方的世界，重绘一个多样性的文明。

开课单位　新闻与传播学院
课程分组　社科课组
学分学时　3 学分；课内 48 学时 + 课外 96 学时
特色教学　小班研讨；实践参访；文化体验

教师简介

胡钰，清华大学新闻与传播学院教授，清华大学文化创意发展研究院院长，主要研究方向为新闻理论、文化传播、国际传播。面向本科生开设"新生导引课""全球胜任力海外实践课程""马克思主义新闻观"《清新时报》工作坊""文化多样性"等课程。曾获清华大学良师益友奖、清华大学教学成果奖一等奖、清华大学年度教学优秀奖、清华大学学生社会实践优秀指导教师、清华大学优秀党建与思想政治工作者、"青年服务国家"首都大中专学生社会实践先进工作者、北京市普通高校优秀本科论文指导教师、北京市高等教育教学成果奖、全国"五个一百"网络正能量精品"百篇网络正能量文字作品"、教育部高等学校科学研究优秀成果奖 (人文社会科学) 等荣誉称号。

教学团队成员：史志钦、张成岗、杜鹏飞、宋昀皓、刘震、廖莹。

内容简介

本课程主要解决的是当代青年学生对世界复杂性与文化多样性不了解的问题，对中国发展道路的世界性意义不理解的问题，对当代中国青年发展方向选择不清晰的问题。课程利用寒暑假从全校范围选拔学生赴"一带一路"沿线进行为期10~15 天的实地探访，开展小规模、深层次、跨文化、实践型的教学，创造跨年级、跨学科、跨地域的学习环境，采用参访式、体验式、讨论式的教学方式，通过跨文化传播、"一带一路"及新型全球化、区域国别研究等专业模块进行综合学习，增进学生对人类文化多样性与人类命运共同体的认知，提升学生的跨文化沟通能力与全球胜任力，强化学生对中国发展道路和当代中国青年使命的认同，从而培养具有全球视野、中国立场、清华担当的优秀青年学生。

评价维度

课程表现（行前准备、调研过程、调研成果）；学术报告（结合学术思考与调研见闻），鼓励多样化表现形式（包括但不限于学术论文、文化随笔、政策建议、调研报告、新闻作品、影像作品等）。

教材 / 参考资料

费孝通：《文化与文化自觉》，北京，群言出版社，2016 年版。

胡钰：《这个世界的人与人文》，北京，海豚出版社，2022 年版。

［美］布鲁斯·马兹利什：《文明及其内涵》，汪辉译，北京，商务印书馆，2017 年版。

教学安排

第 1 讲　大班授课：全球胜任力与文化多样性

第 2 讲　大班授课：学生全球胜任力培养指标与体系

第 3 讲　大班授课："一带一路"——从中国倡议到国际共识

第 4 讲　大班授课：从博物馆看中外艺术

第 5 讲　大班授课：全球视野下的中国故事传播

第 6 讲　大班授课：区域国别专题讲座

第 7 讲　相关调研主题小班研讨（一）

第 8 讲　相关调研主题小班研讨（二）

第 9 讲　全周海外调研（一）（分小班赴不同国家）

第 10 讲　全周海外调研（二）（分小班赴不同国家）

第 11 讲　调研资料梳理与总结写作（一）

第 12 讲　调研资料梳理与总结写作（二）

第 13 讲　相关调研主题小班总结研讨（一）

第 14 讲　相关调研主题小班总结研讨（二）

第 15 讲　集体交流总结

教师微访谈

【*课程定向*】

Q1：这门课相当具有创新性，同时也非常具有挑战性。一开始是有怎样的契机来开设这样一门跨学科、跨文化的全新课程？

2016 年，基于对世界高等教育发展趋势、国家发展所处宏观环境及学校自身发展阶段的深刻分析，清华大学首次制订并启动实施"全球战略"。在此背景下，清华大学提出"全球胜任力"的培养目标，即培养学生在国际多元文化环境中有效学习、工作和与人相处的能力，在认知、人际与个人三个层面不断地探索发展六大核心素养。

为响应学校号召，积极参与全球高等教育的竞争与合作，培养具有全球胜任力的创新人才，清华大学新闻与传播学院和学生部、校团委、教务处、国际处等单位深入探索实践教学，组织优秀学生利用寒暑假赴"一带一路"共建国家进行社会调研，"全球胜任力海外实践课程"便应运而生。

Q2：这门课程已经开设多年，去过哪些国家和城市，主要遵循了怎样的线索？您认为这和培养学生的"全球胜任力"之间存在怎样的关系？

"全球胜任力海外实践课程"的实践地主要是"一带一路"的沿线重点国家和地区。从课程开设到现在，曾去过埃塞俄比亚、肯尼亚、阿联酋、伊朗、沙特阿拉伯、尼泊尔、巴西、南非、俄罗斯、中国澳门等多个国家和地区，每一次都是非常独特的体验。

对这些国家和地区的历史文化、发展现状，许多同学们是不太了解的，是视野中"失焦"甚至长期被"忽视"的部分。很多同学眼中的"国外"只有西方，把"全球化"概念简单等同于"欧美化""西方化",这种认知失衡现象是值得关注的。"全球胜任力海外实践课程"的目的就是希望扭转这样的观念,为同学们展现一个不限于"西方"的世界、多样性的世界。

我认为,一个具有"全球胜任力"的青年人应当能够描绘全球图景、提出全球问题、开展全球对话、做出全球贡献,"全球胜任力海外实践课程"力争从这四个维度对同学们进行培养。带领同学们去不同的国家和地区,首先是要大家切身实地了解世界的版图,这是"描绘全球图景";而我们所进行的准备、选择实践的主题,则是帮助大家"提出全球问题";在行程中的实地考察、访谈与讨论,则是以中国为主体"开展全球对话";最后整个实践的目标,就是要大家能够成为愿意参与全球事务的青年人才,利用自己的专业知识,从自己热爱与擅长的领域"做出全球贡献"。

比如2018年前往尼泊尔实践的一行同学,就与我一同完成了《尼泊尔的性格》这本书。2019年,我们在尼泊尔驻华大使馆和加德满都分别举行了新书发布会,尼泊尔驻华大使鲍德尔"点赞"称"本书的面世为中国读者提供从社会、文化和行为层面了解尼泊尔的机会",同时这本书还成为了"访问尼泊尔"活动的官方指南之一。从对尼泊尔一无所知,到实践后的理解、热爱,还能够产出文化成果推动中尼友好发展,这就是一个活生生的"做出全球贡献"的例子。

【教学设计】

Q3:在实践中会有哪些行程安排?一般会着重从哪些方面探访一个国家或地区?

根据实践的主题,每次都会有不同的行程安排。在大方向确定之后,我会确定几个"必做事项",包括要见的人、要做的事、要去的地方,由带队辅导员同学全权负责联系及安排,充分发挥同学们的主观能动性。

既然要走进一个国家,那就要"走到它的根处去",看到这个国家最特色的一面,感受这个国家最典型的精神气质,给同学们提供最深刻的实践体验。比如在前往南非的时候,我就提到一定要去罗本岛看看曼德拉曾经住过的监狱。从27年的牢狱生活到南非民主选举的第一位黑人总统,曼德拉作为南非的精神图腾,便是这个国家的"根处"所在。

罗本岛是曼德拉服刑时间最长的监狱，我们在现场看到，曼德拉被监禁的牢房，就只是一个不到5平方米的小空间。他在这样的条件中度过了近二十年人生岁月，尽管被释放的希望十分渺茫，但每天仍然坚持锻炼、读书、思考，从未放弃抗争的勇气。"不轻易向绝望屈服，屈服就意味着失败和死亡。"立于这所牢房前，种族、肤色、国界的区别不再重要，任谁都会被这样坚韧不拔、永不言弃的精神所震撼。

了解、沉浸、启发，每一次出发和到达，都要挖掘此地最深刻、最本质的所在。实践的意义便在于此，收获也在于此。

Q4：据我了解，课程中既有行前的培训，又有中间的互动和最后的总结，内容的极度丰富是这门实践课程的特色。这些不同的环节都有哪些独特之处？

在实践前，同学们应当做到熟悉当地的基本历史文化情况。我们会提前建立微信群，在群内结合自身的专业和兴趣每天分享一篇文献，要求同学们认真阅读、分享自身体会。同时还会邀请不同专业老师进行针对性的讲授和培训，提升同学们的跨文化理解。

在实践中，参与同学需要轮流担任每天的"行程带队人"。带队同学将主持设计当天的行程，安排考察、访谈等内容，同时负责所有会议的主持。每天晚上，无论多晚大多会进行讨论，讨论当天的收获与感受，由当天带队同学进行总结和点评，同时进行第二天的安排。"当时的是鲜活的"，我一直要求大家在行程之中在地"即感即写"，保证每天都有一篇微信公众号的推送内容，留下最珍贵、最真实、最生动的即时记录。许多同学晚上都忙碌到一两点，虽紧张却有很多收获。

实践之后，同学们还需要产出各种成果，形式不限，可以是随笔、论文、视频拍摄，等等。此外，还会参与多个实践宣讲、青年交流的项目。在产出成果的过程中，应当思考"为什么"和"怎么做"，从实践的切身体会出发，选择自己擅长的、了解的方向，用全球视野、人类视野、未来视野进行思考。

Q5：在异国他乡遇到的问题和困难应该远比想象得更多，这种时候整个实践团队的合作非常重要。那在课程中作为老师，您认为您扮演的是一个什么样的角色？和同学们形成怎样的关系？

在课程中，我不仅是 teacher（教师），更准确地说，是 adviser（建议者）、partner（陪伴者）和 inspirer（启发者）。

我是行程的建议者。我负责提出内容，由同学们进行设计策划，之后再一同调整。我在行前提出一个设计行程的建议，比如需要见某个重要的人，去某个重要的地方，辅导员就带领同学们去联系和安排。当然，对我来说，最基本的考虑是安全，其次才是收获，因此我要确保行程的安全。在实践中，的确会受到各种各样突发情况的影响，行程难免需要变化，这个时候就需要我进行判断和决定，和同学们紧密合作。

记得在巴西实践时，我们前往了亚马逊、里约热内卢、伊瓜苏等多个地方，用巴西圣保罗总领事的话来说，这是一次无比"灵动"的实践，"把巴西的好地方都走遍了"。这样的出色效果，便来自于在实践中的师生紧密合作与及时调整。

与同学们共同发现一个又一个不同的国家和地区的文化是很奇妙的体验，也会有珍贵的收获。在实践之前，我同样没有去过这些国家和地区，所以我在课程中与大家一起探索和发现完全陌生的国度；在行程中，我也会时不时提出问题，与同学们在地进行共同思考，在互动中进行深度探究。

【通识探讨】

Q6：将这门课做成一门面向全校所有学科学生开放的通识课有什么样的用意？

只懂"理工"或只懂"人文"的人都只是"半个人"，"文理会通"对一个人的完整人格、完整精神世界的构建十分重要，应当如梁思成先生所言，走出"半人时代"。实践面向全校同学开放，招募不同院系的同学，做到多学科交流，就是在实践支队的内部组成上创造一种多学科、多视角会通的可能。

课程至今，已有来自 20 余个院系的百余位学生参加。支队内部的跨学科多样性加上探访国家的跨文化多样性，让课程的内容、课程的收获更显多元而丰富。

Q7：请您用三个形容词形容一下这门课？

对这个课程的体会是一言难尽的，如果要聚焦三个词，其一，学科多种、内容多样、文化多元，即为"多彩"；其二，体验沉浸、思想沉浸、文化沉浸，用在地走访和深度调研代替"坐而论道",带来最切身的感受,即为"沉浸";其三,眼界开阔、观念重塑、方向更新,用脚步丈量世界,培养认知世界的独立思考,获得全新的全球视野,即为"启发"。

我想,多彩的、沉浸的、启发的,就是描述"全球胜任力海外实践课程"的三个形容词。

03

第三章

艺术课组

通过对艺术形式的感知与探究，增强学生对美的理解与领悟，提升学生的审美品位与全面素养。

建筑与城市文化

时间凝固于砖石木瓦，建筑与城市成为人类文明最忠实的记载。

开课单位　建筑学院

课程分组　艺术课组

学分学时　4 学分；课内 64 学时 + 课外 128 学时

特色教学　建筑现场体验；经典古建筑参观；手工模型制作训练；"原始小屋"设计建造与承重测试；"理想自宅"建筑设计与模型表现；电影教学与读书小组

教师简介

王毅，清华大学建筑学院教授，国家一级注册建筑师，主持王毅教授工作室。先后在清华大学获学士、硕士学位，在英国剑桥大学获博士学位。曾在美国麻省理工学院（MIT）任研究员，意大利罗马大学做访问学者。长期从事建筑设计及其理论的教学与实践，主持过多项建筑及城市设计项目，多次获得国家级奖项。出版有英文专著 *A Century of Change：Beijing's Urban Structure in the 20th Century* 和个人作品集《本土出品——王毅建筑创作札记》。

青锋，清华大学建筑学院副教授，建筑系副主任，《世界建筑》杂志副主编。先后在清华大学获建筑学学士、硕士学位，于英国爱丁堡大学获博士学位。主要研究领域为现当代建筑历史与理论、建筑教育，以及当代中国建筑研究。在国内外重要学术期刊发表论文数十篇，出版有《当代建筑理论》《忧伤与欢愉：罗西与斯卡帕的建筑对话》等著作。

内容简介

建筑与城市是人类文化的载体，其系统庞大，涉猎工程、艺术、社会等众多领域。本课程以中外建筑与城市发展为主要讨论对象，将历史、理论与实践案例结合起来，使学生对建筑与城市的文化内涵有直接的认知与体验。在理论讲授之外，本课程也将引导同学走进实际建筑场景，亲身感受建筑与城市环境的魅力。本课程另一特色是动手实践。课程要求同学搭建纸质的"原始小屋"，进行受力试验，并且在期末完成"原始小屋"和"理想自宅"的方案设计与最终表现模型的制作。

本课程帮助同学在动脑加动手的过程中，理解建筑及城市与技术、艺术、社会、文化等多种因素的复杂关系；培养自主分析建筑与城市现象的能力，并建立起相应的价值体系；体验建筑从理念到实现的全过程，挖掘自身的艺术创作潜力。

评价维度

期中研讨；期末研讨；"原始小屋"设计；"理想自宅"设计；课堂表现。

教材/参考资料

梁思成：《中国建筑史》，北京，生活·读书·新知三联书店，2011年版。

罗小未：《外国近现代建筑史》，北京，中国建筑工业出版社，2004年版。

Marvin Trachtenberg, Isabelle Hyman, *Architecture: From Prehistory to Postmodernity*, New York: H.N. Abrams, 2002.

Kevin Lynch, *The Image of the City*, Cambridge: MIT Press, 1960.

Yi Wang, *A Century of Change, Beijing's Urban Structure in the 20th Century*, Hong Kong: Pace, 2013 / Berlin: Springer, 2016.

教学安排

第1讲　课程概况——内容、进度及要求，建筑是什么？

第2讲　西方古典文化与古代建筑——经典的诞生与延续（课后参观）

第3讲　从中世纪到启蒙时代——文化演变与建筑演进（课后参观）

第4讲　从明式家具看中国人的生活艺术

教师微访谈

【课程定向】

Q1: 这门课以中外建筑与城市发展为主要讨论对象，能否请您简单介绍一下这门课程？建筑与城市这样的实体空间是怎样与抽象的社会历史文化产生关联的？

法国作家雨果曾经说："建筑是石头的史书。"这句话在建筑界广泛流传。

建筑是人类文化的一种载体，也是历史、文化、经济特征在城市空间上的投射。2015 年我们在新雅书院开设了"建筑与城市文化"这门课，我们也把它看作一个很好的机会，去探索建筑学科在通识教育中的角色和作用。

它最早是一门以理论讲授为主的课程，但与建筑学相关、延展的能力培养是很难在单一教学设计中实现的。所以一直到现在，我们还在不断地思考如何更好地充实它，根据清华"三位一体"的教学架构增加了实践、调研、研讨等环节，努力让这门课始终充满活力和生命力。

Q2：如何在这门通识课中实现历史、理论与实践案例的有机结合？

建筑历史课程通常是在课堂上用幻灯片展示建筑发展变革的脉络，而在这门课中，我们会带着同学们走出教室，到建筑现场。比如清华园里的一些早期的建筑参考了美国大学的设计，而美国的范例其实是学习了古罗马的建筑，古罗马建筑又可能继承了古希腊传统。所以通过对一个建筑的参观讲解，可以串联建筑史中的核心线索。

在城市文化部分，我们会组织同学们沿着北京中轴线参观，以及去 798 园区和 CBD 调研。每一个建筑和城市规划方案的最终落地并不是偶然的，不同城市区域的形成和发展，也隐藏着政治、经济、文化条件对城市的深刻塑造。

历史、理论与实践案例的结合不是天然形成的，恰恰需要一系列教学设计的组合，让同学们通过亲身实践，更加深刻地理解建筑理论，学有所获。

Q3：不同地区、不同时代、不同文化都有各自的建筑与城市特色。"建筑与城市文化"是如何在庞杂的内容中把握核心，做到"融会中西、古今贯通"呢？

这其实是"建筑与城市文化"这门通识课的一个难点，从古代到现代，从西方到东方，从建筑到城市，如果完整地来讲，那将是一门特别庞大的课程。

我们的做法是以时间为导向建立一个纵向的脉络，梳理出特定时代文明、地区中最具有代表性的建筑类型和城市文化，让同学们更好地把握重点，用线索串联出主体性的建筑历史图景。

同时，我们又以问题为导向建立一个横向的结构，让同学经过比较将有关知识横向联系起来。比如在讲中国木构建筑的时候，同学们已经学习过西方古建的一些内容了，可能就会提出这样一系列问题——为什么西方常用砖石，而中国选择了木构？中国的木构建筑从唐代发展到清代，如何延续，又产生了怎样的变化？

【教学设计】

Q4：在课程中期，同学们会根据所学所思进行主题为"我所理解的建筑学"的报告。为什么会设计这样一个环节？

建筑学本身是一个非常强调跨学科视野的专业，综合性很强。每次"建筑与城市文化"的第一节课上，我们也会向同学提问，了解他们是怎样看待建筑学的。

但其实这个问题并没有一个标准答案。

在报告环节，我们也能发现大家真的进行了很多有深度的思考和创新性的表达。比如有来自美术学院的同学从环境艺术的角度去解读建筑，生命学院的同学从生命科学的角度做了阐释等，都很有意思。因而，我们既要让同学们把握建筑学的基本概念，同时也鼓励大家结合自身专业，从多元角度出发，更好地理解建筑设计和城市发展。

Q5：非建筑专业的同学选修"建筑与城市文化"可能会遇到一定的技术困难，这门课是如何实现实践环节的由浅入深、层层递进呢？

这门课程充分考虑了同学的非专业特点，所以特地设立了循序渐进的教学流程，尤其是在实践训练中。整体来看，这门课的实践环节是连贯的一个链条，我们最终的课程要求，是让同学们能够通过一学期的学习，在期末完成一个小的建筑设计作品。这个起初是应同学要求增加的，也是同学特别兴奋和投入的环节。

为此，我们在教学环节中为同学做了大量的铺垫。从最基础的部分开始绘制草图、组装建筑结构部件，从体块切割开始训练模型制作手艺，让同学们用课程所提供的材料限时搭建巴黎圣母院的模型等。此前，我们又购入了榫卯结构木质模型，让大家在学习中国古建这一节内容后，尝试动手搭建一些斗拱模型。最终通过这些环环相扣的训练，使同学具备一定的实践基础。

Q6：课程中这一系列实践环节的教学设计是出于怎样的考虑？

动手能力的培养只是实践中可呈现的一部分，更深层的意义在于，引导同学们理解建筑设计中的平衡取舍，思考人与建筑、城市的理想关系。

比如让大家用三张 A4 纸去搭一个原始小屋并接受现场冲击测试：如果用较多的材料让小屋变得坚固，可能就牺牲了空间的利用率和实用度；如果提升了它的视觉审美效果，可能牢固性会有所下降。这一环节是希望同学们能够通过自己动手尝试，体会建筑中实用、坚固、美观这三项基本原则之间的辩证关系。

而期末的理想住宅设计，也并不仅是一个模型制作，我们更期待同学们能够真正思考什么是自己所理解的人类理想居所，并能够通过所学进行表达，这种设计创作恰恰是实现知识、能力、价值相互贯通的绝佳平台。

【通识探讨】

Q7: 清华通识教育强调"无专业门槛，有学理深度"，以"建筑与城市文化"这门课为例，您认为应如何在通识课中平衡其专业性和通识性呢？

一门通识课不可能包罗万象，从"进门"到深度，重要的是其间路径的设计，尤其是在内容组织和教学方法上的综合考量。

比如理论讲授部分，一些延展性的话题可能在课堂上没有特别充分的时间讨论，很多都是点到为止。部分感兴趣的同学会课后来找老师进一步探讨，比如聊一聊家乡建筑和城市建设中的一些现象。所以要做好点面结合，要给同学全面地讲授，也要提供同学深入的讨论的机会。实践部分亦然，技巧并不是最重要的。

这门课的目的并不是培养建筑的专业人才，主要还是希望用一种体验性、参与性、实践性的方式，给同学今后的思考提供一个新的思路和角度，能够对建筑和城市建立起自己的价值判断体系，激发那些未被唤醒的创造潜能。

Q8: 进一步而言，您认为通识课的深度和挑战度应如何体现？在这门课的教学实践中，您是如何找到那个合适的"度"的？

深度与挑战度体现在如何引导同学们在有限的时间内感受到一个领域最深厚的价值，而且能够在体验的基础之上以自己的方式来对这些价值进行阐释。这实际上也是我们对专业同学所要求的，只是需要在更严格限定的条件下，让非专业的同学也能够有类似的收获。这里面对"度"的把握十分关键，既不能浮光掠影，也不能揠苗助长。在我们的课程中，我们非常注重由浅入深的过程，除了在讲解上从身边的事物入手，比如校园建筑与周边城市，逐步引申到经典建筑与城市案例，我们还专门设计了循序渐进的实践环节，让大家边听、边体验、边创作、边思考。再加上包含了参观、观影、阅读与实验等多元方式，很有效地引导同学们逐步走入课程的深度内核。数年来的授课结果说明，这些措施很好地达到了有序深入的效果。

Q9: 您有什么课前寄语要送给同学们吗？

对于大多数人来说，建筑与城市既陌生也熟悉。它们不仅是实用性活动的载体，也是极为丰富的文化内涵的汇集之处。如果我们可以更多地了解这些内涵，也就可以从建筑与城市中获得更多的滋养，它们可以像绘画、音乐、文学一样丰富我们的生活，充实我们的思想，也塑造我们的理想。欢迎同学们在我们课程中来一同体验建筑与城市的趣味与价值。

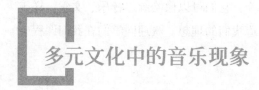

多元文化中的音乐现象

用音乐的灵性点亮智慧的人生。

开课单位　艺术教育中心
课程分组　艺术课组
学分学时　2 学分；课内 32 学时 + 课外 64 学时
特色教学　小班研讨；课堂展示

教师简介

罗薇，清华大学艺术教育中心副教授，音乐学硕士，教育学博士，艺术学博士后，美国纽约大学访问学者，美国加州大学洛杉矶分校访问学者，主攻音乐教育与美国音乐剧研究。2008 年入职清华以来，所授课程多次被全校教学评估为前 5%，曾荣获 2014 年清华大学青年教师教学大赛一等奖，2015 年清华大学青年教师教学优秀奖，2015 年北京市普通高等学校公共艺术课展评第二名，2016 年清华大学清韵烛光我最喜爱的教师，2017—2022 年连续五年清华大学年度教学优秀奖，2022 年北京市学校美育改革创新优秀案例征集评选二等奖，2022 年第五届清华大学龚育之奖教金等。

内容简介

本课程从"文化融合"的视角入手，从历史、宗教、哲学等人文角度，剖析音乐这一人类文明独特载体的蜕变历程。课程内容以历史为脉络，以中世纪圣咏拉开序幕，直至 20 世纪流行音乐为终点，涉及专业音乐、民间音乐、流行音乐等不同领域。课程设置划分为十六个板块，每个板块探讨某一特定音乐类型，每节课内容既独立成章又彼此关联。

本课程的授课理念是将音乐作为一种特殊文化现象放置于宏观的人类文明框架中予以阐述。授课内容不停留在专业音乐知识的单纯讲解上，而是引导学生"从文化了解音乐现象，从音乐透析文化内涵"，进而培养一种跨文化、跨学科、贯古今的发散性思维模式。

评价维度

课程作业；课堂展示；课程讨论；出勤。

教材 / 参考资料

［美］保罗·亨利·朗：《西方文明中的音乐》，顾连理、张洪岛、杨燕迪等译，杨燕迪校，桂林，广西师范大学出版社，2014 年版。

［德］汉斯·德海茨·施图肯什密特：《二十世纪音乐》，汤亚汀译，北京，人民音乐出版社，1992 年版。

王耀华：《世界民族音乐概论》，上海，上海音乐出版社，1998 年版。

袁越：《来自民间的叛逆》，南京，南京大学出版社，2008 年版。

教学安排

第 1 讲　中世纪圣咏

　　　　讨论：如何理解音乐中的词曲关系？以禁欲为初衷的宗教圣咏为何成为新世纪音乐的常见元素？

第 2 讲　伊斯兰文化与伊比利亚音乐

　　　　讨论：如何理解文明冲突对音乐形态的影响？请列举你认为带有性格特质的乐器并阐述原因。

第 3 讲　凯尔特文明与爱尔兰音乐

　　　　讨论：何为民族 / 民间音乐的最佳传承方式？从凯尔特曲风被广泛运用于电影配乐中引发的思考：论音乐的"有形"与"无形"。

第 4 讲　巴洛克中的复调艺术

　　　　讨论：如何理解巴洛克式审美在音乐中的显现？如何理解音乐中的数字逻辑？

第 5 讲　音乐中的古典主义复兴

讨论：如何理解社会阶层的划分对于音乐属性的影响与意义？如果理解新古典主义审美思潮在音乐中的显现？

第 6 讲　浪漫主义音乐的精神内核

讨论：从音色的角度如何理解乐器的性格？从和声的角度如何理解音乐的色彩？

第 7 讲　世纪末情结下的表现主义音乐

讨论：如何理解 20 世纪音乐创作中的苦情？

第 8 讲　东西方文化的融会——从印象到简约

讨论：如何理解现代音乐对于“创作”的重新定义？“重复与循环”对于音乐审美的意义？

第 9 讲　世界音乐之非洲

讨论：如何理解世界各地自然环境、风土人情等对于本土音乐表达形式的影响？

第 10 讲　世俗文化中的爵士乐

讨论：如何理解爵士乐中的“即兴”？流行音乐人如何在大众审美导向与个人艺术追求之间谋求平衡？

第 11 讲　从布鲁斯到摇滚

讨论：如何理解流行音乐与专业音乐及民间音乐之间的异同？如何理解流行音乐产业中的偶像 / 粉丝文化？

第 12 讲　美国民权运动中的民歌复兴运动

讨论：如何理解社会政治对于流行音乐文化的影响？

第 13 讲　流行音乐的电子化

讨论：如何理解电子设备对于流行音乐表达方式的影响？试比较自然音源与电子音源在音乐表达方式上异同。

第 14 讲　新时代的古典与流行

讨论：当古典遇到流行，何谓“雅乐”？何谓“俗乐”？试比较流行与古典对于“新音源”追求的异同。

第 15 讲　时代风潮中的中国流行音乐

　　　　讨论：如何理解中国流行音乐中的主流与非主流？如何理解时代变迁对中国流行音乐发展的影响？

教师微访谈

【课程定向】

Q1：您开设这门课的初衷是什么呢？

"多元文化中的音乐现象"是面向清华全校本科生开设的一门通识类艺术选修课程，是针对综合性高等院校的学科环境而构思的一门艺术类课程。

对于已有一定知识积累并具备独立审美能力的当代大学生而言，单纯地进行知识点输出并非大学课堂的终极目标。且对于绝大多数非音乐专业的清华本科生而言，音乐知识点的学习并非必要。于是，如何让音乐滋养每一个生命个体，并为每个独立意识带来灵性与光亮，便成为了在清华这样的综合性院校里开设一门音乐类赏析课程的初衷。

Q2：您认为作为特殊文化现象的音乐，和其他文化现象的关系是什么？

音乐从来就不是一种孤立的文化形态，它是植根于某个特定历史时期而形成的一种具体的文化表达方式。与同时期更加具象化的艺术形式一样（比如绘画、雕塑、建筑等），音乐是时代和社会环境的产物，准确而又辛辣地反映着政治经济、社会文化给大众意识带来的最鲜明冲击。从更加视觉化的文化现象入手，用它们折射出的时代观、审美观、文化观，可以更好地带领我们走入相对抽象化的音乐世界大门。

Q3：这门课很大的一个特点是兼具理论课、研讨课和实践课，您认为这三部分是如何相互配合，从而实现课程目标的呢？

理论课是以教师为主导的输出板块，研讨课和实践课则是以学生为主导的反馈板块。研讨部分会对课程重要知识点予以细化分析，并通过观点表达深入探讨音乐的特性及其背后的文化属性等。课堂展示由学生们分组完成，其主旨是探讨音乐对于生命的意义以及音乐表达的更多可能性。课堂展示的内容与形式由小组商讨共同决定，老师给出指导性建议。选题既可以探讨音乐与其他学科门类的关联，也可以探讨音乐对于生命的意义，也可以用音乐传达某个戏剧主题（如音乐剧、默剧等）。

【教学设计】

Q4：课程内容以历史为脉络，从中世纪圣咏到 20 世纪流行音乐，时间跨度非常之大，内涵丰富，请问您在课程设计时如何平衡知识的广度与深度之间的关系呢？

某种意义上说，这门课程如同一门音乐导论课。它强调的是通过音乐现象理解文化观念，所有涉及的音乐类型都会锁定其最核心的特质。这些特质不仅是不同音乐类型最本质的精髓，也是通过音乐了解同时期社会文化的关键之所在。

因此，本课程虽然看上去是一门跨越千年、涵盖诸多流派的"广而散"的音乐课程，但其背后始终贯穿着一个"精而聚"的授课理念——"从文化了解音乐现象，从音乐透析文化内涵"。

Q5：同学们在课前通过阅读文献、观看音视频资料等方式进行预习，课后还需要阅读大量资料，感觉这门课非常注重在课堂外下功夫，您是如何促进同学们在课堂内外的学习成果相辅相成的呢？

一学期 16 周课程只能是提纲挈领，而课程触发的兴趣才是学生展开课后深入探索的驱动力。这门课程只是为学生打开了一扇扇通往音乐世界的窗户，而每扇窗户背后都有一个与众不同的瑰丽世界等待学生的自主探索与发掘。如果课程触发了学生对某种音乐现象的浓烈兴趣，那么，提供的课程资料就可以为学生的深入探索提供线索与指引，帮助学生充分利用丰富的网络资源，并引导学生在有限时间里完成最行之有效的知识梳理与信息消化。

Q6：课程大纲中提到，本门课的课后作业需要学生完成老师提出的思考题。关于思考题的具体内容和评价标准，您可以举个例子讲讲吗？

本课程每节课都会给学生留出若干延展性思考题，题目都经过精心设计与考量，希望可以体现综合性大学艺术教育的意义。比如在讲到音乐的类型划分时，我的问题是"如何理解社会阶层划分对于音乐属性的影响与意义"；讲到现代音乐对于传统的突破时，我的问题是"你认为最能彰显当今时代气质并流传于世的音乐形式是什么"，等等。这些问题都不是单纯的知识点考查，没有非黑即白的确定答案，而是期望引发学生思考音乐与人文、科学之间的关联，从跨学科角度重新审视音乐艺术，通过音乐更好的理解不同时期的科学态度、不同地域的人文视角以及不同种族的文化观念等，并最终思考音乐乃至所有艺术形态对于人类生命个体的独特意义。

因此，我对作业题的评判标准是基于学生独立见解而完成的一段观点明确、论述清晰的文字阐述，不希望看到史料堆砌或是单纯的知识点阐述，而是更倡导学生的拓展思考与文化反思。

【通识探讨】

Q7：您在课程大纲里强调，本门课要将音乐作为一种特殊文化现象放置于宏观的人类文明框架中进行阐述。从这个角度来说，本门课和其他音乐相关的课程有什么主要区别呢？

相较于单纯的音乐赏析类课程，本课程最核心的授课理念在于，授课内容不停留在音乐专业知识的单纯性讲解。

有关课名中的"多元"，我们可以从两方面来理解：一方面，由于音乐看不见摸不着，是所有艺术门类中最为抽象的形态，我们可以借助其他可视化的艺术门类更直观地走近音乐，从历史、宗教等人文方面入手，理解不同音乐现象最核心的审美理念及其背后的文化根因；另一方面，我们也可以反过来，借助音乐打开审视社会文化的窗口，通过了解某种音乐形态，去理解不同时期、不同地域、不同种族的文化观念，从而实现"从文化了解音乐现象，从音乐透析文化内涵"的教学目标。

Q8：作为一门面向全校开设的通识课，对于全校不同专业的同学来说，您预计同学们在本课程中最感兴趣的内容可能是什么，这门课程的学习将给他们带来怎样的收获？

面对来自不同专业的学生，加上每个人成长环境与文化背景的差异，大家对于课程的接受度与共鸣点一定会各有差异，而这也许正是本门课最大的特色。它如同一盘文化沙拉，每个人可能或多或少都能在课程的某个板块获得某个瞬间的情感共鸣。而这些瞬间的感动，也许就在不经意间，让音乐成为我们陪伴终身的朋友。

常言说，"授人以鱼不如授人以渔"。而我会觉得，"授人以欲"也许才是当代大学教育更应该关注的命题。我希望自己的课程可以在学生心里埋下探究音乐世界的欲望种子。也许，在忙碌的大学期间，清华学生们未必可以拿出整块时间来专门研究音乐。但是，向往音乐的种子一旦被埋下，它一定会在我们生命的旅程中生根发芽，并最终结出滋养心灵的果实。而这份滋养，不是知识可以代替的，它赋予我们对于世界永不磨灭的好奇心，也最终会成为我们前行道路上最坚实的力量和信念。

Q9：对于选择这门课的同学们，您有没有什么寄语？
用音乐的灵性点亮智慧的人生。

自我启示剧场

生命并非表演，戏剧涌现真实；

走向并成为着自己，或许这才是唯一的宿命。

开课单位 艺术教育中心

课程分组 艺术课组

学分学时 2 学分；课内 32 学时 + 课外 64 学时

特色教学 小班研讨；理论研读；创作实践；剧场展示

教师简介

肖薇，清华大学艺术教育中心副主任、副教授。中央戏剧学院导演系博士，北京师范大学艺术学博士后，美国纽约大学访问学者，中国高等教育学会美育专业委员会常务理事。具有戏剧与电影创作研究的复合性跨学科学术背景，面向本科生开设戏剧理论与编创实践课程。获得北京高校第十届青年教师教学基本功比赛一等奖等多个教学奖项，指导清华话剧队的多部作品获得北京市大学生戏剧节金奖。出版学术专著《诗梦艺术的奥秘——戏剧与电影导演创作的共质性探究》。

内容简介

在中国现实和文化传统的基础上，本课程以西方戏剧中重视疗育和成长为目标进行戏剧教育的三种主要方法：角色法、发展转化法和整合五阶段法，在三者的彼此融合和发展中不断产生教学思路与美育方式。在课程实践过程中采用"学习与体验、反思与行动"的结合，将课程内容分为四个板块，板块的具体内容包含戏剧游戏、具身行动、场景建构、角色扮演、冲突展示、反馈讨论、团队分享、回顾反思等多个环节。项目设置和具体内容也将因材施教，根据学生的具体情况进行不同程度的调整与更新。

评价维度

课程日志；课堂表现；课程作业；朋辈互评；剧本创作；小组创排；课程论文。

教材／参考资料

［美］罗伯特·兰迪：《躺椅和舞台：心理治疗中的语言与行动》，彭勇文，等译，上海，华东师范大学出版社，2012 年版。

［美］罗伯特·凯根：《发展的自我：自我成长中的过程与问题》，李维、李婷译，北京，人民邮电出版社，2022 年版。

［英］东尼·博赞：《身心思维：大脑与身体的整体训练》，世界思维导图理事会编委会译，北京，化学工业出版社，2020 年版。

［挪威］卡丽·米娅兰德·赫戈斯塔特：《通往教育戏剧的 7 条路径》，王玛雅、王治译，上海，华东师范大学出版社，2019 年版。

David Read Johnson，Hader Lubin, *Principles and Techniques of Trauma-centered Psychotherapy*, Arlington: American Psychiatric Publishing, 2015.

教学安排

第 1 讲　团体热身与课程概述

第 2 讲　肢体放松与想象开发

第 3 讲　搭档合作与分享表达

第 4 讲　认知探索与对白展示

第 5 讲　感知激活与了解自我

第 6 讲　身体激活与情绪表达

第 7 讲　自我关系与角色探索

第 8 讲　道具创意与多样表达

第 9 讲　角色测评与具身认知

教师微访谈

【课程定向】

Q1：请问"自我启示剧场"会对同学们产生怎样的影响呢？

关于"自我启示剧场"对同学的影响，我认为是多方面的。第一，这门课在设置和训练中参照剧场的部分创作方法，与实践体验相交叉，同学们在课程中获得的启示和体会区别于传统课堂与书本阅读。

第二，是出于我对个体生命体验的重视与反思。生活中的我们，在与环境、他人的互动时会扮演不同的角色，这些应环境、场域、对象不断变化的身份角色，可以作为探究与批判性地进行自我思考的资源。因此，"自我启示剧场"会以生命角色为核心，让同学们重新梳理自己的生命追求与价值意义，提供给大家自我建构、持续发展的可能性。在不可往复的生命进程中，能否适当地慢下来，进行反思、觉察、更新，甚至超越，是这门课程尝试引导大家去体验的。从这个意义上看，"自我启示剧场"也是从内看向自己，从外看向他人和世界的过程，是整合与反思自身潜能的过程。

第三，结合上述两点，课程中依托剧场实践开展的探索与启示，实际上是将重点放在开启个体的自我意识中；而对于生命的反思，可以对应于剧场创作中经常提及的——个体与环境、个体与他人、个体与内在自我的关系，这是将剧场与课程"自我启示"紧密相连的"应用式剧场"的目标与内涵。

Q2：您当时是出于怎样的目的，开设了这门课呢？

一方面是因为在我教学的过程中，发现有不少同学会无法开解于某些个人议题，长此以往会形成精神内耗和情绪抑郁，促使我开始思考该如何帮助他们，于是从 2014 年开始接触"表达性艺术治疗",后来又系统地学习了咨询心理学;另一方面是我在 2019 年作为访问学者在纽约大学了解到"戏剧治疗"的研究生项目中有一门"自我启示剧场(Self-Revelatory Theater)"的课程,授课教师会引导学生回望并讲述自己的生命故事,并在小组合作中一起将这个故事排演出来,成为剧场作品。

这种从个人经验出发,将戏剧的创作形式与个体真实的感受、思考相结合,应用于个人的成长、启示和发展,是在非虚构的基础上,带有自我表达与深度审视的"自传体剧场(Autobiographical Theater)";最终,它还能够将个体思考与集体研讨相联系,打造为一种面对时代境遇的"共命运者剧场(Ethnodramatherapy)",而这类"应用式剧场(Applied Theater)"课程,在中国还非常稀缺。回国之后,我就尝试把这些年来的学习与思考同学生的实际需要相结合,开设了这门课程。

【教学设计】

Q3:请问课程是如何通过"剧场"的形式完成此种"启示"的呢?

我认为,剧场所带来的启示效果的核心在于"体验、表达、反思与行动",具体可以从以下四个方面做解释:

一是体验式学习。剧场的空间形式要求参与者在限定的时空环境中体验,对情境中的事件进行模拟与实践,这种实践本身就带来了自身经历的扩展,戏剧体验本质上就促成了某种学习与启示。

二是即兴化表达。真实生活中,很多自我发现的瞬间是对某个特殊情境的直觉反应,比如直到面试那一刻,我们才会对自己如何应对面试官突如其来的问题有所觉察。在课程中,我尤其强调大家对"此时此刻"的觉察、感受与激活,引导同学们真实参与虚构情境中,在剧场所建构的"人生实验室"里获得洞见。

三是在集体中成长。我们对于自我的发现,往往是在与他人的互动中产生的。在我看来,"他者"本身就是值得"自我"去学习的"书与课",从他人的生命经验中,我们可以收获对自身的重新认识,可以透过分享反馈建立亲密与联结,还可以通过理解交流获得关怀与共情。

四是以角色来行动。"自我启示剧场"中的剧场就是课堂,表演者与观演者是学生与教师。在戏剧化情境中,被赋予不同角色的学生以"真实与自发"的特质来行动，这种角色体验会是一种"社会化身份的重新赋予"，而作为"观演者"的个体在行动之后，能够再次收获对这个过程的多角度反思。

Q4：这门课对"因材施教"的程度要求很高，其课程成果也有较大的差异化和个体特征，不同作品之间往往难以进行横向对比，请问您是如何进行成绩评定的呢？

本课程强调学生的个人成长，看重个体的纵向发展，而不是用统一的标准去横向评判，具体来说会注重以下三方面：

一是平时课堂表现。我常告诉大家，每节课都是一次旅程，旅程是经由教师的引导和设计，力图让每位同学都领略到独属于自己的风景。因此，每节课都需要大家全身心投入，真切地感受挑战与突破，才能有所收获，这种生长性的力量发生在整个课程周期中。

二是文字作业。对自我的梳理与启示，其实大多是通过写作完成，我要求大家每节课后都写课程日志，相比于课堂体验，课后的反思更体现出同学的成长，字里行间所沉淀的往往是自我的审视与深刻的哲思。文字作业的多次、多元、多角度，也让我更好地了解大家，深切体悟到每个人的真性情。

三是学生档案袋。授课中我会为每位同学建立一个成长档案袋，其中包括课程之初对同学的基础测评，还包括同学们的课程心得、小组作业、创作反馈与收获等。课程最后，每个人都可以通过教师的"学生档案袋"见证自己在这门课中的成长与收获。

Q5：您是如何让不同性格的同学都能在课堂互动中打开自我的呢？或者说，这门课的课堂氛围是怎样的呢？

让来自各个院系的同学适应陌生的环境，和原本并不熟悉的同学建立信任，的确是教学中尤其要注重的。我在教学实践中的体会是——剧场创作中的很多理念和方法，能够帮助教师建立融洽、放松、投入度高的课堂氛围。比如圆形站位，让老师和同学都能看见彼此，各种活动与训练都在一个尊重中心空间，平等、接纳、信任的观演环境中展开；比如针对不同板块的课程目标，设置集体破冰游戏、小组模仿任务、搭档共同创作等项目，潜移默化地引导同学们从相互认识到相互熟悉，再到相互启发、共同创作；再如融合带动，鼓励高能量的同学发挥积极性与创造力，重视团体动力并适时引导大家的兴趣点和关注度，有时还会采取"教师入戏"的范式跟同学们一起合作；同时，鼓励每位同学都有机会成为小组的"引导者（Leader）"，考验大家的执行力、担当力和领导力。

【通识探讨】

Q6: 在您看来，"自我启示剧场"对于通识教育意义的实现有何种帮助呢？

在我看来，通识教育是一种公民教育，旨在培养个体具有的健全人格、敏锐思维、品德素养、社会良知和公民责任感。通识教育突出了教育的思想性、引导性和非功利性，强调教育的长远效用。"五育并举"是通识教育，人文、社会、科学、艺术的学科设置也是通识教育，两者殊途同归。同时，我所理解的教育不仅是发生在学校、社会与家庭，教育其实伴随人的一生而行，最终完成的是一种"自我教育"与"自我成就"，个体不断向外、向内、向高、向深延展自己，说到底是一场面对自己的"心灵修行"，对于"自我的发现"才是这场修行的核心。剧场作为一种从"外化呈现"到"自我观看"的手段，始终在探索着人的意义与价值。"自我启示剧场"作为一门以美育为主的通识课程，包括对人进行认知、情感、德行与人格的教育，是以剧场艺术来激发学生的身心与精神，在潜移默化中引导学生的高远志向，以舞台之光为生命之光，追求通识教育所力求达到的一种"求真、向善、寻美"的人生境界。

Q7: 对于来自各个专业、对戏剧了解程度各不相同的同学，如何使大家都能通过"戏剧"的方式完成"启示"呢？

通识课程普遍存在的问题在这门课程中也同样存在。我考虑的角度是每个人都有一个"内在自我"需要被开启和发现，这对于大家来说是一致且含有期待的，课程中的剧场并非为了审美的"表演"，而是设置了诸多启示自我的"情境"。

我们生活的世界本身就是一个舞台，戏剧就源于我们的人生经验和生命体验，个体虽有不同，但作为群体的人总有很多相似的境遇，所面对的矛盾与冲突始终存在。通过戏剧来再现我们普遍存在的境遇和矛盾，再现自己真实的反应，无论是"温故而知新"，还是"求索而知竟"，都会带来某种"启示"。另外，选课同学来自不同年级、学科，他们的家庭环境、成长背景的确各不相同，基于在"互动中学习"的目标，我首先会通过剧场游戏来打破陌生感，通过小组创作引导同学们达成互动、互助与互信，努力营造"安全、包容、接纳、自在、无评判"的授课环境。

Q8：请问您在建设课程中有参考的书籍可以推荐给同学们吗？以便同学们能更深入地了解这门课。

在课程开始前和开设的过程当中，我也在持续地观察、阅读和学习，以下几本书可供同学们阅读与交流，这几本书也体现出本课程所涉及的教学理念、板块设计和实践方法：

《躺椅和舞台》将人类社会的古老传统和现代心理学贯穿起来，系统地梳理了各种心理治疗流派的重要思想，从情绪与距离，虚拟与现实，言语与非言语的表达、行动与反思等多个两极性的维度进行了深入研究。

《泛表演剧场研究》建构一种新颖的剧场诗学，以剧场三要素为核心，其中包括剧场内部的演变、剧场外部的社会化和社会表演的定性与变量。

《艺术的慰藉》探讨了艺术的方法论，指出艺术和爱、自然、经济、政治的关系，认为艺术作品反映了很多民族心理学和当代心理学的思考，艺术可以帮助人们把握更好的人生，让人们找到真实的自己。

《人间是剧场》与课程产生的连通之力在于以禅修化悟"智慧和慈悲"，倡导个体回顾自身，探索本心，成就证悟，提升对生命的信心。

《自卑与超越》强调生存环境的意义不在于束缚，而在于我们的赋予；生命的意义是跌倒之后，学会如何站起来。

艺术的启示

在你的一生当中，有没有哪怕一次，
独立面对一件艺术作品，并且跟它有过交流？

开课单位 美术学院
课程分组 艺术课组
学分学时 3 学分；课内 48 学时 + 课外 96 学时
特色教学 小班研讨；艺术创作实践

教师简介

李睦，清华大学美术学院绘画系教授，清华大学美术学院学术委员会委员，社会美育研究所所长，（全国）教育书画协会高等美术教育分会秘书长。长期从事艺术专业教育、艺术通识教育实践及学术研究。所开设的"艺术的启示"获评国家精品课程、清华大学通识荣誉课程，并入选清华大学第四批标杆课程；"东西方现代艺术"获教育部优秀网络公开课称号。获得清华大学教书育人先进个人、清华大学新百年教学成就奖、龚育之奖教金、北京市高等学校教学名师、宝钢教育奖优秀教师奖等奖项。著有《艺术通识十六讲》教材，《艺术的二十二个遐想》《看见的不重要》《知道的和想到的》《我们所不知晓的绘画》《另外一种观看》《素描的意义》《面对色彩》等专著，主编《美育教师手册：理论、方法与实践》等。

内容简介

本课程致力于消除艺术与生活的隔阂，消除艺术与公众的隔阂，让艺术像阳光、空气和水一样，孕育和滋养我们社会中的每一个人。本课程在引导学生敬仰艺术、热爱艺术的同时，更注重对学生独立思考能力的引导和思辨能力的培养。

从阅读、欣赏优秀的艺术作品开始，学生要学会判断、学会分析、学会质疑。从参与、绘制自己的艺术作品开始，学生要体会创意、体会创作、体会创新。我们探索艺术的目的，终究还是为了探索生活。我们通过艺术去体会纠结，通过艺术去应对烦恼，通过艺术去寻求创造，并且最终达到心灵的和谐、精神的和谐。在这里，艺术的理论加上艺术的实践，等于"艺术的生活"！

评价维度

课程作业；课堂展示；课程讨论；出勤。

教材/参考资料

李睦：《艺术通识十六讲》，北京，清华大学出版社，2024 年版。

[美] 莱昂内尔·特里林：《诚与真》，刘佳林译，南京，江苏教育出版社，2006 年版。

[印度] 克里希那穆提：《重新认识你自己》，若水译，北京，群言出版社，2004 年版。

宗白华：《美学散步》，上海，上海人民出版社，2005 年版。

朱良志：《曲院风荷：中国艺术论十讲》，合肥，安徽教育出版社，2006 年版。

[美] 詹姆斯·埃尔金斯：《绘画与眼泪》，黄辉译，南京，江苏美术出版社，2010 年版。

[法] 阿尔贝·雅卡尔：《科学的灾难？一个遗传学家的困惑》，阎雪梅译，桂林，广西师范大学出版社，2004 年版。

教学安排

第 1 讲　答案的获得与问题的揭示——从艺术创作的体验中感受作为个人意志的所在

第 2 讲　艺术的价值与心灵的自由——从审美判断标准的拓展看绘画认知方式的改变

第 3 讲　结论性的"认定"与非结论性的"认知"——从绘画的"不确定性"中寻找艺术的存在可能

第 4 讲　西方中的东方与东方中的西方——从东西方艺术的交融看艺术的现
　　　　代性思考

第 5 讲　偶然中的必然与必然中的偶然——从创作的偶然过程看艺术的必然
　　　　结果

第 6 讲　内容决定形式与形式决定内容——从内容与形式的关系思考艺术的
　　　　意义所在

第 7 讲　艺术的权利与艺术家的权利——从艺术家的艺术到公众的艺术以及
　　　　艺术的生活

第 8 讲　真实的艺术与艺术的真实——从绘画的不确定探索中理解艺术的
　　　　真实

第 9 讲　色彩的解放与心灵的解放——从像野兽一样观看到绘画的自我表达

第 10 讲　有限的空间与空间的无限——从塞尚到毕加索以及更重要的其他

第 11 讲　创作实践（一）：非具体性空间表现

第 12 讲　创作实践（二）：非客观性色彩试验

第 13 讲　创作实践（三）：非塑造性造型观演变

第 14 讲　创作实践（四）：非艺术化物品转换

第 15 讲　课程总结

教师微访谈

【课程定向】

Q1：课程名"艺术的启示 (Art Inspiring)"非常有趣，您工作室的公众号也是这个名字。那么您如何理解"启示"的含义与作用呢？在您看来，艺术是以一种什么样的方式启示我们呢？具体到这一门课，您计划如何"启示"同学和您自己呢？

启示更恰当的是作为一个动词而不是一个名词：它是非结论化的体现，具有承前启后的价值性。所谓承前，就是要通过一个过程、一个行为接近或者获得某种启示。所谓启后，则是在获得启示后，进一步获得更多与此相关甚至表面无关的启示或灵感。学生应该在教学中被激活，而不是越来越趋向唯一的结论。启示有"启"而无"终"，是无限的可能性在人的一生中被逐渐打开的过程。以我自己多年艺术教学的经验和理解，对同学们的启示会随着时间显现出来，越往后越清晰越明显。

这门课会持续八周，每周两次，但我还在思考持续四周，每周四次的可能性。我希望课程要有连续性，越连续越好。

【教学设计】

Q2：通过课程大纲可以发现这门课非常注重过程，甚至会将全部课程一半的时间留给学生进行绘画实践，在这一环节的设计上您是如何考量的呢？

之所以加入近一半的实践内容，是因为，第一，这门课并不是纯理论或者纯知识的传授。我自己就是一个从事艺术实践的人，也会在课堂上示范绘画。第二，实践是同学们深入艺术学习所必需的。当同学们面对自己的画面时，先前在理论上貌似已被解决的问题会重新出现，再一次开启并挑战他们的思考过程。第三，实践让我发现每个同学的性格。理论学习可能更多涉及他们对事物认知的共性，而实践则展现个性。第四，实践让大家发现问题。在刻画相同事物比如清华学堂时，为什么大家的画几乎都是一样的？这是非常可怕的状态，甚至可能是美育的失败。

我想通过绘画实践的过程来彰显同学们的个性，我可以在绘画中看到他们的性格是内向或是外向，是偏重"文静"或是"野蛮"——"野蛮"不是贬义词，而是指特别无拘无束地释放自己。同学们也会在多次实践中认识到自己的个性所在及其可贵之处。我希望让同学们通过绘画实践了解绘画，了解艺术，最重要的是了解自己。

Q3：在具体的绘画实践中，您会对同学们提出什么要求，又会给予什么反馈呢？

讲评所有同学的作品是实践课后的一个重要内容，具体涉及艺术知识、绘画技巧和审美判断。我对同学们的作品以肯定为主，批评为辅。很多同学认为我是故意鼓励他们，但其实质是艺术观的不同。

我并不认为艺术的好坏仅仅取决于它是否专业，比如技术含量、难度系数等。我更多关注同学们是否通过绘画的方式认真独立地思考自己，勇敢地呈现自己。同学们的作品中流淌着的天真质朴对我充满了吸引力，也是其中最宝贵的部分。

Q4：在您的推荐参考书中有《疯癫与文明》《时间简史》《美学散步》等不同领域、不同议题的书，您为什么会选择这些书作为本课的参考书目呢？有何总体设计与考量？

当我在后来的课程中发现一些同学的桌子上放着推荐书的时候，我就觉得自己的做法是有效的。

在艺术类课程中，我在课上推荐书目的量也许不是最多的，但一定是比较广的。每节课我都会给同学们推荐一本书，但很少限于艺术类。这和我教学的初衷有关：我并不觉得同学们一定要去当一个艺术家，我最大的希望就是通过"艺术的启示"，他们能以不一样的眼光来看待这个世界、看待他们自己未来将要研究的那些领域或学科。

我一直在琢磨艺术和自然科学、哲学、文学等之间的关系，以及它们能不能搭建起一座桥梁。这座桥梁不能仅靠我来搭建，我只能当一座独木桥。搭建这一桥梁后，同学们就会把各个学科领域、把生活中的方方面面联系起来——这恰恰是学科交叉最有效的方式之一。

Q5："西方中的东方与东方中的西方""偶然中的必然与必然中的偶然""内容决定形式与形式决定内容"……每一讲的标题似乎在形式上都若出一辙，十分有趣。这显然是您的精心安排，您可以给我们讲一讲这一安排背后的深刻含义吗？

所有的艺术课程都有一个前提，那就是相对地、辩证地看待问题、认识问题、提出问题和解决问题。比如"西方中的东方与东方中的西方"一讲。近代以来，东方的艺术确实受到西方很多的影响，但如果仅看这一面，我们的艺术认知就会受限。有的同学就会有一种片面的厚此薄彼，就丧失了艺术思维强调的完整性和全面性，而"挑衅性"和吸引力也不复存在。实际上，发现事物相对性而非绝对性的思维本身就很让人痴迷和神往，同时也让同学们觉得上这门课是有价值的，而非浪费时间。

Q6：在教学大纲中您还提到，每次课都会给同学们提供纸质提纲，并要求他们下课时提交自己记录的所思所想所疑。这也是本课特色之一。您觉得增加这一环节对学生、对授课教师、对授课过程的意义是什么呢？

教学包括教与学，但我们现在的教学更多是单向，而非双向。其实每次的课程大纲都会在 PPT 里逐页地展示出来，但我还是将纸质版发给每位同学，并让他们随着课程的深入，将自己所思所想所感都记录在上面。首先，这可以促进同学们听讲。其次，纸质版提纲作为一个思考的依据有助于保持同学们思想的活跃。此外，这对教学有很大帮助。这门课的内容包括理论讲解和绘画实践，每一讲的安排我都要根据上一讲同学们的文字反馈来决定。

每次课程大概有 8~10 次的理论讲解，我会把同学们每次的记录装订并保留下来，一人一本。通过纵向比较，我就可以知道每位同学的思维特点、习惯以及现在面临的问题。这些笔记也会给我下一年度的课程安排提供思路。

我不想重复，重复的教学内容没有"挑衅性"，但我也并非故意回避已经讲过的内容。面对新同学和他们对社会、文化的新理解，我需要作出自己新的回应，这将使课程变得更加有趣。

【通识探讨】

Q7：您认为对于普通人而言，"学习"艺术的意义是什么？

从过去到现在再到未来，我都想消除艺术与人们的隔阂，消除或模糊"懂"与"不懂"的界限。一般而言，我们把艺术仅仅当作行业，当作学科，当作艺术家的事。好像有了艺术以后，人就被分成了两类：懂艺术的和不懂艺术的，这是很荒谬的事。然而更荒谬的是人们自觉自愿地站队：自以为不懂艺术或是自以为懂艺术，都是对艺术的误解。

艺术是生活的映射，是我们每一个人面对自己的现实生活做出的特立独行的思考。奇怪的是，我们已经习惯于在他人的指导下检视自己对自然对社会的反应是对或错。我们需要一定程度的引导和训练来打破僵局，而艺术教育是最好的方式之一。

Q8：那么具体而言，您认为艺术类通识课程或者通识性艺术教育的独特意义是什么呢？

一是通识教育的"挑衅性"，二是通识教育的"吸引力"。"挑衅性"与未知相关，它是对未知领域的好奇和挑战。从不了解到了解、从不能掌控到掌控，这是一个刺激且有意义的过程，也是一个收获满足和成长的过程。教师打破自己的学科局限——从艺术专业到艺术通识，从一门学科到交叉融合；同学超越自己的能力边界——了解以前所不了解的，重新审视固有的认知。而"挑衅性"就带来了吸引力：既来自于教师这个职业、这个事业本身，也来自于学生在本科这一特殊阶段对于"上一门好课"的愿望。通识教育引导人思辨与挑战，还有什么比"挑衅性"更具有吸引力的呢？

在百余年的发展过程中，清华艺术教育的实践探索从来没有停止过，哪怕是在特别艰难的时候，包括西南联大时期。清华并不缺少艺术教育，但缺少对于艺术教育本身的研究和反思。我们为什么需要艺术教育？艺术教育对清华的同学们到底起到了什么作用？当他们离开了校园后，是不是还会回想起自己曾经接受的艺术教育？一所综合性大学的首要目的也许不是培养出越来越多的画家或者音乐家，但我们会培养出很多具有艺术素养的工程师、科学家和人文社科学者。这是清华艺术教育的特点，我也希望这个特点能被延续和放大。

Q9：在课程从面向新雅书院到面向全校，并成为通识荣誉课程的过程中，您认为主要有哪些挑战？对未来，您又有哪些期待？

这里有挑战和吸引力：因为学生更不同、范围更广，授课难度也更大，但我很愿意试一试。难度一定伴随着收获，付出多少就得到多少。现在课程面向全校，学生学科更加多样化、专业背景更加具体化清晰化，同学们相应的思考也会更深入更广泛。他们会将自己对艺术的思考分别带入不同的学科领域中，给予课程更多、更深、更广的直接或间接的反馈。

将"艺术的启示"纳入全校性的通识课程，虽然限于教学特色和课程内容设置，无法进一步扩大课容量，但这门课程本身具有的象征意义更显著了。

　　除了调整教学的方向和重点以适应来自不同年级不同学院的同学外，我也申请了具有不同学科背景的课程助教来支持这门课的建设。他们会更好地把大家共同面对和探讨的问题分解开，超越艺术专业的思维边界。

　　而我也期待更多愿意直面挑战并被之吸引的同学加入其中，想要借此休闲或仅当作业余爱好的同学可能要谨慎选择这门课。

04

科学课组

第四章

通过对科学、工程和技术相关领域的探索和思考，了解科技发展如何影响人类社会，培养学生的逻辑思维能力和科学探索精神。

全球变化与可持续发展

仰观宇宙俯察万类，着眼宏大提升福祉。

开课单位　地球系统科学系
课程分组　科学课组
学分学时　3 学分；课内 48 学时 + 课外 96 学时
特色教学　小班研讨；现场参观；程序实现；英语教学

教师简介

白玉琪，清华大学地球系统科学系教授，从事地球和空间数据基础设施研究，提出了创新性的数据共享和集成方法，实现了地球空间数据大型国际化共享服务。现为国际地球观测组织（GEO）第三个十年战略规划专家组中方代表、国际标准化组织（ISO）地理信息技术委员会中首位担任工作组召集人的中国专家。

宫鹏，香港大学副校长，全球可持续发展首席教授。2008 年美国地理学会遥感专业委员会杰出贡献奖唯一获奖者、1994 年美国摄影测量与遥感学会 Talbot Abraham 获奖者、1998 年首批（30 位）国家自然科学基金委杰出青年科学基金（海外类）资助获奖者。1999 年被聘为中国科学院首批（33 位）海外评审专家、2004 年被科技部聘为首批（9 位）海外顾问专家组成员。

罗勇，清华大学地球系统科学系主任、教授。从事全球气候变化的科学与政策、气候模式研制与数值模拟与预测、可再生能源开发利用等领域的研究。2007年作为 IPCC 第四次评估报告主要作者获得诺贝尔和平奖，2008 年获国务院政府特殊津贴。

徐冰，清华大学地球系统科学系教授。从事环境与健康领域的多源数据融合和变化监测理论与方法、大范围地表覆盖和土地利用制图、病原体进化和疾病传播的特征分析和预测等方向的研究。2016 年获得爱思唯尔 Atlas 奖。

杨军，清华大学地球系统科学系教授。主要从事城市生物多样性、城市生态系统结构和功能、生态遥感研究。现任中国生态学会城市生态专委会副主任委员、国际城市生态学会中国分会理事。担任 *Urban Forestry & Urban Greening* 副主编、《生物多样性》《风景园林》等杂志编委。

王晗，清华大学地球系统科学系副教授。主要从事植物功能地理学、植被模拟和陆地生态系统碳循环研究。先后获得国家优秀青年科学基金资助，清华大学良师益友奖。

钟周，清华大学教育研究院副教授。主要从事国际及比较教育、高等教育学、教育与可持续发展研究。现为中国致公党中央教育委员会委员，北京市海淀区人大代表。

廖莹，清华大学全球胜任力发展中心主任。遵循基于学生学习成效的教育理念（OBE）原则，参考全球胜任力的六大素养及 12 项学习目标，立足于学生的切实需要，为学生提供完整的全球胜任力培养—辅导体系。

内容简介

20 世纪 80 年代以来，全球生态和环境逐步发生了显著变化。高温、干旱、寒潮、强热带风暴等气象灾害事件在全球范围频发，土地退化、海冰消融、海平面上升、海洋酸化、平流层臭氧损耗、空气污染严重、生物多样性损失等现象日益加剧。它们都对经济社会可持续发展和人类健康构成了重大影响。目前种种迹象表明，环境条件正在接近或突破地球生态系统的承受极限。

本课程由清华大学和香港大学合开，大班课程为全英语教学，小班课程采用英语和汉语。课程目标是拓展学生国际视野，建立对人类和地球系统相互作用的科学认识，增进对人类生存的生态安全界限、全球变化影响人类社会可持续发展的理解，提升学生参与全球变化和全球事务的胜任力。

评价维度

出勤；课堂表现；课前阅读和课后作业；期末论文。

教材/参考资料

宫鹏："全球变化研究评论"系列丛书，北京，高等教育出版社，2010年版。

教学安排

第1讲　地球环境演变

第2讲　全球生态

第3讲　全球人口

第4讲　全球水环境和水资源

第5讲　全球农业

第6讲　全球土地

第7讲　全球能源

第8讲　全球经济

第9讲　全球气候变化

第10讲　全球自然灾害

第11讲　全球卫生健康

第12讲　中国传统生态观

第13讲　可持续发展

第14讲　课程结业和优秀作业展示（一）

第15讲　课程结业和优秀作业展示（二）

课程实践环节包含2次实习和2次参观。其中，2次实习包含遥感图像处理、地理空间分析的软件程序理解和调试。2次参观的地点是中国卫星地面接收站和自然资源部，目的是学习了解遥感卫星接收处理、自然资源综合治理的国家层面的最新实践。

教师微访谈

【课程定向】

Q1：您可以简单介绍一下作为学科的"地球系统科学"吗？学科主要关注哪些研究问题？

地球系统科学就是把地球作为一个整体进行系统研究的学问。任何一个系统都可以划分为多级的子系统，地球系统包括生命生态系统、大气系统、海洋系统、陆地系统、固体地球系统等，在地球表层也可以按照水圈、土壤圈、大气圈、岩石圈、冰冻圈、生物圈进行划分。

过去的地球科学多以圈层划分来进行学科划分，例如地质科学研究岩石圈，水文学和海洋学研究水圈，大气科学研究大气圈，冰川冻土科学研究冰冻圈，生态学和生命科学研究生物圈，地理学研究人和地表各圈层特别是陆地、空气、水、土壤与其他生物系统的相互作用。地球系统科学不着力于这些子系统和圈层的独立研究，而是用系统的方法研究子系统和圈层间的相互作用，重点关注在宇宙中的地球系统的物质元素和能量循环，特别是碳、水循环、反映能量流动的气候变化等和人类活动之间的因果关系及其在全球环境变化中的角色和所受影响。

因此，地球系统科学是一门解决人类面临的、以前单一学科不容易独立解决的问题的科学。这些重大问题包括气候变化、粮食安全、水资源安全、生物多样性保护、能源保障、城市化、全球化和人类健康等问题。这些问题的产生、发展变化状况及可能的解决方案，本课程都将逐一介绍。

【教学设计】

Q2：在全球变化剧烈、人地矛盾突出的今天，您的课程设计如何体现我们所应当关切的问题？

我们迫切需要减缓人口增长、改变人类生产和生活方式、减轻对地球生态系统的索取，回归人类和自然的平衡状态。课程中将通过相关话题的电视纪录片观看来了解问题的严重性，通过对生态系统生产力和人口动力学介绍及模拟练习来了解人和环境和谐相处的原理和规则，通过课程作业和小班讨论以及组织实地考察来激发对改变世界的思考和问题解决方案的设计。

Q3：本课程从多个方面切入探讨了全球变化的问题，如生态、人口、气候、能源等不同方面，请问整体课程结构的安排有什么内在逻辑吗？为什么会这样安排呢？

虽然地球上从被动适应自然（生态）的动物进化成能够主动改造自然的人类，

但我们生命的源头依然是地球的自然环境。所以我们从支持世界万物生存的生态系统讲起，到对生态系统支撑条件不断提出要求的人口问题，到人口增长的后果——农业生产的水资源缺乏、由于化石燃料依赖性使用产生大量温室气体排放所造成的气候改变，再到我们必须解决能源种类问题、减少温室气体排放所采取的努力，是一个从因到果的环环相扣的逻辑链条。

Q4：您能否分享一个以往课程中您印象最深刻的优秀研究报告的例子，来帮助同学们更好地理解这门课的作业、激发研究兴趣？

虽然课程的内容广泛、发散，有些作业也是鼓励自由思考，但是不少作业还是具体到通过一个流程实现具体推算或分析的。不少作业活泼多样、细致生动，还有很强的艺术性。比如，通过反复计算和地图叠加分析，会有不少同学感受到简单理论的实践解释力；同学们根据自己的理解制作的地球系统演变及关联简图作业，可以加深对系统思维概念的理解。

同学们经过一学期的课程学习可以将知识内化后，再进行外化表现。以往作业中，有的同学研究清华校园中鸟类的迁徙并拍摄了视频，有的同学研究当代中国农村人口流失引发的空心村问题，有的同学结合自己的专业对未来控制煤电厂污染物排放提出建议，等等；大家基于对课程所学知识的理解从各自的专业或者研究视角出发提出了自己的思考，在期末汇报选题和研究的过程中充分体现了课程的教学目标，即全球视角、人类的可持续发展理念。而且有些作业达到了一定的专业水平，显示出同学们的知识边界拓展。

Q5：您可以给同学们具体介绍一下野外考察实践活动吗？以往的野外考察实践有什么样的成果？

野外考察实践活动计划挑选积极性高、课程学业成绩好、有野外考察想法的同学（选课同学人数的 10%~20%），安排一次国内和一次国外"厚德行天下"的实际体验式学习。

第一次北加州行，同学们了解了地球上独特的地震带、地中海式气候、印第安文明、频发的加州大火、世界上最高的森林物种和生物保护的措施和理念、高度发达的加州农业和防范地震与野火塑造的创新型城市——旧金山湾区的发展历程，以及文化、艺术、政治、法律等对以民间投入为主的私人企业创造型经济发展的促进作用。同学们合作摄制短片作为考察成果。

国内考察安排以地质和地区文化与艺术考察为主，同学们撰写报告作为考核内容。

Q6: 课程内容涉及 R 语言、QGIS 软件的使用，这些计算机信息手段如何与具体课程内容结合？是否会对同学们的知识储备有较高的要求？

课程会使用免费开源软件，小班练习由助教全程指导，挑选那些做了就能感受到效果的作业，增强同学们的兴趣。

有些同学虽然以前没有接触过这些工具，但最后仍然完成了期末大作业。一门课有一定的跨度和挑战是顶尖大学课程的特点，这对同学们走出常规思维逻辑框架有启发和帮助。用 R 语言计算全球植物光合作用形成的初级生产力，和被 QGIS 展示的空间观，以及解决老龄人口服务这样的实际问题，可以激发同学们的学习志趣。

【通识探讨】

Q7: "全球变化与可持续发展"的选课同学涵盖了文、理、工科，您也提到研讨课的分组原则主要以个性化和多样化为主，具体而言，不同学科背景的同学学习这门课可能会有怎样不同的视角？不同的学科思维如何在同一话题中进行碰撞、交流？

全球变化和可持续发展问题本身就是多学科、跨学科的，需要从科学到工程到技术到政策到实践全方位考虑才有可能解决。因此，不论是粮食危机、海岸带污染、人口健康，还是灾害风险，都需要从理工到社会科学和艺术的集体协作。

例如关于新冠疫情的讨论，就可以包括新冠病毒的基因结构和特殊的传染条件，在不同密度和活动方式不同的人群当中的传染风险就会不同，不同防护措施对流行风险控制程度就不一样，在特定地点人群暴发疫情，政府、社区、个人应采取的措施也会不同，对社会活动恢复的途径也会不一样。传染病防控的目的是减少病亡，减少经济损失。其中，学理科的同学可以发挥才能进行病毒传播演化机制的思考或学习，学统计或数学的同学可以考虑传播模拟问题，学工科的同学可以考虑病毒传播和流行的监测与防范材料的制作问题，文科当中经济学背景的同学可以考虑采取经济手段促进防疫物资生产学，社会学的同学可以研究合理、适度约束社会活动、群体及个体行为减少病毒传播，学传媒或艺术的同学可以考虑通过视听艺术改变人们的想法和做法。大家集思广益可以形成整体方案，从而了解到相互支持协作的潜力。

Q8：清华大学通识荣誉课程强调"高挑战度"，您预计同学们在本课程中遇到最有挑战性的内容可能是什么？您有什么建议帮助同学们克服学习上的困难吗？

可能遇到的挑战有不适应多学科合作，不适应迈出自己的舒适区，不适应学习内容跨度大，不适应看似没有方法和连贯性的理论体系的学习。

但同学们不应把这些"不适应"看成是困难。人与自然和谐发展这个理念本身就是理想，不是现实。认识清楚人和自然系统本身就需要多学科的知识。建议同学们尝试理解——今天人类社会面临的问题常常是人类活动引起的系统性问题，不是单靠自然科学的方法就可以解决的。今天社会面临的一个挑战就是没有解决好面向人与自然交互作用过程中的复杂问题。因此，要接受这种相对发散的引论性学习，把这门课当作认识世界人口—环境—经济—社会交互影响的复杂系统问题的起点，为明天构建更优的解决方案播下种子、打下根基。

Q9：您对选课的同学们有什么样的期待 / 寄语？

让这门课成为您不论在哪个专业学习都能有用武之地的一门课。

生命科学简史

以历史认识科学，培养超越的勇气。

开课单位　生命科学学院
课程分组　科学课组
学分学时　2 学分；课内 32 学时 + 课外 64 学时
特色教学　特色教学：小组互动互评；读书讨论；模拟学术研讨会

教师简介

杨扬，清华大学生命科学学院副教授。从 2012 年起担任"生命科学简史""现代生物学导论"等课程教师。所授课程获国家首批一流本科课程、清华大学首批通识荣誉课程。本人曾获清华大学青年教师优秀教学奖、清华大学年度教学奖、郑昌学优秀教学奖、龚育之奖教金、北京市青年教师教学大赛二等奖等。主编教材《现代生物学导论》和参与编写《在线教学战疫记录》，并且担任"现代生物学导论"MOOC 的制作和主讲，后者荣获教育部全国创新创业创造教育"精彩一课"二等奖。

内容简介

现代科学史研究关注社会、文化、经济和政治背景下的新问题，而生命科学和生物学家们身处这些背景之中。本门课程不仅讲授生命科学从起源到当下的飞速发展的理论和技术，同时重视体现生命科学的发展在人类社会文明中的地位，以及生命科学史和人类历史的密切联系。课程通过多种教学方式和评价方式注重培养学生的主动学习能力、思维能力、团队协作能力和沟通能力。同时，课程通过介绍以具体事件为依托的理论发展和技术攻坚过程，让学生们深刻体会社会、文化、经济背景下的生命科学发展；通过展现科学难题的破解历程，锻炼学生发现问题的敏锐性，培养批判性思维的能力；通过从历史角度来认识科学，提高学生的科学素养，树立他们在科研上敢于做少数派的自信。

评价维度

平时作业；读书讨论；小组展示；课堂发言；期末学习总结。

本门课程还设有多样化的评价方式，包括教师评价以及学生互评。

教材 / 参考资料

［美］洛伊斯·玛格纳：《生命科学史》，刘学礼译，上海，上海人民出版社，2009 年版。

［英］帕特丽西亚·法拉：《四千年科学史》，黄欣荣译，北京，中央编译出版社，2011 年版。

［美］恩斯特·迈尔：《生物学思想发展的历史》，涂长晟，等译，成都，四川教育出版社，2010 年版。

教学安排

第 1 讲　绪论

第 2 讲　从哲学到科学

第 3 讲　生理学和解剖学

第 4 讲　神经系统和脑白质切除手术

第 5 讲　抗生素和疫苗的发展（一）

第 6 讲　抗生素和疫苗的发展（二）

第 7 讲　遗传信息

第 8 讲　期中读书讨论

第 9 讲　演化理论和智能设计

第 10 讲　从拉马克到表观遗传

第 11 讲　人类基因组计划

第 12 讲　重组 DNA 技术的历史

教师微访谈

【课程定向】

Q1：可以简单介绍一下您在开设"现代生物学导论"之外开设"生命科学简史"的原因吗？这两门课的不同之处在哪里？

"现代生物学导论"属于基础知识课，"生命科学简史"属于通识课。两门课程性质不同，定位不同。前者聚焦生物学中的概念和应用，其主要目的是让学生在理解概念的基础上，应用这些概念解释一些更加复杂的生物学现象，以及掌握生物学研究的基本思路，为非生物专业学生在今后的学习科研工作中提供方法，促进习惯养成。后者则从历史、哲学、社会背景、政治经济等多维度介绍生命科学的发展，体现生命科学史和人类历史的密切联系，探讨科学对于人类社会的作用。"生命科学简史"体现了"无专业门槛，有学理深度"。不局限于讲授生物学概念，更注重探讨概念起源和概念间的联系；不局限于探讨生物学应用，更注重结合文化背景和社会热点问题加强生物学知识和日常生活的联系；不局限于关注单一学科的发展，更注重探讨科学的历史发展特点和未来趋势，以及对于人类历史和人类社会的影响。

Q2：这门课程是否要求选课的同学有一定知识基础？您对于选课的同学有哪些期待？

"生命科学简史"没有先修要求，我们欢迎不同院系的同学选修这门课程。我简单谈谈对选课同学们的期待。

首先，期待不同院系的同学给本门课程注入活力。我们课堂的教学设计给同学们提供了平台，使大家可以自由发表各自观点，充分发挥各自潜在的学习、沟通和组织能力，并在不同文化和专业背景下求同存异、共同学习。

其次，期待各位同学在课堂上打破固有思维和观念，勇于批判和创新，实现打破重建的思维过程。我们讲述生命科学史，很多时候不是将科学家英雄化、理想化，而是要表现真实的人们。在探讨科学的力量和影响时，大家也会认识到科学很多时候不是中立的，而是不断以不同的方式适应和吸收，有地域性和历史性。

最后，期待同学们在一个学期的学习中学会尊重和包容，包括丰富自我认知、尊重自然世界、包容不同的观点。生命科学在通识课中最大的意义在于教育人们要敬畏自然，尊重自然规律。我们的课堂经常会有不同观点的碰撞，希望同学们能够做到尊重不同意见，不要因为和自己不同而审判别人的动机和行为。

Q3：您的课程是否会关注最新的流行病议题？您觉得我们的现实生活又可以怎样与我们的学术、与我们的历史进行结合？

重大疾病以及流行病的研究和治疗一直是以生物学的发展为推进的。在"生命科学简史"课程中，我们会从几个方面探讨流行病的历史以及当下。如在介绍大规模流行病的历史时，我们会以艾滋病、非典型性肺炎以及新冠疫情为切入点，介绍科学家们如何寻找防治方法进行科研攻坚，探讨不同文化、政治和经济背景下的防疫政策，以及如何从历史反思当下。另外，课程还关注其他重大疾病。以癌症的研究和治疗历史为例，同学们会发现癌症治疗历史上的重要进展多是由生物学上的重大发现所推动：比如细胞理论的建立帮助医生们认识到癌症的本质，以及促进了化学疗法的诞生；基因研究和测序技术的进展推动了现代癌症治疗中的靶向疗法的应用等。

第二个问题则是本门课程的教学目标之一：从历史和社会背景认识生命科学。任何一门学科的发展和认知都无法从其时代背景所剥离。不理解时代背景和生物学学科知识，学生们很难体会为什么生物学历史上不少重大发现会在当时被忽视，更难把握科学技术发展史上规模扩增与新概念交替出现的规律。以测序技术的发展为例，它经历了从 20 世纪 70—90 年代的缓慢发展，又在 21 世纪初不到 10 年的时间里飞速迭代。只有理解这种"前慢后快"的原因，同学们才能深刻认识到人类基因组计划对于科研模式和人类社会进步的划时代意义。

此外，学科发展过程中的进展和问题都有可能对人类文明产生重大影响。比如对于推进疫苗和反疫苗之间的斗争从疫苗诞生之日就没有停止过，这些斗争很大程度影响了流行病的控制和各国的防疫政策。大家在学习这门课程的过程中，应学会把科学知识和科学思维应用到日常生活中，借鉴经验，以更好地指导我们现有的和未来的生活。

【教学设计】

Q4：在您提供的课程大纲中我们看到，您每周供同学们预习思考的问题更多还是立足于生命科学知识，但是这门课是面向全校开放的通识课程，那您会如何平衡课程中的专业知识和通识内容？

专业知识和通识内容并不矛盾，正所谓"用理科思维来讲通识课程"。专业知识是理解生命科学发展的基础和关键，是本门课程中肯定要涉及的内容，所不同的是，这门课程所有的专业知识都是为理解历史服务的。

举个例子，"玉米夫人"芭芭拉·麦克林托克发现的转座子现象在当时并没有被业内认可。由此我们会探讨：当时业内的主流观点是什么？是不是这种观点导致新的发现不被接受？要回答这些问题，同学们需要理解遗传物质的特点以及在 20 世纪上半叶遗传学研究的范式。再举一个例子，新冠疫情以来很多舆论在争论"新冠病毒是不是针对某一特定种族的基因武器"，并且在网络上掀起热议。从生物学角度分析这种观点的合理性，同学们需要知道生物学中种族的定义是什么，不同种族之间基因是否有差异等专业知识。专业知识和理科思维有助于同学们更有效地分析科学相关信息，提高科学素养。

Q5：除了传统的课程讲授、作业布置，您还设计了一些特别的教学环节（比如读书讨论、演讲戏剧、学习总结），您设计这些环节的目的是什么？您又如何在一门课中安排这么多的教学环节呢？

这些教学设计的目的是提高课程的挑战度，让同学们从多种角度学习生命科学历史，从而提升同学们在课堂的参与度与学习效率。

以作为课程期中考查的读书讨论为例，本门课程的书目都是经由老师挑选的生物学经典科普书籍。这些书籍的内容和本门课程内容紧密相关，而且涵盖几次课的内容。阅读书籍帮助学生复习课堂所讲，也更系统地把握生命科学发展的脉络。在读书讨论中，老师和助教会设计一些问题，督促和检验同学们是否认真完整地读书。同时，我们还要求每位同学在读书后准备一个问题带到讨论中交流。

从问卷调查来看，超过 95% 的同学都很认可读书讨论这种学习方式。他们认为读书不仅能够巩固课堂所学，更重要的是引发自己的一些思考，比如科学与人文的关系，科学在现代社会中的作用和地位，等等。

至于戏剧表演环节的设置，历史很多时候是通过具体的人和事件来体现的，生命学科的历史也不例外。我们会选取几个在生物学历史上著名的事件或者有争议的事件，结合课堂内容让同学们以戏剧的方式进行展示。戏剧表演会分布在一个学期中的 8~9 次课程中，同学们在学期初知晓选题，组队并且合理安排时间进行排练，最后用大众化的方式展示出来。

期末学习总结安排在每个学期最后一次课，全班同学模拟学术研讨会的模式进行展示和问答。每组的演讲展示话题都是基于本学期课堂讲授内容、课堂讨论以及平时作业，但是在期末学习总结中我们会换一个例子或者角度来讨论。比如我们在课堂上讲述了"为什么孟德尔的研究在 19 世纪不被重视"，在期末学习总结中则会换成"为什么转座子现象的发现在 20 世纪 50 年代不被重视"。期末展示对同学们的要求比较高：每组展示时间 5 分钟，而且还有 10 分钟时间问答。很多同学非常喜欢这种方式的研讨，紧张刺激的同时，确实学习了很多知识并且增进了和其他同学的合作。

Q6：选课同学来自不同院系，他们的学习表现是否会有不同的专业特点？这种特点是否会影响您的课程内容设计和调整？

我们的课堂确实有不同背景的学生。对此我们也做了一些针对性的教学设计。这些教学设计希望不同背景的同学能够在教学过程中积极合作，优势互补。

比如每节课前我们设计了预习思考题，由一个小组的同学负责一个问题，老师在课上讲到预习问题的相关内容时由大家进行回答，再由老师总结点评，甚至进一步提问。在和老师的问答过程中，同组同学可以选派一位代表发言，并且可以在课堂上补充发言。这一过程帮助不同背景的同学进行专业上的沟通，同时培养大家的团队协作能力。

在课堂讨论和读书讨论环节，不同背景的同学针对同样的问题往往会有争议，比如新冠疫情以来的各国的防疫政策、计划生育和堕胎政策、科学与宗教的关系等。这些讨论都是开放性的，但是需要大家在理性思维的框架下展开讨论。

此外，同学们会发现本门课程的成绩不仅是老师评价，而且包含同学间评价，比如互判作业，小组演讲点评和打分等。这种同学间互评可以帮助学生更好地理解和掌握课堂所学，锻炼批判性思维能力。戏剧表演则是目前为止能在短时间最有效地增进学生之间沟通和合作的教学设计。无论文化专业背景有多少差异，同学们对于戏剧表演的方式都很认同。

【通识探讨】

Q7：课程大纲中我们了解到，"生命科学简史"是一门文理结合的课程，但是在一些刻板印象中，文理是界限分明的。您是不是可以结合自己的学习、研究经历谈一谈对于文理结合的通识课程的一些看法？

如果按照历史、哲学、社会学属于文科，生命科学属于理科这样的标准来看，这门课程确实属于文理结合的课程。首先，它用理科思维来探讨历史。专业知识是理解生命科学发展的基础，理科思维是同学们讨论的框架，观点需要有数据支持，这点是任何背景的同学之间能够有效讨论的前提。

但与此同时，有了人文的科学才更科学，伴随着科学的人文才是真人文。历史上癌症晚期病人曾经拒绝使用吗啡这样的镇痛剂，随着姑息疗法的出现，癌症晚期病人的护理才逐渐受到重视。历史上天花在欧洲大流行，曾经让欧洲死亡人数超过 1.5 亿。那个时候，能有人掩埋尸体就是最大的人文关怀。后来科学家们研发出疫苗，人类消灭了天花，这是科学的人文。

此外，这门课也希望通过文理结合，帮助大家多角度地认识科学。同学们不仅通过历史来认识科学，回答科学是什么或不是什么的问题，还有更多问题需要思考。比如宗教抑制或鼓励了科学吗？历史上的演化思想完全脱离了科学吗？科学史上的女性真的就这么少吗？这些问题没有确切的答案，但我们的课程解释了这些问题为什么如此重要。由此，同学们进一步思考科学怎么变得如此重要，并认识到科学的意义在人类历史进程中会不断改变。

Q8：除了打破刻板印象、超越专业，清华通识荣誉课程同样强调深度和挑战度，您如何理解通识课的挑战性设计？这与专业课有何不同？

首先，与专业课不同，我不认为通识课的挑战性是通过提高专业门槛来实现的，其挑战性也不需要体现在大量专业知识和专业细节的讲授上。

其次，虽然两类课程都能培养学生的有效思维习惯，但其思维的方式和应用有很大不同。我们在生命科学专业课上讲科学家发现生物学现象，会关注探索现象应用的生物学方法，引发现象的生物学原理，以及如何检验自己的结论是正确的和可重复的。这些思维方式都帮助我们的学生成长为一个更加出色的科研工作者。但对于生物学通识课来说，我们更侧重科学家是在什么背景下产生的发现，什么促使了他们提出好的问题，以及这个发现的前因后果对于其他非生物专业的同学们有什么借鉴作用。这些思维方式促使同学们从不同专业角度思考问题，建立跨学科的思维，开阔眼界，提升格局。

具体而言，这门课的挑战性设计有三方面特点：开放性、创新性和多样性。在开放性方面，鼓励学生主动学习和自主探索。我们的课堂讨论和课后作业很多是开放性问题，鼓励学生们从不同角度思考和探索，打破惯性思维并且能包容不同的观点。

在创新性方面，培养学生创新思维和解决问题的能力。我们会在课前布置问题和设置小组展示，锻炼同学们用通俗易懂的语言解释专业概念的能力，鼓励大家发挥想象力和创造力来阐述科学研究的过程以及复杂问题。另外，在戏剧表演和期末展示环节中，同学们需要发挥合作精神和团队意识。

在多样性方面，采用多样化的学习方式和评价方法。本门课程教学过程不仅有教师讲授，还安排学生小组展示（表演），模拟学术研讨会，以及设有读书讨论环节。评价方法除了教师对学生作业打分外，还有学生互相判作业，演讲互评以及期末学习总结中的提问讨论。希望选课的同学们在我们的课堂上培养批判性思维的习惯，敢于表达自己的想法，包容不同文化、专业背景下的其他观点。

科学革命

走进"科学革命"，从历史的角度，还原现代科学的真相。

开课单位　人文学院
课程分组　科学课组
学分学时　3 学分；课内 48 学时 + 课外 96 学时
特色教学　小班研讨

教师简介

吴国盛，清华大学人文学院科学史系教授、系主任，清华大学科学博物馆馆长，曾任国务院学位委员会科技史学科评议组成员（2015—2020）、中国科技史学会副理事长（2004—2015）、北京大学哲学系教授（1999—2016）、中国社会科学院哲学研究所研究员（1997—1999）。主要研究方向：西方科学思想史、现象学科学哲学与技术哲学、科学传播与科学博物馆学。主讲"科学通史""科学通论""科学革命""技术与形而上学"等本科通识课程。

内容简介

16—17 世纪科学革命是西方科学史上最重要的转折点。"科学革命"作为一种编史模式，是理解近代科学之起源的重要学术进路。近一个世纪以来，西方科学史界为此贡献了众多学术经典。通过阅读经过精心选择的 5 部经典，让学生从科学史和科学哲学的角度深入理解现代科学的起源和本质。本课程全程小班研讨，在老师的引导下，对文本中的主要问题进行细致的研讨。每位同学每次课都必须参与课堂讨论。课程注重论文写作训练。每本书读完之后，都要完成一篇作业。老师欢迎同学们根据老师或助教的修改意见，对作业继续完善。

评价维度

5 次学术报告；课堂表现。

教材 / 参考资料

［美］托马斯·库恩：《哥白尼革命》，吴国盛，等译，北京，北京大学出版社，2020 年版。

［美］I. 伯纳德·科恩：《新物理学的诞生》，张卜天译，北京，商务印书馆，2016 年版。

［美］玛格丽特·J. 奥斯勒：《重构世界》，张卜天译，北京，商务印书馆，2019 年版。

［美］埃德温·阿瑟·伯特：《近代物理科学的形而上学基础》，张卜天译，北京，商务印书馆，2021 年版。

［美］劳伦斯·普林西比：《科学革命》，张卜天译，北京，商务印书馆，2013 年版。

教学安排

第 1 讲　库恩：《哥白尼革命》，讨论第 1—2 章

第 2 讲　库恩：《哥白尼革命》，讨论第 3—4 章

第 3 讲　库恩：《哥白尼革命》，讨论第 5 章

第 4 讲　库恩：《哥白尼革命》，讨论第 6—7 章

第 5 讲　科恩：《新物理学的诞生》，讨论第 1—4 章

第 6 讲　科恩：《新物理学的诞生》，讨论第 5—7 章

第 7 讲　奥斯勒：《重构世界》，讨论第 1—2 章

第 8 讲　奥斯勒：《重构世界》，讨论第 3—5 章

第 9 讲　奥斯勒：《重构世界》，讨论第 6—8 章

第 10 讲　伯特：《近代物理科学的形而上学基础》，讨论第 1—2 章

第 11 讲　伯特：《近代物理科学的形而上学基础》，讨论第 3—4 章

第 12 讲　伯特：《近代物理科学的形而上学基础》，讨论第 5—6 章

第 13 讲　伯特：《近代物理科学的形而上学基础》，讨论第 7 章前半章

第 14 讲　伯特：《近代物理科学的形而上学基础》，讨论第 7 章后半章

第 15 讲　普林西比：《科学革命》

教师微访谈

【课程定向】

Q1：有观点认为到现在我们已经进行了四次"科学革命"，而您的课程会主要聚焦在 16—17 世纪的第一次科学革命上，这会如何帮助我们了解当代的科学呢？

这段历史主要在两个方面帮助我们了解当代科学。

第一个方面是让我们了解当代科学基本方法论、基本世界观的由来。很多理科同学有一个问题，认为科学是理所当然的。我经常问他们，牛顿第一定律哪来的？谁见过一个牛顿第一定律描述的现象？从来没人见过。牛顿第一定律是构造出来的，是先验定律而不是经验定律。现代科学很多基础性的东西，时间、空间、宇宙、力、能、能量守恒这些概念，都有它的历史由来。为什么我们现在要学微积分？微积分的基本特点是，它是一种分析的方法，一种还原的方法，把整体拆成局部。这是有哲学预设的：通过局部就能理解整体，是基于对世界的一种简单理解。现代科学是将宏观还原到微观，将质的差别还原到量的差别。这种还原论的由来就是这段历史时期形成的，这段历史时期构成了现代科学的一个总的起源。关于现代科学，知其然而不知其所以然，没有自觉反思，这就像黑格尔讲的，是熟知不是真知。

第二个方面是让我们看到现代科学的危机和不足。你知道现代科学是数学化的、实验的，但你不一定知道，用这两种方式与自然界打交道有没有不良的后果。数学化方式的特点就是漠视质的差别，"全同"，物质都是原子构成的。现代科学的基础世界观部分就假定这个世界是无生命的。这就有后果：人与自然关系的紧张，生态多样性的破坏……这就反映出现代科学的局限。指望物理老师和你讲物理学的局限，那是不现实的。但教育的目的之一就是意识到现有人类行为的局限，这是教育的最高目标。不能理解一个学科的限度，就不算是对这个学科真正了解。

总结起来，学这门课的好处就是，了解当代科学世界观和方法论，然后进一步认识到当代科学世界观和方法论的局限。局限不是否定，而是更好地认识；有

了这个认识，就会发现我们的科学是更健康、健全的，更有希望的，更美的。没这个认识就只能是耍把式，境界不够。本科教育就是为了提升这样的境界和视野。

【教学设计】

Q2：您列出的参考书是《哥白尼革命》《新物理学的诞生》《重构世界》《近代物理科学的形而上学基础》《科学革命》，选择这几本书有什么标准和联系吗？

我们这门课是通过原著阅读的方式，让大家了解科学史上比较重要的阶段，就是科学革命。这不是一般意义上的 scientific revolution，而是带定冠词的 The Scientific Revolution，它指的是 16—17 世纪在欧洲发生的整个科学范式的转变。这场革命中，整个西方人的思想由亚里士多德主导的物理学转向现代物理学。这个革命非常重要。过去将近一个世纪，西方的科学史界对这段历史贡献了很多文献，构成了科学革命史这样一个研究领域，有很多人做这方面的研究，写了很多本书。而我们遴选五本比较典型的，大家通过精读、讨论，能够形成比较丰满、完整的印象。

这五本书是由浅入深的。这场革命主要分为三个步骤，第一个是天文学方面的哥白尼革命；第二个是从天文学波及物理学革命；第三个是从物理学波及整个世界观，变成哲学革命。所以我们五本书就是这样一个顺序：第一本书《哥白尼革命》讲天文学部分，也是对整个时代背景的一个总的描述。第二部分科恩这一本《新物理学的诞生》讲物理学革命。这两本书都比较通俗，适合大学较低年级的同学阅读。第三本奥斯勒的《重构世界》，比较强调神学背景。我们知道欧洲的科学革命不是在文化沙漠中进行的，它源于比较深厚的欧洲特有的文化传统。基督教自身的变革为近代科学革命提供了比较强大的背景和动力。奥斯勒这本书就是讲这一部分的，侧重于思想变革，或者说世界观的变革。到了第四本书就比较侧重于哲学方面的变化，专门讲近代科学的哲学基础。这个就比较难一点，我们读的时间也比较长一点，比较深入一点。基本上这四本书就涵盖了天文学革命、物理学革命、基督教背景和近代科学哲学背景。第五本书是一个综述，它是一本比较新的书，是近一个世纪以来对于科学革命研究的集大成。这本书就读一节课，相当于一个总的概述。

选这五本书，第一，因为它们都是经典著作，值得反复读、精读、花时间。第二，书的搭配是希望尽量完整地展示这场革命的各个侧面。

Q3：您提出选修这门课程的同学最后会达到"学会批判性阅读"，这样的目标是怎样贯穿在教学要求之中的呢？教学的时候会有什么样的方式来帮助同学们达到这个目标呢？

关于批判性阅读，第一点，通过阅读历史训练批判性思维是非常好的办法。人文素养的核心之一是历史素养，而历史素养恰恰体现在对人性的微妙理解。人性是非常复杂的，对同一件事情不同的人会有不同的看法。这就是批判性的态度的源头。我们要求同学们关注，为什么同样面对科学革命史，人们的表述和侧重点却不一样。我们可以从中理解人性可能拥有的深度和广博性，而不是苍白的历史事实，记下来、背下来就完了。

第二点，你要带着问题去读。首先我要求学生之间互相问。问不出问题，那我就问："他为什么这么说？""他为什么不那么说？"读书如果不带着问题读，你会发现读完都忘了。我们传统的学习方式注重记住知识要点，但很少去唤醒同学们的问题意识，这是中国传统教育的一个失误，我们现在就要进行弥补和矫正。同学们慢慢地、在课程结束的时候就会主动互相提问题，这就很好，而且（有助教）以提问题频度和深度来给你打分。

Q4：除了"批判性阅读"，您还提出"规范性写作"，您会要求同学们在课上写一些什么样的东西？

我是想把写作课融到这门课里来，所以要求大家每读一本书就写一篇文章。五本书写五篇文章，还是比较多的。课容量十几个人，我可以每篇文章都改一下，提些意见。从第一篇文章开始就告诉大家写法的问题，要求他们写标题、关键词、索引、摘要，以及注意参考文献的格式。很多同学第一篇文章和最后一篇文章差别很大。

学术写作是我们语文教育的一个缺项。我们的语文教育常常是美文写作，所以同学们写作，特别是新生，头几篇作文都是空洞的、抒情的部分比较多，在学术写作中我们要压抑这种冲动。规范写作的意思其实是帮助大家学会学术写作。现代学术写作要求的是提出问题、解决问题。它是一种亚里士多德式的写作：先把问题提出来，然后关于这个问题，之前的人是怎么想的，他们想得对不对，然后提出"我"是怎么想的。学术写作是给同行看的，不是给外人看的。

Q5：您提到这门课的课容量比较小，主要是研讨的形式。您上课的时候会主持和同学们一起讨论的环节吗？

这门课从头到尾都是我主持，主持的方式就是不断地向学生提问。同学们还是比较紧张的。因为提问老是答不上来，他就很不好意思了，所以就会在课下认真读书——问题都是书上的。我先大面积讲，比如说"我们今天读这本书的第三章，大概有这么几个问题，大家考虑一下"，然后鼓励同学们先主动来讲。没有看法的话，我就要提问。所以这个课的好处就是迫使你读书。老师们的引导是开头，希望结尾的时候同学们能够主动地讲，而且要基于文本。学生应该具有阅读能力和解读能力。一个好的大学教育应该让同学们既有数学推理能力，又有文本释读能力。

【通识探讨】

Q6：这门课的开设对文理科同学分别有什么不一样的意义？

理工科的学生优点在于，他们对课上的知识内容不陌生，感到很亲切，因为都是高中学过的。但是他们感到很惊奇的，原来知识背后还有这么多故事。比如我经常问，牛顿定律你们学起来不是很容易吗？牛顿第一定律，自由落体什么的，好像挺简单，为什么需要欧洲人的头脑殚精竭虑奋斗一百年才能达到这样的水平？理科生只有通过科学史的学习才能打开长久被封闭的史学维度、哲学维度，乃至人文维度。

我们清华的文科生其实理科背景也不差，至少数学不差。没有物理背景可能需要读一些科普书籍。其实天文这部分人人都应该了解，可惜中学没有天文课程。对天文不了解的话，对整个近代科学的学理基础就不清楚。从某种意义上说，天文学是为物理学提供意识形态基础的。整个物理的合法性都是基于天文学的。如果没有哥白尼革命打开宇宙，从封闭状态到开放状态，就没有哥白尼第一定律——它要求宇宙是无限的。一个物体不受力的作用就做直线匀速运动的话，如果宇宙很小，走到头怎么办？

文科生上课的时候，在哲学、神学方面则容易理解一点。文理同学在一个班上课也有好处：通过讨论达到相互感染、相互渗透的效果。

从算盘到量子计算机

谛听千年算珠声，踏进量子实验室；
穿越人类计算史的浩海云烟，探索下一次变革的未知之界。

开课单位 集成电路学院
课程分组 科学课组
学分学时 2 学分；课内 32 学时 + 课外 64 学时
特色教学 设计实践；实验室参观；组间互评

教师简介

李铁夫，清华大学集成电路学院副研究员。2003 年、2009 年分别在清华大学电子工程系和微电子所获得学士、博士学位，随后留校任教，博士论文获得2009 年度清华大学校级优秀博士论文一等奖。主要从事纳米电子学和量子信息学的研究，包括量子计算机和量子接口芯片等研究工作。发表论文 60 余篇，获得国际国内专利 6 项，受邀参加韩国物理学会秋季会议、国际固态量子计算会议（IWSSQC）、国际量子光学与量子信息大会（QOQI）等国际会议并作邀请报告，主持或以课题负责人身份参与自然科学基金、NSAF 重点基金、973 计划重大科学问题导向项目、重点研发计划等多个项目。在清华大学第七届青年教师教学大赛中，获得理工组二等奖。

王哲然，清华大学人文学院科学史系助理教授，2009 年毕业于兰州大学数学与统计学院，2018 年毕业于北京大学哲学系，获科技史博士学位。2020 年 6 月出任清华大学科学史系助理教授，担任清华大学科学博物馆研究复原项目负责人。主要研究方向为西方数理科学史、科学仪器史。著作有《透视法的起源》等，开设"古代与中世纪科学史""科学仪器史"等课程。

内容简介

信息技术是当今社会发展的根本驱动力，而它必须要依托于某种物理系统来进行，物理系统的层次决定了该信息处理技术的水平。从早期的机械时代，到今天的电子时代，再到未来更加强大的量子时代，每一次信息处理模式的进化，都带来了全社会各行各业的颠覆性巨变。这种巨变一定是在充分了解信息技术的基础上才能发展起来的。所以了解信息技术的发展历程，掌握数字化的基本原理，理解未来新型信息系统的进化趋势，对各专业的学生探索本专业未来方向都有深刻意义。

评价维度

实践环节完成度；分组汇报；学生互评；自学报告。

教材 / 参考资料

吴国盛：《科学的历程（第四版）》，长沙，湖南科学技术出版社，2018 年版。

［美］彼得·本特利：《计算机：一部历史》，顾纹天译，北京，电子工业出版社，2015 年版。

［美］查尔斯·佩措尔德：《编码：隐匿在计算机软硬件背后的语言》，左飞、薛佟佟译，北京，电子工业出版社，2019 年版。

吴军：《全球科技通史》，北京，中信出版社，2019 年版。

Williams, Michael R., *A History of Computing Technology*, 2d ed., Los Alamitos, Calif.: IEEE Computer Society Press, 1997.

教学安排

第 1 讲 计算技术综述：计算的本质、从机械时代到信息时代的发展历史

第 2 讲 机械时代的计算：从算盘到巴贝奇的差分机和分析机，介绍席卡德机、莱布尼茨机和巴贝奇差分机等设备的原理

第 3 讲 实践课：用机械计算教具实现计算功能，依托科学史系工作室完成

第 4 讲 汇报讨论课：启发学生认识到物理系统的性质对计算能力的影响，由学生进一步探索机械系统用于计算的局限，提出如何超越机械计算模式

第 5 讲　电气时代到电子时代：介绍继电器、真空管原理，重点讲授半导体的发现和晶体管的发明

第 6 讲　芯片时代与芯片技术：芯片的发明历史、基本概念和技术基础，CPU、GPU 到专用 AI 芯片

第 7 讲　实践课：参观、现场学习微纳制造技术原理和设备，依托微纳加工平台完成

第 8 讲　实践课：用芯片实现计算，依托 DreamLab 完成

第 9 讲　汇报讨论课：前周实践课答辩汇报，讨论电子计算的优势与不足

第 10 讲　量子计算机：基本概念和技术基础

第 11 讲　实践课：量子计算云平台，依托超导量子计算实验室完成

第 12 讲　汇报讨论课：各专业随计算技术的发展历程和当下的难解问题，未来的计算形态将如何影响你的专业？

教师微访谈

【课程定向】

Q1："从算盘到量子计算机"这个名字似乎就提示了一种历史跨度和连续性，它承载着怎样的课程核心思想呢？

说起计算，可能很多同学还是会把它等同于拿计算机、计算器来算，但其实人类对计算的理解是不断发展的，"从算盘到量子计算机"就揭示了这样一个发展过程。而本质上，计算的演变过程是一个物理系统演化的过程——这是我自己工作将近 20 年以来的思考，也是我希望通过这门课让同学们认识的一个理念。

首先，所有的计算机本质都是一个物理系统。只要这个物理系统能被我们所控制、能高效地应对我们要研究的问题，就可以被当作一个计算机。

其次，人们对物理系统的控制能力是不断发展的。最初我们只能控制机械系统，后来发明了电子系统，到今天我们有可能可以控制量子系统。

因此，这一课程名实际指向了贯穿这门课的主线——人们对物理系统的控制能力越来越强，对其理解越来越深入，其能提供的计算能力和信息处理能力也越来越强。

Q2：为什么您觉得让大家了解这种"物理系统"的"发展"是课程的主线呢？

对各行各业的从业人员来说，如果能够了解一些计算当中最基本的、最核心的思想，很可能会对他的工作有所帮助。我很确信在你们这一代人的未来职业生涯当中，一定会经历一次计算技术的变革——不一定是量子计算，也有可能是其他的更新型的计算——给全社会乃至整个人类的生活方式带来巨大转变。因此，我希望大家能够了解到计算技术底层的基本原理以及最核心的思想演变，这也许能使大家以后在本职工作中先人一步掌握新的计算技术及其与管理工作的联系。

以史为鉴，从机械式计算进化到电子式计算的背后是物理系统的变革，在下一步从电子到新型——比如说量子计算机的发展过程当中，也需要底层的思想的变化。我希望同学们能够用历史发展的眼光来了解这个事情。

Q3：您自己是一名量子计算的科学工作者，在这门课中，您会如何讲授和解读量子计算机呢？

对量子计算机的讲授建立在前面提到的核心思想和逻辑链之上。然后我会专门用一节课的时间为大家介绍量子力学和量子计算的关键知识点，但这部分几乎不涉及数学，大家都可以理解。

举个例子，电子计算机就好像是一堆开关在工作；但量子计算机就好像一个人在地球的球面上走来走去。一个人想要从北京到伦敦，可以直接跨越欧亚大陆，也可以穿越北极圈，或转到墨尔本、纽约，再回到伦敦。量子计算很有可能就是走一条看似很复杂、但在实现上很简单的路线，最终从起点到终点，从初始值得出计算结果。

【教学设计】

Q4：那么具体从课程安排来说，这些变革阶段，您会分别用几个课时进行讲授？

我们的第一节课是综述，我先给大家一个总的地图，告诉大家我们有三个模块——机械、电子和量子，并把"信息处理必须要依托于物理系统"的核心思想呈现给大家。

第二节课到第四节课是机械计算模块，其中第二节课是讲授，第三节课是实践，第四节课是讨论课 / 汇报课。之前有个学期上课的同学正好赶上了科学博物馆历史计算器具展，所以我们全班都去了博物馆现场上课，大家不但听课，而且可以打开很多展柜看那些计算器具是怎么工作的。目前这个展览已经结束了，但之后的几个学期我们仍然可以在科博馆的教室上课，并且可以把部分展品借出来给大家展示，帮助大家更容易地理解机械计算的原理。

第五节课到第九节课是电子计算模块，其中三次课为课堂讲授，一次为实践课，然后有一节讨论课。

接下来的五节课是量子计算模块，其中一部分是给大家介绍一些量子力学最基本的概念和量子计算的基本原理，然后大家可以到实验室去参观实践，最后进行讨论。

第一节综述以及后面电子计算和量子计算两个模块主要由我来讲，机械计算模块则主要由王哲然老师讲授。王老师是做科学史研究的，在整个课程脉络梳理和备课讨论中的贡献非常大，提供了传统理工科没有的历史视角。

Q5: 本课程中实践环节占了 70 分，能请您简要介绍一下三次实践的内容和目的吗？从第一次到第三次实践，您对大家的要求会有差别吗？

课程内容的每个模块都安排了一次实践课。

第一个模块的实践课是机械式计算。科学史系的王哲然老师根据他们科研成果中的一小部分专门制作了两种教具，是两种在历史上非常重要的机械式计算机的核心部分，每位同学都能拿到一套，并在科学史系的工作坊中开展实验。

第二模块的实践课将在集成电路学院的教学实验室里开展。大家会用现有的一些集成模块在面包板上插线来实现计数、加减的功能。这是电子式计算器非常核心的功能，能让大家体会到电子计算的核心思想。我们选的是集成电路领域最简单的一个实验，并且会给同学们现成的电路图。

最后一个模块的实践课是量子计算，这也是现在科研的最前沿，因此这部分实践不是在教学实验室进行，而是到科研实验室一线去。但也因为它是科研项目，所以没有办法让每个同学都自己去非常深度地直接操作机器，不过好在现在实验室有一些云平台资源，可以让同学们在各自的计算机上联网使用云平台，亲身体验一下这项未来技术是怎么运转的。

三个实践环节的汇报主要是希望衡量大家的学习收获和思考，为了保证实验教学质量，我们也在考虑增加实践课时、增加教具的种类、多配几名实验助教，以及在保证教学效果的前提下降低一些难度等。

Q6：本课程的实验和实践都将分组进行，为什么选择侧重小组作业这一形式呢？特别地，在分组时，为什么强调调配不同专业背景的学生呢？

我们希望三个同学组成一个小组合作，而且尽可能是来自不同院系、不同专业的三个同学组成一组。

不同专业的同学可以带来不同的视角，那么他们在一起完成大作业和课后报告的时候也能够碰撞出有意思的想法。大一大二的同学可能还没有学习很多本专业知识，但是也会受到耳濡目染，从而打上各自专业的烙印。比如上学期有一个机械系的同学令我印象非常深刻，他给他制作的电子式计算机的部件和功能块上了不同的颜色，但这个颜色不是他上的，而是他的美院室友上的，效果就非常好。这门课是面向全校同学的：这一方面是希望不同专业的同学能给这一门课程提供不同的角度和思路；另一方面更是希望这门课程及其作业组织形式能帮助不同专业的同学有所提高。

从上学期开始，这门课还有 5 个给北京外国语大学同学的旁听名额，一开始这几位同学担心听不懂没法完成实验和汇报，不过让我们意外的是，这几位同学的投入程度、完成程度非常好，都从各自角度为课程做出了贡献，比如一位学俄语的同学专门找了苏联研制三进制计算机的原文文献，在汇报课上给全班同学介绍了这个历史上虽未成功但很重要的一个技术线路，为这门课程增色不少。

Q7：课程非常重视讨论环节，在最后两讲，您还专门设置了"各专业中的难解问题"和"未来的计算形态如何影响你的专业"两个主题的讨论课，这是出于哪些考虑呢？

这门课几乎不涉及数学计算，只是给大家讲述技术发展的脉络，以及每一项技术的底层原理。但我希望大家能通过了解到的原理来想一想，计算技术的底层原理和未来的发展前景能解决同学们所在的专业当中的什么问题。

　　实际上，计算能为解决许多问题提供更强的算力，比如化学系的同学提出的分子模拟可能用现有的大型计算机算不动，但是未来如果有了量子计算机就可以进行计算，从而把某些化学反应算得更清楚。但这还只是量变。我们现在回头看一看30年前没有计算机、手机的时候就会发现，如今我们的生活方式已经完全不一样了。那么同理，在未来，这种强算力能带来的质变是什么呢？我希望引导大家多思考、多讨论这些问题。比如本学期的课程我给北外旁听的同学预设了一个报告题目，就是"人工智能愈发成熟，还需要专业学习外国语吗？"我很期待听到这些语言专业同学的回答。

【通识探讨】

　　Q8："从算盘到量子计算机"对非本专业学生可能会是不小的挑战，您在授课中会如何平衡课程的专业难度和通识跨度呢？更宽泛而言，您如何理解清华通识教育"无学科门槛，有学理深度"的特色呢？

　　清华"三位一体"的教育理念是：1.价值塑造；2.能力培养；3.知识传授。从我自己来讲，我觉得这门课的目的是为同学们带来基础知识、思维方式和学科边界。

　　我觉得给同学们开通识课程的第一层意义是给大家带来专业知识，为大家介绍这个领域知识的最高峰。大家熟悉机械计算器具中的算盘，但可能不知道再复杂一点的机械式计算器，也不太会了解电子计算器中的晶体管、集成电路的具体工作方式。而对于量子计算，我相信几乎班上所有同学都不懂。我希望通过课程让这个时代最优秀的学子了解这些。

　　第二层意义是让大家了解并建立起这个领域和专业的思维方式。比如给我一个系统，我首先会把它拆成输入模块、输出模块、储存模块、计算模块等不同模块，这就是学科的思维。

　　第三层意义是为大家展示计算技术的边界。举个例子，大家对量子波动速读都嗤之以鼻，有人告诉你在脑袋上扎一根针，一秒钟就可以灌入一本百科全书，你自然也会认为是假的。但如果马斯克说一个脑机接口可以实现，你可能就信了。再如，如果有人劝你投资，说他可以做到每年将汽车的载客容量增加一倍、油耗降低一半、速度提高一倍，60年之后这辆车就能把全地球人装起来，脱离太阳系，实现"流浪地球"，你肯定觉得这人是个大骗子。但事实上，集成电路的发展速度就是类似这样的，这里面涉及的就是科学和技术的边界。

当然，对于一门通识课程来说，我们不太会涉及学科前沿的争议问题，我也只能带大家认识我所认为的边界，更具体地和大家探讨量子计算技术的边界在哪，集成电路、人工智能的芯片未来的边界可能在哪。我们可能看不到太远的未来，但是至少能从今天的角度去思考和审视，了解它们大概的工作原理。我相信大家以后也会对技术的未来发展和边界扩大有自己基本的判断。

Q9：最后，您有什么寄语想送给即将进入这一课堂的同学们吗？

欢迎大家来选课。之前选课的更多还是理工科的同学，但现在让我挺高兴的是，有社科人文等院系的同学选课了。我非常相信我的课程可以让所有专业的同学都听懂，我也希望能对大家的本专业起到一定的帮助。

计算是人类智慧的精华，也是今天美好生活的基础，大家在生命中一定会经历至少一次计算技术的变革，希望你们能提早意识到这种变革的可能性，结合自己的专业做出我辈中人应有的贡献。

改变世界的"力"

> 力和力学原理也可以成为我们认识万物的视角，
> 成为艺术与人文创作的重要元素。

开课单位　航天航空学院

课程分组　科学课组

学分学时　2 学分；课内 32 学时 + 课外 64 学时

特色教学　小班研讨；趣味实验；交叉创新实践

教师简介

邵玥，博士，清华大学航天航空学院副教授。长期从事生物力学交叉研究，面向国家人口结构转型带来的生殖健康和器官修复重大需求与科技挑战，建立了一系列力学引导的发育重建与组织修复方法，提出了多种生命形态发生的活性力学理论，为辅助生殖、再生医学提供了超越传统生命和医学科学范式的新思想、新方法、新理论。已在 *Nature*、*Nature Materials* 等期刊发表论文 40 余篇，获发明专利 3 项。入选《麻省理工科技评论》"35 岁以下科技创新 35 人"中国区榜单。

杜淑媛，博士，清华大学航天航空学院生物力学与医学工程研究所、清华大学国家级力学实验教学示范中心实验工程师。长期从事生物力学交叉学科前沿实验教学，力学通识实验教学，并指导学生科创实践活动。曾荣获清华大学第十七届实验技术成果奖一等奖；第十四届清华大学优秀实验技术人员奖；华北五省（市、自治区）大学生机器人大赛和北京市大学生机器人大赛优秀指导教师奖。

内容简介

"力"和力学原理既是工程科学与技术的基础，是人类改变世界的关键力量，也是人认识万物的重要视角，并可以融入艺术与人文创作，改变着人的精神世界。本课程将从生活中俯拾即是的事物入手，归纳、提炼出有代表性的力学现象，阐释其共性力学原理与核心力学思想并讲解同一原理在科技前沿的最新应用，建立"无专业门槛、有学理深度"的力学通识课程。结合课堂讨论、专题实验和课程作品，让来自科学、艺术、人文、社科等专业的同学都能认识、理解、融贯交叉并创新运用"力"的元素丰富自己的知识结构，助力专业发展，探索个性化成长之路。

评价维度

课程作品；课程实验；课堂展示；课堂研讨；课后作业；课堂表现。

教材 / 参考资料

武际可：《力学史杂谈》，北京，高等教育出版社，2009 年版。

王振东：《诗情画意谈力学》，北京，高等教育出版社，2008 年版。

刘延柱：《趣味刚体动力学》，北京，高等教育出版社，2008 年版。

武际可：《拉家常说力学》，北京，高等教育出版社，2008 年版。

武际可：《音乐中的科学》，北京，高等教育出版社，2012 年版。

教学安排

第 1 讲　力学通识漫谈

　　　　课后："学习沙龙"——与任课教师交流对本课程学习的期待、想法或问题

第 2 讲　纸艺与可变结构

　　　　研讨："结构"与"力"的对话

　　　　课后：课程作品预选题——结合自身专业或兴趣探索"力 +X"交叉思想与创意

第 3 讲　长城与复合材料

　　　　研讨：1+1>2 的智慧

　　　　课后：课程作品预选题——为实现自己的交叉创新思想，寻找可行的创新路线

第 4 讲　实验一：纸艺与可变结构 + 复合材料实验试件准备

课后：提交课程作品选题与方案设计；提交实验报告

第 5 讲　黑胶唱片和"力学之眼"

研讨：力学之眼看世界——超越视觉的感官体验

课后：参加"面批课程"作品设计及方案讨论；开始课程作品的实施

第 6 讲　实验二：复合材料

课后：推进课程作品；提交实验报告

第 7 讲　动植物的"皮肤"与功能表面材料

研讨：表面结构的"特异功能"

课后：提交课程作品第 1 阶段小结

第 8 讲　木筷子、声筷子、光筷子

研讨：调控物质世界和精神世界的"力学之手"

第 9 讲　实验三：表界面力学实验

课后：提交实验报告

第 10 讲　食品与烹饪中的力学

研讨：造型与力——"鬼斧神工"背后的"力学精灵"

课后：提交课程作品第 2 阶段小结

第 11 讲　鸟飞鱼游与仿生力学

研讨："涡"的力与美——"混沌"与"有序"的二重奏

课后：完善课程作品

第 12 讲　空化现象及力学

研讨："空"的力量及其形形色色的应用

课后：课程作品总结

第 13 讲　无处不在的"摩擦"

研讨：摩擦的哲学

课后：准备课程作品展示

第 14 讲　研讨：课程作品展示

第 15 讲　课程回顾与总结；千变万化的力学宇宙

教师微访谈

【课程定向】

Q1：在课程目标中，您说到希望能"让力学成为跨学科人才培养的'硬通货'"，在您看来，为什么力学在人才培养中的地位如此重要？

所谓"硬通货"，本质是让力学成为跨学科人才培养的共通点，同时也是突破点，这么说的底气来自于力在生活中的普遍性和重要性。

这种普遍性和重要性怎么理解呢？我们都知道力是一种相互作用，会导致物体的变形和运动。其实物体的变形和运动无处不在，不只是把飞船发上天、把楼搭建起来，还存在于人文和艺术学科中，比如雕塑的本质上就是用力去改变物体的形状进而带来美感，而音乐的本质则是通过将音符化为空气的悦耳振动进而给人以精神享受。可见，力以及它导致的物质变形和运动，不光改变着我们的物质世界，同时影响我们的精神世界。那么力学作为研究力、力与变形、力与物体运动之间规律的学科，也成为改变我们物质和精神世界的关键力量。

而着眼于未来，让力学成为"硬通货"也是跨学科人才培养的需求。由当前趋势可见，未来的社会和科技发展会面临越来越复杂的问题，这要求我们重视学科间交叉与创新，以解决传统单一学科难以解决的难题。因此，蕴于各个领域乃至万事万物中的力学也应当融于多学科交叉人才的培养中。换句话说，如果我们在学科交叉背景下培养出的人才完全不懂力学，那么他在改变世界时就少了一双很有力的手。反之，如果说他懂得用力学的原理去做事，那么不管他做的是工程科学还是人文艺术，都多了一双有力的手。

总结而言，力学既能够也需要成为一种"硬通货"，是因为它无处不在，像黄金之于交易一样，力学之于各个领域，无论问题和对象是什么它都能派上用场。也正是由于这样一种普遍性和重要性，它在培养满足社会发展需要的跨学科人才中具有关键作用。

Q2：在具体的教学中，您觉得应如何做到让不同专业的学生受益于力学原理知识？

我希望用一种"接地气"的教学方式让所有人都能跨过力学的门槛。从传统观点看，力学确实是一门概念比较抽象、对数理要求比较高的学科，但正如刚才所说，它其实在我们生活当中无处不在，是我们天天都会见到、用到、听到、感觉到的东西，因此它没有任何理由对大家而言陌生，没有任何理由变成一个高门槛事物。

那么怎么让大家跨越力学的门槛呢？就是要从与大家生活最贴近的例子出发，先认识力学原理亲切的一面。比如，下雨时，我们都听到过雨滴到水面的声音，这里面其实就包含丰富的力学原理，并且它从本质上来讲和舰船推进搅动水流产生噪声的原理是一样的，而后者折射出的是力学原理"前沿"的一面。这种亲切与前沿的统一是力学的一大特色，无处不在。比如说我们设计微型水上机器人用到的力学原理就是从学习可以水上行走的昆虫而得的。基于这样一些绝大多数同学在日常生活中都接触过的现象或体验，总结提炼出一些经典的力学原理，进而展示其在前沿交叉创新中的活力，就可以让大家实现"现象—原理—应用"的认知递进，感受到力学不仅在日常生活中无处不在，还广泛存在于人们改变世界的前沿创新中。

而更重要的是，我希望借此启发同学进一步检视自己的专业领域——哪些地方有"力"的影子？能不能运用"力"或者力学促进专业创新？从这个角度看，理工生医专业的同学们自不待言，哪怕是人文社科或艺术类院系的同学都不会也不应该被阻拦在力学的门槛之外。

Q3：这似乎是一门比较注重实验的课程，但您并不会给出确定的实验条件，您会担心最后的实验成果不尽如人意吗？

其实我并不担心，因为我们实验和教学的最终目的并不是要让大家精准地完成一个实验，证明某个定理，那是力学专业的要求。我们的目的是让大家理解力学原理，进而在生活和专业学习当中能运用力学，让它帮你把事情做得更合理、更漂亮、更有新意。而通过动手做实验，大家可以亲眼见到在力学原理的作用下有怎样的因果关系，通过直观的体验自己领会和总结课堂教学中讲到的力学原理，掌握力学中最根本的"第一性原理"和核心思想。这是另一个维度的认知过程，而不是一个验证书本教条的过程。

同时我相信，任何"负面结果（negative results）"都可以成为另一个维度的"正面结果（positive results）"。哪怕你的实验失败了（与你的预期不符），只要你知道为什么失败，如何做到下次不失败，获得经验吸取教训，你就离成功更近了，就称得上是做了一个有效实验。因此与其担心失败不失败，不如关注你从这个实验当中得到了什么，如果什么都没得到，那才是真正的失败。动手、动眼、动脑，相信大家都会有所获。

【教学设计】

Q4: 这门课程的教学形式是非常多样化的，除了讲授、实验、报告之外还有作品设计、互评等内容，您认为这些环节是如何互相配合实现课程目标的呢？

我们的课程目标用一句话来说就是"希望力学能为各位同学专业的学习与学科交叉创新插上翅膀"。根据这个目标，我们首先当然要进行相关知识的讲授，让大家了解力学通识。同时还要辅以一些课外实验，给大家带去直观的体会。"心领神会"，这是融贯应用的基础。

对同学们而言，还有一个更核心的问题：我怎么才能运用力学来帮助自己，尤其是实现专业上的交叉创新呢？从事实来看，现在与力学交叉的学科已经越来越多，近年来生命科学、医学等也已经加入与力学交叉的行列，这让人鼓舞。既然力是无处不在的，那么与力学的交叉创新也应是没有边界的，因此当然值得我们进一步拓展交叉的广度和深度。这门课的"课程作品"的设计初衷，就是想借助完成作品让大家真正思考力学与自己专业交叉融合的生长点，并为自己的专业学习与发展走出交叉创新之路。我觉得这是对学生个人发展有实质性意义的一件事。

而学生的互评则是希望培养同学们的"同行评议"精神，大家在学习与今后的工作中会遇到各种各样评价别人与被别人评价的场合，"我们如何公正评价朋辈"是当前与未来需要的基本素质，我们课程的互评就是为培养这样的能力而设置的。

Q5: 您刚刚也提到了通过最终的课程作品进行知识运用，那么您希望同学们设计出怎样的作品呢？

其实我对同学们的作品形式没有任何要求，它可能是一个新概念，一份设计方案，或者是一个具体的实物或产品。大家完全可以根据自己的专业特点与需求进行不同形式的表现。课程作品的核心，是将自己的专业与"力"交叉融合，为自己的专业学习与发展探索交叉创新之路。比如艺术学科的同学或许可以尝试用各式力学方法来改变物体的属性、形态、外观等，从而呈现新的艺术效果。诸如编织、绘画、书法等，都可以从力学角度，对新作品进行设想或对旧作品进行重新阐释。人文社科也是一样，比如我们可以用小论文的形式从力学原理的角度来讨论文学和音乐作品中的韵律及其如何与作品的感染力相联系。同学们也可以从任何自己感兴趣的专业问题出发，探讨"力"的运用如何有助于更好地解决这些问题。对所有学科，你都可以从中发掘力的呈现与应用，然后灵活地做出自己的作品。

Q6：我们看到您列出的参考书目并非纯专业书籍，为什么您会选择推荐如《音乐中的科学》《仿生学导论》等涉及多学科知识的书籍呢？

这还是跟我们的课程培养目标有关——跨学科的人才需要的不是专业的力学知识，而是通识的力学知识。据我所知，目前没有专门的力学通识教材，甚至如何界定"力学通识"也没有固定标准。而我认为，从目标上讲，力学通识就是要教给大家：力是什么；有哪些经典的力学原理；它在我们生活当中如何发挥功能；它在科技创新和学科交叉中又起到什么样的作用；它如何与每个人的专业交叉融通进而开创新天地。参考书的选择也是基于这些考虑。它的核心意义是鼓励大家大开脑洞，用力学的视角看世界。同时，它也可以帮助不同专业背景的同学在这门课与他的专业之间发现结合点，以此为接口，可更具体地进行学科交叉的思考。

Q7：虽然这门课程的趣味性非常浓，但是我们发现课程中也不乏专业知识的讲解，那么在具体授课时，您是否有一些防止同学们注意力"溜号"的特殊技巧？

我觉得这应该是所有老师都关心的问题吧（笑）。我的方式其实算不上特殊技巧，只是打算在上课过程中时常与大家进行互动，动脑、动眼，也动嘴。这并不是为了防止大家注意力"溜号"才设计的，而是一种为了保证我能随时和同学们保持"同频"而必须做的沟通。这门课有意设计了一些课堂研讨，不是说要强迫大家高谈阔论或者必须提出或解决多么高深的问题，其目的主要是为了促进大家讨论，特别是就充满想象力的问题或者一些看似不成熟的想法进行探讨，同时也促进同学们思考"我对刚才听到的内容是否理解了""我能否产生共鸣""我能怎么运用它"这些问题。此外，更重要的是"动手"。我们专门设置了随堂小实验，用折纸、荷叶、棉花糖等作为材料，让大家在动手实验的过程中学习、消化专业的知识，看到"活"的力学，自然避免乏味。

从这个角度来说，防止大家注意力"溜号"其实是课堂互动的"副产品"，通过上述多种教学环节设置，确保大家有在不断地思考、消化、内化并为己所用，才是最重要的。

【通识探讨】

Q8：清华通识荣誉课强调"高挑战度"，这似乎很难与通识课"无专业门槛"的要求平衡，那么您是如何在"改变世界的'力'"的课程教学中同时实现二者的呢？

这个问题其实是通识课（至少是大部分科学通识课）面临的共同课题。如何平衡"无专业门槛"和"高挑战度"的关键在于区分两个概念："门槛"和"台阶"。门槛决定了"进不进得来"，台阶决定了"爬得到多高"。课程的门槛低，体现在课程教学内容设置和教学方法设计使任何专业、各个年级的同学都能无障碍地学习并掌握课程内容，让大家都能"走进来"。课程的高挑战度则体现在我们要求每个同学在进了这个门槛之后还要"上台阶"：无论同学的学识与能力基础如何，我们都要求他们在此基础上为自己的通识学习和交叉创新作品设定 1~2 个别人没有（或少有）实现过的新目标，这就是要他们花力气、花心思爬上去的"台阶"。台阶的设置由同学提出，并和任课教师一起商讨决定，进而作为一学期的总体计划来实施。通过这个过程，课程为每位同学量身定做"自适应"的台阶，使其既非超出学生能力范围、可望而不可即的空想，也非学生随手一挥即可完成的蜻蜓点水，而是要求每位同学跳一跳、挠挠头、出出汗才能上去的台阶。如果一个台阶顺利上去了，我们还会鼓励尝到甜头的同学挑战自己再上一个新台阶，如此递进，将交叉创新变成一种习惯和态度。在这个努力上台阶的过程中，同学们自然完成了对自己的挑战和超越。

Q9: 都说"教学相长",那么您期待同学们给您带来怎样的惊喜? 您有什么想要对即将选课的同学们说的吗?

我觉得同学们在这门课上的自由发挥于我而言都是惊喜。我期待大家可以天马行空地想象身边有哪些地方存在力学,如何借助力学拓展自己的专业维度,甚至找出一个新的发展方向,并进一步把这些思考以小论文、概念设计乃至实用产品的方式呈现、提炼出来。这门课希望带给大家的不是 16 周的负担,而是 16 周的个人成长,让力学不仅丰富大家的视野,更为大家个人发展和专业交叉创新提供实质性的驱动力。

与同学们的互动也给我一个重新认识力学的机会,去破除长期科班学习造成的定式思维,重新思考学科背后的内涵与价值,同时也发现其他学科与力学协同发展的生长点。期待与同学们一起去用"力"改变世界。

工业生产概论

认识实体产业，感受系统思维，培养领军气质。

开课单位 基础工业训练中心

课程分组 科学课组

学分学时 2 学分；课内 32 学时 + 课外 64 学时

特色教学 案例研讨、小班实践

教师简介

汤彬，副教授，清华大学基础工业训练中心总支书记、副主任。国家级精品课"实验室科研探究"、北京市精品课"工业系统概论"负责人。获国家教学成果二等奖、北京市教学成果一等奖、校年度教学优秀奖等荣誉。

杨建新，副教授，清华大学基础工业训练中心副主任。获国家教学成果一等奖和二等奖、北京市教学成果一等奖、校年度教学优秀奖等荣誉。

内容简介

课程定位为"认识实体产业，感受系统思维，培养领军气质"，以系统科学思维的基本定律为导引，以学生团队形式参与产业调研和工程实践为载体，正面展开能源、冶金、化工、机械、汽车、建筑和新兴科技产业等工业部类。本课程体系开放，强调工程、经济、社会相融合，技术与产业相交叉，国内外情况兼容，寓认识论和方法论于工程实例，寓思政教育和养成教育于业务内容，注重培养学生的大格局、团队精神与创新意识。

评价维度

出勤及课堂表现；课后作业；小组合作报告；个人学习日志。

教材/参考资料

汤彬等：《工业系统概论（第三版）》，北京，清华大学出版社，2016年版。

李伯聪：《工程哲学引论》，郑州，大象出版社，2002年版。

欧阳莹之：《工程学：无尽的前沿》，上海，上海科技教育出版社，2008年版。

张策：《机械工程史》，北京，清华大学出版社，2015年版。

教学安排

第1讲　引言：为什么上？怎么上？

第2讲　能源工业（一）：整体优化观；概述—能源概念认知；煤炭产业概述

第3讲　能源工业（二）：如何保证煤炭稳定生产稳定供应；石油产业—石油深度加工的条件

第4讲　能源工业（三）：水电开发—整体规划之必须；风电开发—弃电问题的剖析

第5讲　能源工业（四）：光伏发电、生物质能、氢能等其他新能源；能源互联网

第6讲　钢铁工业（一）：结构功能观；钢铁产业概述

第7讲　钢铁工业（二）：钢铁工业结构剖析；层次转化观

第8讲　化学工业：从化学到化工；合成氨背后的人文思考

第9讲　机械工业（一）：差异协同观；机械工业发展简述；机械产品的生产过程

第10讲　机械工业（二）：机械工业生产方式的变革；智能制造

第11讲　汽车工业（一）：汽车工业发展简史；汽车的设计与制造；汽车工业的规模生产

第12讲　汽车工业（二）：汽车工业的生产管理；中国汽车工业的发展；智能网联汽车

第13讲　建筑业：建筑的演变；建筑工程的建设过程；建筑工业化

第14讲　新兴科技产业：自组涌现观；人工智能产业；课程小结

第15讲　小组期末答辩

教师微访谈

【课程定向】

Q1：这门课早在2008年就获评北京市精品课程，可否请您先简单介绍一下开课历史和开设初衷呢？其间是否经历过比较大的调整？

1979年，清华经济管理工程系成立，为了让这一专业的学生进一步了解实业、培养领军气质，由老教务长邢家鲤老师亲自整合的"工业生产过程概论"课程诞生了。课程以清华的工科积淀为基础，经卢达溶教授等人持续建设，如今交到了我们这些"第三代讲员"手中，并发展为现在的"工业生产概论"。我自己先是在博士后阶段跟随卢老师来听课，之后陆续接手了钢铁、化工、能源等章节的授课，进而承担起课程负责人的工作。

在这一发展历程中，课程的授课对象和产业内容都有所变化，但最大的变化还是在以钱学森为代表的"系统科学思维"的引入。从重大工程组织到社会主义现代化建设的协调，系统思维在我国的科学和社会发展中有许多明确、成功的应用。而从课程角度来说，通过这一思维体系对工业产业进行梳理是具有前瞻性的。课程建设期间先后获评北京市精品课程、校文化素质教育核心课程、优质通识建设课程、课程思政示范课程和通识荣誉课程等一系列荣誉。

Q2：本课的定位是"认识实体产业，感受系统思维，培养领军气质"，"实体产业""系统思维"和"领军气质"具体指什么？

"实体产业"主要指能源、钢铁、化工、机械、汽车、建筑和新兴科技产业等课程会涉及的产业部类。

"系统思维"就是系统科学思维。为了让同学们在有限的学时内尽快建立对系统科学思维的整体性认识，我们选取了系统科学思维体系中比较典型的五个"观"作为抓手。其中，整体优化观可以在宏观层面上对系统进行把控；结构功能观可以在微观层面上对系统进行梳理；差异协同观是以静态的眼光对待系统中各元素的关系，层次转化观是以动态的视角判断系统中各元素的互动；自主涌现观则是系统演变的最终结果。或许大家一开始会对"系统思维"持畏惧态度，但我们希望大家至少不要怀着排斥心理进入；也相信通过我们的讲授，大家能够不断深入理解和把握这一方法论，甚至进一步将其运用到自己的生活和成长中。

"领军气质"则是希望同学们以系统科学思维为脉络，对中国的实体产业和相关案例进行梳理，以团队形式参与工程实践，从而训练工程思维，培养工程素养，并建立起对实体产业发展的整体印象。我们想让大家对系统科学思维有所认识、有所感受，本质也是希望同学们能在这一思维养成的关键阶段先"热热身"，从而能在未来工作中真正使用这一方法论"武器"，也更游刃有余地胜任日益跨领域跨专业的工作。

【*教学设计*】

Q3：技术、人文、社会的结合是课程的一大特点，强调这一"结合"有何用意？具体而言，它如何体现在课程设计和教学实践中？

李政道先生曾说："追求科学与艺术、科技与人文之间的关联和均衡，是人的创造力的本能。如何将青年学生的这种潜在本能发掘出来，是现代大学的重要任务。"理工科、人文社科的同学在思维上各有所长，而这门课要做的则是以实体产业的实际案例为切入点展开研讨，让大家看到科技、工程、产业、人文社科本身是相关联、相融合的。从这个角度来说，它有助于学生系统观的养成，对于所有学科方向的学生而言均有借鉴和参考意义。

具体而言，这一"结合"主要是通过 3 个方面的教学环节来体现的：（1）案例研讨，以实际产业案例或工程项目为切入点展开研讨；（2）课后作业，选取典型产业事件引导同学们从多维度进行分析，最终在课堂上进行点评；（3）小组学术报告：同学们组成兴趣团队，围绕某一具体产业方向展开探究式学习，最终形成期末的展示报告。

Q4：从评价机制可以看出，这门课非常注重团队合作，并将合作学习报告作为重要的考评要求，并要求在报告中体现对"经济"的理解，又是出于怎样的考量？

朋辈学习是大学学习很重要的一部分。这门课也希望以学生为主体，建立起师生对话的研讨氛围，这是我们将合作学习报告作为课程重要考评依据的原因。

特别强调"经济"的原因则在于，产业的背后必然是经济，经济支撑了大家分析论述的大逻辑。我们希望同学们能通过课程的学习认识中国的经济实务，感受实体产业与技术、经济、社会的关联性，从而建立起对产业整体性框架式的认识。因此合作学习报告环节也在这一方面提出了要求。

Q5：课程的另一作业形式是 6000~8000 字的"学习日志"，您认为理想的学习日志应该是怎样的？过往授课中是否有给您留下较为深刻印象的作品？

俗语说"好记性不如烂笔头"，这门课希望大家能不断反思，将自己的所思所学记下来，训练自己的思维，在期末形成完整的"学习日志"。因此，理想的学习日志不仅是课程回顾，也是方法论收获，不仅要包含课堂讲授知识的梳理，还应包括大家对感兴趣的产业的自主学习分享，以及对系统科学思维在学习生活中延伸应用的感悟——之前有同学就将系统科学思维用于自己的日常时间管理，就是一个非常好的案例。从同学们的学习日志中看到这些成长和收获时，我们也觉得非常开心和欣慰！

Q6：基础训练中心开设了"工业生产概论""工业系统概论""工程实践与创新"等一系列名称相似的课程，能请您为大家厘清一下这些课程的区别吗？大家在选课时应该如何选择适合自己的课程？

"工业生产概论"和"工业系统概论"的区别主要体现在课程讲授的具体产业部类上。这一方面和课程的历史特色有关；另一方面也受授课教师团队的专业领域影响。如"工业生产概论"涉及建筑产业，"工业系统概论"则没有覆盖到这一领域；"工业生产概论"涉及较少的人工智能、大数据等新兴领域又会在"工业系统概论"中出现。不过在我看来，这两门课的定位和宗旨是一致的，大家可以参考自己的时间安排来选择，修读了其中一门就不用因为没有"选上"另一门而感到遗憾。

"工程实践与创新"是我们以"工业生产概论"为基础、为日新书院开设的定制通识课程。无论是在课程教学目标和教学理念上，还是在对"实践性学习"的一贯强调上，这两门课程都有一定相似之处。但考虑到日新书院的学生平时动手机会较少、亲身操作技术仪器的兴趣很大，我们在"工程实践与创新"中适当压缩了产业部类讲授比重，增加了科学技术和仪器装备的动手操作环节；而在"工业生产概论"中则更多采用了视频素材、延伸思考、团队协作等相结合的方式，通过丰富的视频素材帮助同学们快速建立工程认知，通过小组学术报告和学习日志落实实践性学习的延伸思考，促进学生在自主学习能力、团队协作精神和系统思维认识方面获得进一步的提高。

【通识探讨】

Q7：清华大学通识课程强调"无专业门槛，有学理深度"，而概论课似乎总给人"泛泛而谈"的刻板印象，那么这门课是如何"消解门槛"又"保持深度"的？

《孟子·尽心下》："言近而指远者，善言也。"通识课的授课对象是不同专业不同年级的同学，因此无专业门槛，选课学生都能听得懂是对课程的要求之一。在课程中，我们正面展开对典型产业部类的学习，引导同学们了解各主要产业门类的历史、结构、技术成就和社会责任，以及作为整体与自然科学、工程科学和社会科学的互动关系等，力求通过通俗的语言让同学们能够听得懂。

但与此同时，通识荣誉课程的"高挑战度"如何体现？对这门课程而言，系统科学思维既提供了路径，也提供了答案。在课程中，我们会利用系统科学思维对产业部类进行梳理和分析，结合特定产业热点案例重点论述系统科学思维的某一个"观"。以"结构功能观"和钢铁产业为例，这一"观"强调系统是通过要素的优化组合形成结构进而发挥功能的。在课堂上，我们会先举若干个案例帮助大家快速建立对"结构功能观"的感性认识，然后结合产业的重点/热点话题展开梳理——中国的钢铁产业为何大而不强？从原料结构来说，其中最主要的原料铁矿石主要是通过国外进口，对外依存度更是高达80%以上，这些铁矿石又主要集中来自四大矿商，反向增加了我国采购的内部竞争；从产品结构来说，我国的粗钢产量很大，但部分高性能、高附加值产品还需要从国外进口；从营销结构来说，中国的钢铁产业集中度较低，市场风潮经常引发盲目跟风，导致资源浪费。

以典型产业案例为经为柱、以系统科学思维方法论为纬为梁，同学们得以在知识和认识共同增长过程中，逐渐搭建起了解产业、理解工程的脚手架，也尝试学习规范的思维和演绎的推理，在思维训练中保持课程的深度。

Q8：当今中国和世界的工业产业发展面临许多新的挑战和机遇，这门课也特别关照了"新兴科技产业"，您个人如何理解其中的新旧工业关系并将如何引导大家认识新的工业发展方向？

新旧产业是相对的，如果简单地进行区分，大家很容易忽视传统产业中的技术升级和转型革新。比如在课上，我们也会为大家介绍钢铁产业中的工业物联网应用、能源产业中的光热发电和智能电网等"新"技术在"旧"产业中的融入。当然我们不会涉及技术细节，更多是希望大家能对不同产业有一个整体、动态的认知，并能将政策、社会等密切关联的领域纳入考量框架。

与此同时，让大家了解最新的产业动态也是很有必要的，比如也会讲一讲近期大家比较关注的 ChatGPT。但比起热潮，我希望大家看到的是产业发展背后的逻辑——它为什么必然会出现？它将如何影响人类？它是否真的能取得发展？只有形成客观认识和宏观把握，我们才能更恰当地应对变化。

当然，这些都是我们的一家之言，许多实际的产业发展问题都是没有所谓的标准答案的，我所希望的是能激发起同学们的思考。很多时候，没有标准答案的问题，才是最好的问题。

Q9：最后，您有什么寄语想送给即将进入这一课堂的同学们吗？

怀特海先生认为，教育是让学生获得"自主学习的能力、智力活动的习惯和融入身心的原理"。在大学这个一生中最重要的价值塑造与能力培养阶段，形成稳定的价值观、开阔的视野和正确的思维方法论对同学们的成长具有重要意义，这也是我校"三位一体"人才培养理念所积极倡导的。清华有很多类似的富含清华元素的优秀通识课程，希望同学们用好这些通识选修学分，将清华的宝贵教学资源用足，促进自身更好、更快成长。也期待同学们选修我们的"工业生产概论"课程，和我们一同成长！

神奇的免疫

抵御外来感染，预防体内疾病；

且看神奇的免疫系统如何拳打脚踢，攘外又安内。

开课单位　医学院
课程分组　科学课组
学分学时　2 学分；课内 32 学时 + 课外 64 学时
特色教学　小班研讨；实验实践

教师简介

吴宁，清华大学医学院副教授。中国协和医科大学（现北京协和医学院）临床医学八年制医学博士，美国约翰·霍普金斯大学医学院博士后，回国后进入清华大学医学院工作，从事艾滋病相关的免疫学研究。目前讲授"医学免疫学""医学生理学""医学生理学实验""医学寄生虫学"四门专业必修课程，并开设通识荣誉课"神奇的免疫"。积极进行教学改革，所教课程分别获得清华大学精品课、挑战性课程、混合式教学试点课程等称号。教学风格深受学生的喜爱，教学评估多次进入全校前 5%，曾获清华大学教学成果一等奖、清华大学青年教师教学优秀奖、清华大学年度教学优秀奖、清华大学先进工作者、慕课教学先锋、毕业生心目中的好老师等奖励。

内容简介

本课程主要针对非临床医学专业的学生了解机体免疫系统的结构与功能而开设，分为固有免疫、免疫细胞、免疫应答、临床免疫四个模块，每个模块设置两次理论课、一次研讨课、一次实验课，深入浅出地讲述免疫学基本概念、固有免疫和适应性免疫、细胞免疫和体液免疫、免疫器官、免疫细胞、免疫分子等，还将选择性讲解免疫缺陷病、过敏性疾病、自身免疫病、肿瘤免疫等相关疾病，通识性地介绍免疫学研究的新进展和新发现。本课程适合对生物医学感兴趣的学生学习，也适合非临床医学专业学生进行与医学交叉学科研究的入门学习。

评价维度

出勤；课程讨论；理论课作业；实验操作；模块作业；期末考试。

教材 / 参考资料

曹雪涛主编：《医学免疫学（第 7 版）》，北京，人民卫生出版社，2018 年版。

Kenneth Murphy，Casey Weaver, Janeway's Immunobiology (9th Edition), New York: Garland Sciences, 2017.

教学安排

模块一　固有免疫

第 1 讲　免疫学基本概念和发展史

第 2 讲　固有免疫

第 3 讲　固有免疫的抗原识别（研讨）

第 4 讲　血液、血型、血涂片（实验）

模块二　免疫细胞的发生

第 5 讲　适应性免疫的抗原识别

第 6 讲　T 细胞的发育

第 7 讲　B 细胞的发育（研讨）

第 8 讲　免疫器官（实验）

模块三　免疫反应

第 9 讲　细胞免疫

第 10 讲　体液免疫

第 11 讲　免疫记忆（研讨）

模块四　免疫相关疾病

教师微访谈

【课程定向】

Q1："神奇的免疫"这个名字就非常有趣，为什么要在课程名中强调"神奇"呢？

实际上这个课程名是我的学生取的。现代的免疫学发展得很快，与之相关的交叉学科越来越多，同时，免疫学也与我们的身体健康息息相关，因此最初我希望给外院系的学生开设一门讲授免疫学基础知识的课程。在和医学生讨论时，他们都非常喜欢"医学免疫学"课程，觉得机体的免疫系统很神奇，但如果开一门课取名"免疫学导论"或者"免疫学基础"，外院系的同学会不敢选课，建议取名"神奇的免疫"。我深以为然，课程名就这样愉快地定下了。

Q2：这门课很大的一个特点是兼具理论课、研讨课和实验课，您认为这三部分是如何相互配合实现课程目标的呢？

免疫学发展很迅速而且理论比较深，学习时需要调动一定的想象力，如果是纯理论授课，教学效果会比较差，因而我认为一定要增加研讨和实践，让同学们真正领会到免疫学里"神奇"的点，让学生们真正喜欢上这门课，这样才能学得进去，领略知识之美。

【教学设计】

Q3：这门课分为四个模块，您在设计模块时有哪些考量呢？

从字义上讲，"免"即免除，"疫"即疾病，免疫学实际上就是一个"不得病"的科学。它就像一个国家的国防系统，既要抵御外来侵略，又要防止内部出现问题，因此需要我们先弄清有多少"兵种"，它们之间又是如何配合工作的。这些基础知识听上去有些枯燥，但我们想想《甄嬛传》里有 70 多个主要人物，《红楼梦》

的主要人物更是过百，为什么我们还是能够厘清呢？就是因为人物之间是有相关性的，一桩桩一件件的事件将人物串起来，故事就变得如此生动而精彩。那么免疫学也是一样，我们要先学习免疫器官、免疫细胞、免疫分子，再学习它们之间的相互关系和相互作用，是有层次和关联的。这也体现在模块的顺序安排与内容设计上：第一部分讲的是我们体内与生俱来就会杀敌的"兵种"；第二部分讲的是需要进行后天训练的"兵种"；第三部分是各个"兵种"之间如何配合完成免疫反应；第四部分就完全是与疾病相关的知识——整体上是一个逐渐深入的过程。

Q4：在您的课纲中写到理论课和研讨课都有课前文献阅读要求，而后者的文献难度会更大，那么您在选择文献的时候有哪些考量和期待呢？

在任何一门课程中，如果要真正学到东西，必然需要比较深入的了解。的确，有些文献对于没有相关知识储备的同学来说肯定有难度。那么就需要教师的投入了，我会给学生一些具体指导，要求同学们必须看懂文献的哪几个部分，而剩下的部分如具体实验等大家看不明白可以不看。总结来说，比起搞懂复杂的具体机理，我更希望同学们通过阅读文献获得一种思维方式，通过了解免疫学的前沿知识成果，增加学习的兴趣和能力。

Q5：这门课的课程作业采取类似"同行评议"的机制，同学评审的分数甚至和助教给分有同等效力，这在本科生作业中是很新颖的，能谈谈您这样安排的原因吗？

我认为对任何学习者或研究者来说，了解同行的水平都是一件很重要的事。就课程教学而言，因为在老师的眼里，同学们写的东西总是显得比较幼稚，但实际上用同学的水平衡量，他们已经做得很好了，所以我希望在考评中纳入同学的视角。同时了解同学的水平也可以鼓励大家精益求精，互相促进，形成良好学风。其实在任何的学习工作中，人们都是通过互相比较来实现进步的。

Q6：您的课程作业要求采取"一页纸"模式，您觉得控制作业篇幅有何好处？

我觉得第一点是能力锻炼。似乎我们的学生遇到的许多作业都是要求"不少于多少字"，然而，在有限的篇幅内把一件想要说清楚的事情表达好也是一种重要能力。可以看看古代的诗词，内涵多么丰富，表达多么精确。我希望同学们能够在有篇幅限制的写作中学会更精练、更准确地表达观点。同时，我也是不想给同学们带来过大的作业压力。

【通识探讨】

Q7：清华通识荣誉课强调高定位、高挑战度；从课程大纲看，您在一节课内想要传授的知识也比较密集，鉴于有限的课堂时间，您是如何平衡授课的深度和广度的呢？

我认为理论课还是以广度为主，深度的内容更多安排在研讨课上进行。在研讨课上，我有一种"挖坑教学法"。为什么说它是"挖坑"呢？我们同学许多时候会认为自己已经掌握了理论课上的知识点，但是如果我在研讨课上给同学提问题，大家却常常出现一时答不上来的情况。我会把这些难点拿出来，组织同学们分小组讨论。思维碰撞的过程会促使同学们产生更加深入的思考，当然有时也会让同学"越讨论越晕""越讨论越不会"，仿佛给同学们"挖了一个坑"，此时老师再进行讲解，同学们就会有一种"恍然大悟"的惊喜感，从而对相关知识点印象更深刻。一旦同学们的心在这里，很多问题就迎刃而解了。

另外，我很喜欢几次作业，也能充分体现课程的广度与深度。例如，一次作业是绘图《淋巴细胞的一生》，听名字就很容易让人联想到一幅画面，淋巴细胞的生老病死、辛勤工作的一生。这个作业体现的是广度，通过这次作业，学生能把这门课的整个内容串起来，形成一幅画面，这对于构建学生的知识体系非常重要，也十分有益。又如，另一次作业《学术词汇的定名与定义》，这个作业很明显是要求学生深挖一些免疫学概念，体现课程的深度。由于免疫学的发展突飞猛进、日新月异，很多学术词汇是最初发现者定名的，有些并不合理，这次作业就是让学生分组讨论，通过自己的学习与理解，重新给这些学术词汇定名、定义，锻炼学生分析问题、深入思考的能力，也鼓励他们敢于质疑权威。我发现外院系的学生思维非常活跃，有很多想要说的，他们命名的很多名词很有逻辑和思想。

Q8: 您获得过许多教学方面的奖项，还荣获了"毕业生心目中的好老师"这个反映学生喜爱程度的奖，可以分享一些您调动课堂、与同学建立融洽教学关系的小技巧吗？

我个人觉得，记住学生的名字是拉近师生关系的第一步。如果老师与学生互相不认识，就难以形成有效的沟通交流，学习的过程也没有那么愉快。在我的课程中，研讨课表现占重要比例，如果老师都不认识学生，又如何给同学们在研讨课上的表现打分呢？因此我对自己也提出要求，必须采用多种方式在短期内认识所有学生，比如请学生制作"破冰 PPT"，我自己先做一页 PPT 介绍自己，然后布置作业，请同学们也制作一页 PPT 介绍他们，我每次上课前都要对着 PPT（带学生照片）背一遍所有学生的名字，PPT 也会发给全班，希望同学们互相也能认识彼此。通过主动认识学生，去勾起他们的好奇心，让他们对课程产生兴趣，也促使他们感受到学习的乐趣。

Q9: 您在课程目标中写到了"医学人文教育"，您是如何理解这种人文色彩并把它融入教学实践的呢？

其实医学领域的工作者和"人"是很近的，我们会看到、接触到许多人性的多面性——无论是晦暗的还是闪光的。因此在教学上，我也希望带入这种对"人"的理解和对价值观的思考。在理论课上我们会讨论医生的决策是否正确，医生的做法是否合适；在学完 HIV 后我们会讨论用基因编辑婴儿进行科研是否合适。这里也可以体现出通识课的魅力，因为在涉及科研伦理边界的问题上，外系学生和医学生思考的角度有时还蛮不一样的，可以引发许多有意义的交流。

走近医学

探寻医学本质，知晓医学思维，探究生命科学，感知医者仁心。

开课单位　医学院
课程分组　科学课组
学分学时　2 学分；课内 32 学时 + 课外 64 学时
特色教学　小班研讨；演示实操；实验实践工作坊

教师简介

裘莹，清华大学医学院副教授，日本大阪大学医学部病理学博士。清华大学"病理学""走近医学""认识疾病""医学导论"等课程负责人。主持的医学院第一门 MOOC 课程"走近医学"，获得国家精品在线开放课程，负责课程的全部统筹安排。

晁爽，北京清华长庚医院儿科副主任，主任医师。参与"认识疾病""走近医学""医学与人类文明""人体技能学""临床沟通"等课程。

王非，北京清华长庚医院全科医学科副主任，副主任医师。参与"走近医学"课程的讲授。

赵喆，清华大学临床医学院副教授，北京清华长庚医院骨科副主任医师，负责和参与"临床科技实践""智慧医疗创新体验"等多门课程。

黄振宇，北京清华长庚医院妇产科副主任，主任医师，承担妇儿部教学工作。参与"走近医学""人体机能学""妇产科学"等课程讲授。

任芳丽，清华大学医学院高级工程师。参与"组织学""病理学""走近医学"等多门课程的实验指导，研究方向是信号通路与肿瘤发生发展的分子机理。

郭晓宁，清华大学第一附属医院心内科原副主任医师，现百嘉医疗医学总监。

曾获清华大学第六届青年教师教学比赛一等奖。

殷岳，北京市第六医院急诊外科负责人，主治医师，参与"走近医学"课程的讲授。

内容简介

"走近医学"是专门为非医学专业学生开设的一门医学基础与临床结合的通识课，是基础医学教师和具有多年临床实践工作经验的一线医师共同为非医学专业学生量身定做的一门有深度、有挑战性的课程。课程以生活中的常见病、多发病为切入点，深入疾病本质和历史进展，探讨疾病的发展，挖掘生命和健康的意义，手把手教学生如何进行急救，如何处理常规外伤等疾患，如何从患者的角度去了解各种疾病和痛苦等。课程设计将科学方法与人文精神充分引入，在让学生了解人体奥秘、学会简单的疾病分析方法的同时，向学生传递医学学科的思维模式和思考问题的逻辑推理过程，呼应国家新医科的战略发展目标，发现并培养交叉学科的多能人才。

评价维度

诊断性＋过程性＋总结性的评价，具体包括：线上 MOOC 完成情况；课程汇报；课程作业；课堂讨论；出勤率；期末总测验。

教材 / 参考资料

裴莹主编：《走进医学》，北京，清华大学出版社，2023 年版。

裴莹、宋伯根编：《疾病学概论》，北京，清华大学出版社，2017 年版。

刘虹编：《医学概述：走近医学》，北京，北京大学医学出版社，2006 年版。

［英］加文·弗朗西斯：《认识身体：探秘人体微宇宙》，马向涛译，北京，中信出版社，2018 年版。

教学安排

第 1 讲　走进医学之门——医学的起源与发展

第 2 讲　敬畏生命，尊重死亡——生命与健康

第 3 讲　胃酸杀不死的细菌——幽门螺杆菌感染及消化道疾患

第 4 讲　黄金几分钟——急诊（心肺复苏实操）

第 5 讲　争分夺秒——常见急症的紧急处理

第 6 讲　创伤的救治——急性外伤处理及包扎方法

第 7 讲　伤口清理必备常识——外科无菌操作、消毒及缝合技能

第 8 讲　"十面霾伏"——空气污染与肺疾患，实践心肺听诊

第 9 讲　谈癌一定要色变吗——肿瘤的发生、分类表现、诊断治疗

第 10 讲　千奇百怪的疾病——疾病的显微诊断及大体标本展示

第 11 讲　人类的第一杀手——冠心病和心脏运动康复

第 12 讲　人体机能探秘——检测生命体征变化

第 13 讲　"性"福的烦恼——女性的月经周期和如何避孕

第 14 讲　腹痛的特殊信号——外科常见急腹症诊疗

第 15 讲　探寻机体构造——动物解剖及器官形态观察

教师微访谈

【课程定向】

Q1: 您认为目前同学们对相关医学知识的了解如何？您开设这门课程的初衷是什么？

随着信息化的飞速发展，人们的生活节奏及关注点发生了巨大的变化。在网络和电视上关于健康的讲座越来越多，学生们对健康的关注越来越强烈。特别是新冠疫情后，公共健康也成为大家的关注点之一，与传统医学一起成为大医学的一部分。

医疗是未来发展前景非常广阔的产业，因为它跟很多学科相关，比如药物、材料、机械等，而且医疗仪器的开发、治疗诊断中纳米材料的应用、医疗保险也跟经济和法律相关。所以大医疗产业和不同专业的学生都有一定的相关性，这大大吸引了学生，提高了他们想了解医学的愿望。

清华大学是综合性大学，医学专业建立得比较晚，而且医学课程也没有走进理工科和文科，非专业学生对医学既觉得好奇又觉得距离比较远，始终在"门外"徘徊。所以我当时开设这门课程，就是希望将在门外翘首以待的同学们拉进医学的大门。

Q2："谈癌色变""面对死亡"……这门课程将如何帮助大家理解这些切身的医学议题?

全球的新冠疫情传染性高,但死亡率和重症率并不高,尽管如此大家还是极度恐惧,因为它是个新事物,对它不了解。至于癌症,分为多种,早期和晚期,分化高和分化低,有转移癌和原位癌,这些会有截然不同的临床转归和预后。但老百姓基本上是"谈癌色变",大夫说患了癌症,就等于天塌了,活不长了,很多肿瘤患者被自己"吓死"了,这是因为对癌症本质不了解。当学了这门课,老师详细讲述肿瘤是怎么回事,你再听到"癌"这个字,就会理性地思考,不恐惧了。

生命与健康是第二节课的内容,这是一个非常大的课题,包括如何看待生命、面对死亡,让学生快速进入医学世界。学生们看完人体标本博物馆,感慨道:"生命太重要了,我们要珍惜生命"。在新冠疫情中,患病和对疾病有恐惧心理的人数比较,后者更多,这将会从内在心理上影响一个人代谢、身心健康。让大家了解疾病,明确疾病可能的结局,更从容地面对,就像医护人员对疾病非常了解才会显得很冷静。这样的课程可以帮助学生审视自己的人生,对生命有不同的视角和态度。

医学人文是医学中重要的一环,如果我们把这部分做得更好,未来的医患矛盾会有所改善。所以我们在医学专业课中加了很多人文知识。对于非医学学生,大多数人是作为旁观者,来观察社会的各种医患矛盾。当进入我们的课堂,希望他们在这样的环境和课程中对医生的世界有更多的了解,体会医者仁心。

【教学设计】

Q3:课程的理论、研讨和实践三部分是相互配合实现课程目标的吗?

对于医学课程来说,以我自己的专业课程"病理学"为例,发生了三次特别大的变革:从传统教学到半翻转式的混合式教学,再到现在以慕课为依托的全翻转式"探案式"教学法。新冠疫情期间,我们开始了全面线上直播教学,在授课方式上做了一些调整,但仍旧沿袭线下的教学模式,收到了学生积极的反馈,它可以真正实现以学生为中心,调动学生学习的主观能动性。

"走近医学"也遵循这个模式。现在的教学模式是以应用实践为主,传统的教学模式是以理论为主。理论知识是基础,但在信息化时代这些知识很容易在网络上就可以找到，学生根据个人兴趣自觉选择线上学习资料，所以涉猎非常广泛，甚至比教的范围还要广很多。而基于背景知识的研讨和实践是学生自己接触不到且无法实现的，因而成为课程上的主要部分。

我会让同学们课前学习理论知识，课上以在学习中建立起来的知识背景为基础进行深入拓展，通过实践（应用）和研讨（解决学习中的问题），不仅仅是巩固理论，加深理解，更重要的是在实践中启发大家的深入思考，激发更多的创新和解决方案。

Q4：同学们应该如何掌握医学理论知识？

首先，在课前同学们需要线上以慕课方式学习基础知识。慕课是自我学习的一种形式，比起其他学习材料，其优势是有演示，有动画，有标识，有准确的指向，而且慕课都是授课教师自己录制的，与实体课衔接性、黏附性非常高。老师课上延展的内容是慕课涉及的，再进行线下课的演示和动手实践，学生会理解得更深刻。可能课前慕课学习完成度占期末总评分数的 5%，考查课前是否看了慕课，或者把自学的其他学习成果展示出来，这个过程对自我学习能力的提升起到至关重要的作用。

其次，同学们还需要阅读大量文献。准备的阅读材料一定是跟课程相关的，学习以后可以在课堂实践和讨论中用到，主要是提升知识背景和自我学习能力的养成。学生自己找材料时要考虑到学科交叉，因为学生们的背景差异非常大，兴趣点也不同。通识课的目的是让医学成为大家交流的纽带和媒介。同辈间分享可以让学科间的融合更自然，不同专业同学看问题的角度不同，阅读的材料不同，互相补充，收获也不同。课堂上我会找典型学习案例进行分享。

Q5：课程安排"同行评议"机制的原因是什么？

课程从头到尾贯穿的都是"同辈是专家"的感觉。传统教学中老师是权威，在我们的教学中与之不同，学生可以质疑老师，在质疑的过程中学习，教学相长。基于此考虑，我会在课堂上弱化老师的角色，即使同学们说得不对也要鼓励，我设立的问题没有标准答案，大家的思维可以相互碰撞，而且学生们提出的问题往往是有共性的、有意义的。

互评一是促进大家相互了解；二是激励自我学习，营造学习氛围；三是可以促进学科间融合交叉，在互评过程中形成分歧，会形成碰撞和思考；四是开阔他们的视野；五是培养他们复合思维的建立，把社会问题放进来，从第三者角度考虑问题，可以在学习、反馈的过程中建立个性化的思维模式。

助教和老师不会在专业上做过多评价，更多的是评价同学们的参与度和出勤，以及学习积极性。

Q6：您在课程内容中设计宫外孕、分娩以及女性月经和避孕等知识时有何考量？您对于目前中国性教育情况有何看法？

性教育对公民来讲是非常重要的一部分。一些学生不清楚女性、男性生理周期过程中出现的一些反应，以及吸引、被吸引，这都有生理上的根源，大学生应当了解。此外，是出于对女性和男性的保护，在恋爱过程中人会有冲动，怎么保护自己、保护对方。通过讲解女性排卵期、月经期这些知识，其实让男性知道什么是安全的、什么是不安全的。性行为不需回避，当男孩子、女孩子充分了解自己的身体和对方的身体时，会做出理性的选择。

我觉得这部分内容是男生会感兴趣的，因为女生对自己的生理周期非常清楚，女性可能更关注具体的知识比如排卵应该多长时间，男性更关注女性什么时候不舒服、为何周期性脾气暴躁……这些对相互交往、互相理解都是有帮助的。这是课程非常重要的一部分。

【通识探讨】

Q7：作为一门强调"无专业门槛"又有"高挑战度"的通识荣誉课程，您在课程设计当中如何平衡知识的广度与深度之间的关系？

医学是成百上千的学科汇集而成的科学，比如内科算一门学科，但又分心内科、呼吸内科、神经内科亚专科。我们的课程只是一个敲门砖，其目的不仅仅是传递知识，普及医学，更重要的是通过学习让同学们了解医学的思维模式和方法，体悟医者的无畏奉献和救死扶伤精神，为交叉学科的人才培养打基础，跳出局限知识框架的狭窄教育理念，来实现全面育人。

基于此考虑，课程内容的设计照顾到了系统性和逻辑性，采取多名教师同堂授课。我们在各科中选取具有代表性的疾病类型进行讲解。目的是让同学们看到医学这张地图的全貌，如果把各种疾病比喻成大小城市，我们会在有共性的城市中选取有代表性的来展开学习。比如第一讲医学发展史要讲述医学发展的全貌，如今发展起来的内外妇儿等学科，以及新病的发展等都基于这样的发展过程，学生可以用同样的逻辑思维和演绎方法来学习。

除了全貌外，还有横向和纵向的比较。横向是一些比较广泛的原则方法；纵向是深入讲解甚至达到分子水平，比如讲到肿瘤的发生、发展机制、诊断、治疗，同学们就可以照此类推，举一反三地了解其他疾病诊疗的方法和情况。目标是以点带面，掌握思维模式，涵盖内容更全面，这样就能够在一个点上达到一定的深度，但又不失其系统性。

Q8: 您预计不同专业的同学们在本课程中最感兴趣的内容可能是什么?

文理科会有不同的侧重。比如之前上课讲到心电图，我发现工科的学生很有兴趣，涉及电生理、电传导，学生会自行找特别前沿的专业的文献进行预前学习；讲到肌肉、解剖，文科、艺术类的学生很有兴趣，因为这些与他们的专业相关。对于普遍的疾病和大家模棱两可的知识，如新冠疫情、SARS、雾霾引起的肺疾患，大家都会很感兴趣，因为跟大家生活的相关性比较大。还有急救、脑梗死、外伤、心理疾病等，也跟大家的生活息息相关：同学们受伤时外伤要包扎、运动时可能会突发气胸等，这些与大家的校园生活很贴近，也在学生时期比较多见，所以大家很感兴趣。课程会通过同学们感兴趣的知识讲述医学的发展规律、思维模式，激发同学们的学习热情。

Q9: 您觉得同学们可能在学习中会遇到什么样的挑战? 是否有"预防针"帮助他们提前克服?

医学内容本来就很庞大，虽然上课会根据同学的知识背景、掌握情况在难度上有所调整，但是总体上挑战度是比较大的。老师会在课程内容和形式上用心设计、准备，会发放问卷调查，根据问卷结果进行内容调整。挑战性的内容可能让学生花费更多的时间，但是只要设计好，学生能够有获得感，他们就会从内心愿意参与，学习习惯也会悄然改变，也就不会介意再多花一些精力，这是一种潜移默化的过程。

　　遇到的挑战可能有以下几方面：其一，不会因为学生是非医学专业的，就把这门课讲成了"养生堂"，我们会在一定专业水准上要求学生对知识的理解并加以运用，在期末有考核。其二，增加课外的阅读量和学习时间，这样才能在课堂上有时间去给学生创造应用知识和拓展的机会。其三，实行混合式教学和部分的"翻转"，要求学生在来到课堂前有知识积累，传统的拎着笔记本空着脑袋进课堂的习惯会改变，这样可以提高学生自主发现问题、自主学习的能力。

　　总的来说，我认为有挑战的内容对学生未来学习能力有帮助，在此基础上会考虑学生的兴趣点，通过激发学生的兴趣，更有效地提升学习效率。

　　Q10：对于医学领域来说，学科交叉的意义是什么？您对未来的复合型人才有什么期待？

　　之前要求把科学研究做得深，有很多人一门心思在一个学科上，比如医院里的外科专业下还有非常细致的亚专科分类，如肿瘤、肝胆、消化、神经等。当面对病人，医生很自然就会将其根据症状分到了亚专科中，太"专"了以后，科与科之间的知识贯穿性就消失了，在医学领域非常明显。比如一位患者得了皮肤病，但其实是跟免疫相关的，遇到好医生会转去免疫科，遇到只思考自己学科的医生，可能就会延误治疗。

　　随着健康医学发展，人体健康和公共健康都是大医学、大生命科学的一部分，所以复合型人才是社会的需要、世界未来发展的需要。理工科的同学可能在未来的知识体系架构中还是以本专业为主，但是会涉及更多更广的其他学科的知识，未来各个学科也需要其他学科的补充来解决各自学科的问题，这样才能够在问题出现的时候更明智地选择，应对未来的发展。

转化医学工程

颠覆你对传统医学的认知，让你有机会与前沿的科技面对面，
模拟组建公司激发创新创业的热情。

开课单位　医学院
课程分组　科学课组
学分学时　2 学分；课内 32 学时 + 课外 64 学时
特色教学　小班研讨；实习实践

教师简介

程京，医学生物物理学（生物芯片方向）专家，中国工程院院士，国际欧亚科学院院士，中国医学科学院学部委员、中国中医科学院学部委员，清华大学讲席教授，第十二届、第十三届、第十四届全国人民代表大会代表，第十四届全国人大常委会委员。主要从事生物芯片及其在健康管理、疾病诊断、司法鉴定和药物开发中的应用研究，并致力于智能化中医诊疗设备和创新药物的研发。先后创立四家高科技公司，曾两次荣获国家技术发明奖二等奖等多项奖项。

刘鹏，清华大学医学院生物医学工程系副教授，现担任全国生物芯片标准化技术委员会委员、中国仪器仪表学会微纳器件与系统技术分会理事，中国遗传学会法医遗传学分会委员等。长期从事微流控芯片研究工作，成功开发了用于法医现场 DNA 检验的集成化自动化仪器系统、用于新冠病毒核酸检测的家庭用自助式检测卡盒和高通量肿瘤类器官分析技术平台等多项成果，成功实现技术转化，部分实现产品销售。

郭永，清华大学生物医学工程系教授。北京市科技新星，体外诊断产业领军人物，全国生物芯片标准化技术委员会委员，国家药监局重点实验室学术委员会委员，国家药监局医疗器械技术审评专家。专注于针对重大疾病的创新分子诊断技术研究，推动精准医学的发展。

赵超，清华大学美术学院副院长，教授，清华大学艺术与科学研究院副院长，清华美院健康医疗产业创新设计研究所所长，教育部高等学校设计学教学指导委员会秘书长，国际设计联合会 ico-D 副主席。专注于跨学科和跨文化的设计研究与创新实践，主张通过设计创新整合文化、技术、美学、商业等要素，实现设计的社会属性、人性化体验，以及可持续发展。

内容简介

生物、医学、工程和艺术高度交叉可催生新的医学技术，医学技术成功付诸应用，还需要产品研发管理和商业运作。本课程为面向全校各专业开设的具有医学情怀的本科生通识课，目标是培养工程、医学、人文和艺术皆晓，具有团队合作精神的未来医学创新创业国际领军人才。课程内容包括：一、介绍"把聪明人变笨""把勤快人变懒"和"把残疾人变正常人"之"永恒三变"的生物医学工程技术精要；二、介绍"自然之大美""庭院之中美"和"艺技之小美"的"三美合一"之艺术与医学和工程交叉结合的理念及尝试；三、介绍创业所需"商务计划"的写作和"项目管理"等的要求和基本要素；四、以具体实例，介绍从医学需求、技术研发、产品设计到商业推广的流程。本课程将整合教师课堂授课、现场观摩和组队创意展示三种教学形式。课堂授课，可以聆听院士教授从不同角度精心准备的授课；现场观摩，可以体验清华美院的陶艺、漆画、金属工艺等诸多艺术形式，可以体验蕴含中西医结合、人工智能的健康体检；组队创意展示，可以让同学们模拟创业和路演，自己过把瘾。本课程将开展具有"中西医并重、面向健康中国建设"等特色的项目设计实践，激发学生对医学创新创业的兴趣。

评价维度

出勤；小组讨论表现；课程作业；课程报告；团队展示。

教材 / 参考资料

［美］埃里克·托普：《颠覆医疗：大数据时代的个人健康革命》，张南，魏薇，

何雨师，译，北京，电子工业出版社，2021年版。

[美]蒂姆·布朗：《IDEO，设计改变一切》，侯婷，何瑞青，译，杭州，浙江教育出版社，2011年版。

梁思成：《中国建筑史》，天津，百花文艺出版社，2005年版。

洪丽：《园林艺术及设计原理》，北京，化学工业出版社，2015年版。

[美]史蒂文·西尔比格：《MBA十日读》，郑伏虎，等译，北京，中信出版社，2011年版。

教学安排

第1讲　导言：医学与工程

第2讲　医学工程与艺术

第3讲　三变参观：类经堂（现场参观实践）

第4讲　设计思维

第5讲　参观清华大学美术学院（现场参观实践）

第6讲　创业及商务计划书撰写

第7讲　团队展示指导（小班研讨）

第8讲　参观博奥生物集团有限公司（现场参观实践）

第9讲　团队展示验收（一）

第10讲　团队展示验收（二）与颁奖仪式

教师微访谈

【课程定向】

Q1：这门课程融合了工程、医学、人文和艺术，这四部分在课程中的地位是什么样的？多学科融合的优势是什么？

大家都认为工程和医学联系比较紧密，和人文与艺术比较遥远，为了纠正这种错误的认识，在课程设计上，四部分的权重差不多，还会特意在现场实践中加强人文和艺术。医学并非吃药打针。我们说"医者仁心"，比如在新冠疫情的救治过程中，很多患者需要毅力坚持下去，如果在他们困难的时候，医生鼓励他们、帮他们联系家人，那么他们坚持下来的可能性就会更大。对于患者而言，很多慢性疾病是长期情绪不良引起的，所以，判别不良情绪并及时调理，这样的非药物治疗对疾病治疗也很有帮助。世界卫生组织关于健康的定义包括 physical（身体）和 psychological（心理）两方面，如果我们要避免对身体健康关注过多，对心理健康关注过少，就需要对人文和艺术有所了解。

此外，医学工程涉及很多仪器设备，这和艺术结合紧密，因为仪器设备除了使用的功能外，还要具备造型优雅、使用友好等特质。所以对于从事医学的人，工程、人文和艺术就是我们前进不可或缺的拐杖。

Q2: 您认为不同专业的同学在本课程中最感兴趣的内容可能是什么？这门课程的学习将给他们带来怎样的收获？

第一，我们的课程涉及医疗健康，这是每个人都会感兴趣的，因为这是每个人一生的议题。了解了前沿知识、未来可能出现的场景，当我们真正碰到危急时刻时，有些知识就可能救人一命。比如清华一批批的老师同学做的工作可以让大家现场体验现代中医，让他们对中医有全新的认识。

第二，爱美之心人皆有之，但是人们不了解爱美的心思可以帮助我们调整情绪。艺术服务于生活，如何服务？比如同学们觉得课程太难学，容易产生压力大、焦虑的负面情绪，那么我们以前和美院合作开发的实用产品，就可通过音乐和色彩的组合对不良情绪进行调节。

第三，有的同学以后会创业，那么如何写商务计划书、如何做项目管理，这门课程也会讲述基本要点。我们会在课程的最后让同学们分组扮演不同角色、搭建公司，实现自己的创意，面对老师和同学们演讲，我们还会邀请企业的负责人给大家点评。

【教学设计】

Q3: 这门课布置了非常多样化、跨专业的阅读资料，您认为同学们该如何阅读这些书和文献？

怎么读书是有技巧的，需要带着我们的兴趣和关注点去读，不能盲目地通读。所以看文献的话一定要结合课堂授课中老师讲授的要点，在纵向上深化，横向上拓展，带着这样的想法阅读收效会更明显。所以我们给同学们的文献只是引导性的，如果大家对授课内容感兴趣的话，可以进一步延伸。按需所求，是最重要的。

Q4：课程有大量实践环节，您在选取实践场地时有哪些考量？

第一，工业设计系的内容是最相关的。我们的医疗器械、设备是如何设计出来的，美院副院长赵超教授会讲授相关内容，同时会带大家做一些项目，了解整个造型是怎么完成的、工业标准是怎么达到的，如何倒逼内核的创新，这是很有意义的。我们还会参观一些其他的艺术门类工作室，如陶瓷、漆艺、金属工艺等。比如陶瓷、大漆怎么设计制作变成汽车内饰材料，会颠覆大家许多传统的认识。

第二，公司的参观，首先我们会带大家参观研发、生产的流程，其次会参观健康管理的现场场景。现代化中医的仪器装备怎么服务我们，同学们可以在现场体验，比如通过眼睛白睛上的生理特征就可以看出全身的身体情况，这是中医很厉害的一个技术，我们现在做成了人工智能的影像装置，同学坐在那儿，几分钟的时间把照片一拍，报告就产生了，告诉你身体有什么问题，这是刚获得国家批准的新技术，选择这门课程同学们能提前体验到。对于我们同学来说，在没有真正接触中医之前的认识、接触传统中医的认识和现在接触到科技提升之后的中医得到的感受差异是巨大的，这也为一些以后愿意从事中医相关工作的同学指明了方向。

类经堂是我们设计出来的最新的，包括中医技术手段及仪器设备的场所。它是现代生命科学在微观尺度上获得突破的技术手段，从身体、情绪、环境三个方面达到标准、服务于大众，给他们的健康提供保障；同时也是中国医学文化对外展示的一个窗口，习近平总书记曾说过希望中国的医学文化能够沿着"一带一路"向外辐射。所以这个场所除了有医疗装备，还有大量的人文艺术，参观时会感觉不是到了医疗机构，而是像到了艺术馆、博物馆。

Q5：课程终期考核是同学们模拟组建一家公司并进行团队展示，出于什么样的考量？

因为课程涉及很多方面，一个人很难完成，为了"学以致用"，就要培养大家的团队合作精神、相互配合，这对同学们来说是终身受益的。把一个想法变成一个计划是很困难的，各个小组既要良性竞争也要互相帮助。小组之间相互点评、相互学习，比如有的小组成员们不注重衣着，其他小组很注重，他们就会学习到这是一种对他人的尊重。

Q6：是否有一些您印象深刻的案例？

评审时，许多企业负责人和老师都说："虽然这是一年级同学的课题，但是他们的很多想法都是真的可以实现的，是值得投资的。"我记得之前有四个同学提出来一个非常好的想法：卡通片中有一个羊宝宝，它在小朋友遇到困难的时候总是表现出耐心和关爱，他们就把这个卡通人物设计成了一个产品，当患者拥抱产品的时候，产品手上的传感器就已把患者的体温、脉搏检测好了。因为同学们的思维没有受约束才能产生这些脑洞大开的想法，真正成熟的工程师可能还想不出来。这样的思维让同学们进入创业阶段会非常受益。

【通识探讨】

Q7：您为什么非常强调在这门课中培养大家的团队合作精神？在您看来，理想的团队是怎样的？

其实大家离开学校后，会发现在各行各业都需要团队合作。有时候是大家干同一件事情有不同的分工，比如说新冠疫情的救治医生和护士各司其职；有时候是大跨度的团队合作，在生物医学工程中，比如生物芯片，有十二个专业的专业人士进行交流开发，在这个过程中大家就不能咬住专业术语，要通俗化，要让别人懂，才能相互交流。

单独靠专业的人完成所有的事是不可能的，沟通、横向知识的拓展都非常重要，任何一个部分掉队了整个项目是完成不了的。如果同学们进校后就注重提升团队合作能力，那就会终身受益。

Q8：在您看来，给非本专业的大一新生们讲授这些相关专业的知识有怎样的意义？

其实很多老师都希望有开设通识课程的机会，因为不同的领域都希望有新鲜血液的注入，激发大家的兴趣也是在储备人才。如果通识课程开设得很成功，那么上过课的同学以及跟他们接触的其他同学都会耳濡目染，了解到医学工程是这么有趣、有希望的领域，通过努力让家人、朋友甚至世界上的人受益的"功德感"是很美妙的。

比如新冠疫情中，我们研发的芯片第二天就捐赠给了武汉的四大医院——协和医院、同济医院、火神山医院和湖北省人民医院，对于那些危重患者在救治中的效果立竿见影。很多患者已经戴上呼吸机了，尽管他们体内已经没有新冠病毒了，可是情况还是非常严重，仍需要待在 ICU 里，医生面对这样的病人束手无策。我们的芯片取样后一看，各种各样的病毒、细菌感染就一下呈现在医生面前了。医生一看还有这么多耐药性的病菌存在，他马上就知道怎么掉转枪口对付这些非新冠病毒的病菌。此外，从出生缺陷的防控，如何保证孩子生下来健康，到如何通过工程技术手段保证老人老有所养、老有所依都是重要的议题。

Q9：通识课似乎很容易流于科普或过度艰深，那么您将如何平衡知识的广度与深度？

我们会结合例子来向大家介绍诊断、治疗方面国内国际发展的最新状况，同时做一些对比分析，让大家知道我们哪些做得还不足，哪些是不相上下的甚至是处于领先阶段的。作为一门通识课程，这门课不会又专又深，主要目的是给大家打一个基础，所以我们就聚焦重点，让大家了解核心要素后，通过具体实践进一步深化学习。比如我们讲到什么是生物医学工程，"三变"的点掌握清楚就可以。我们还会结合形象的案例，知识就会更具体可感、容易理解。

Q10：您认为，同学们可能会在这门课的学习中遇到什么样的困难？该如何克服？

之前的授课中，同学们的压力似乎不是很大，这门课总体而言是一个比较轻松的课程。大家在实践环节的投入会多一些，因此同学们能学到很多课堂上未曾讲过的东西。在同学们的课后反馈中可以看到，这门课虽然时间短、人数有限，但很多同学收获了知识和自信。有同学说：我从来没想到自己可以当首席执行官，更没想到我们可以在所有的竞争小组中脱颖而出成为冠军。当冠军的奖牌挂在同学胸前大家一起合影时，同学们会有很不一样的感觉。

智慧医疗创新体验

在摆放马林巴琴和活动座椅的教室，走进学科融合的新世界。

开课单位　基础工业训练中心
课程分组　科学课组
学分学时　2 学分；课内 32 学时 + 课外 64 学时
特色教学　案例研讨；项目实践；一对一科研创新辅导

教师简介

周晋，清华大学基础工业训练中心副教授，博士，现担任人工智能实验室主任，双创教学部主任、AI 创新创业能力证书项目执行主任。研究领域包括诊疗辅助决策支持与医学人工智能等。曾任 IBM 中国研究院高级研究员，后创立医疗高新技术企业。发表学术论文和教学研究论文 40 余篇、科技著作 3 部，取得发明专利 10 余项。曾获中国数字工匠年度人物、中美青年创客中心优秀导师、清华大学教学优秀奖、清华大学课程思政示范教师、清华大学实验技术成果一等奖等。

赵喆，北京清华长庚医院骨科副主任医师，博士。清华大学临床医学院副教授。毕业于北京协和医学院（八年制），师从中国人民解放军总医院(301 医院) 骨科专科医院院长唐佩福教授进行博士后研究。从事创伤骨科的工作，擅长四肢长骨骨折、复杂关节内骨折、多发骨折的治疗。参与的研究"老年骨质疏松性髋部骨折系列研究"获 2014 年华夏医学科技一等奖。

内容简介

本课程以智慧医疗的创新发展之路为主线，首先，从智慧医疗的发展和人工智能体系上为同学们建立人工智能思维模式；其次，结合行业案例，讲授医疗人工智能最前沿的技术方向和基本原理，培养同学们学科交叉的创新意识；最后，通过产业考察、小组研讨和课题研究，引导同学们探究人工智能对医疗健康领域的变革和创新，学习如何发现问题、提出问题，深入理解人工智能的本质，主动探索医工结合的未来创新之路。

评价维度

出勤情况；课堂表现；小组研讨实践；小组合作报告。

教材 / 参考资料

闵栋、王豫、徐岩等：《AI+ 医疗健康：智能化医疗健康的应用与未来》，北京，机械工业出版社，2018 年版。

教学安排

第 1 讲　智慧医疗简史

第 2 讲　智慧养老

第 3 讲　医学大数据

第 4 讲　典型医疗场景与智慧医疗应用

第 5 讲　医疗机器人

第 6 讲　人工智能探秘

第 7 讲　医疗影像与人工智能

第 8 讲　诊疗决策支持

第 9 讲　医工结合研究中的工具包

第 10 讲　医工结合要处理的五大关系

第 11 讲　小组合作报告汇报与总结

教师微访谈

【课程定向】

Q1：本课程的名字叫作"智慧医疗创新体验"，什么是"智慧医疗"？为何选择"智慧医疗"这一跨专业领域作为课程的探索范围？

智慧医疗是一个跨学科的方向，就像我们有医学院，也有研究人工智能的院系，但是这些院系都很少讲授智慧医疗。当然有很多老师会参与智慧医疗的研究，但是智慧医疗相关课程较少。

智慧医疗是现在发展如火如荼的一个方向，是朝阳产业。医疗是一个长周期的产业。很多新兴技术应用，比如物联网、区块链、共享经济等，其实在很短的时间内就能够上市并完成主体探索，而医疗需要申请各种器械的证件，时间是非常长的。发展智慧医疗很需要人才，但是却没有相应的课程去引导同学们认识和进入，这是我们开设这门课程的原因之一。

智慧医疗这个概念很简单，就是把新兴技术，尤其是互联网领域的新技术，大数据、人工智能，以及物联网，应用在医疗领域。这些新兴技术参与医疗的诊前、诊中和诊后三个阶段，就叫作智慧医疗。

Q2: 您在教学目标中提出，同学们要培养交叉学科思维方式和发现创新机会并实践的能力，这样的思维方式和能力何以重要？

首先是因为创新比较容易出现在交叉领域。在交叉领域往往大家都有知识盲区，这就意味着出现的问题不能被很好地解决。比如说做人工智能的人认为是某个问题是医生要说清楚的，医生认为这些技术是工程师要弄明白的，大家都处于一种信息不完整的局限状态。

在医工结合的过程中，需要我们的同学具备一定的通识意识和进行学科交叉的意愿。比如说，美院的同学在这种人性化设计上更加专业，医科的同学能把本领域的问题耐心地给一位计算机系的同学解释清楚，这样得出的成果往往比在单一学科内部突破要明显。这种交叉是我们清华同学，尤其是偏重理工的同学经常出现的盲区，老师们希望在这方面给同学们以帮助。

这也体现在课程安排上。课程的期末安排是小组完成大作业。同学们可以提出自己的主题或参与其他同学的主题，根据自己的专业特长与个人兴趣去自由结组，题目创始人和参与者的结合近似于找工作时的双向选择。

我们会推荐大家使用创业团队的角色分工，通过对不同角色的引导，让大家逐渐找到自己在团队中的定位。我们每个课时都会安排大概45分钟的讨论并要求同学们当堂给出书面和口头的说明，每一次讨论都是对团队分工的训练。同学们在学期初可能是硬着头皮提出的选题，最后的成果普遍不错，增强了他们对学科交叉的能力和信心。

根据过去两个学期的观察，这些团队在课程结束后都还比较活跃，会继续请教我和赵喆老师。有些同学还把他们的题目发展成了大学生创新创业训练计划、挑战杯项目等，这说明了这门课上大家有感情基础、磨合较深，且认同彼此的能力。

【教学设计】

Q3：本门课程的教师团队包括了多名不同领域的教师，这样的安排是出于怎样的考虑吗？

本课程的另一位主要教师赵喆医生和我分别代表了医、工两个方向。我们分别从医科和工科的角度讲授智慧医疗领域内我们各自擅长的东西，其实也是向同学们展现医工结合的可能性。各位同学分别找到自己切入的角度，也能从多角度更好地理解合作双方的长处、短处，逐渐找出合作之道。我们的团队还包括企业导师、行业内的实践者，是一个多维度、多学科的团队，可以给同学们更全面的指导。

Q4：您在教学目标中提出，要通过让同学们走进医院、走进产业、走近医生，深入探究智慧医疗发展和工程实现。您在教学安排中如何实现理论与产业实践的结合？

我们会把产业里具体的场景通过案例的方式进行展现，所有的问题都是很具体的问题。我们也会请一些专家和医生去讲述实际的困境。有时同学们只是从病人的视角去看医疗，就会对医院的种种困难不理解。我们就让医生把事情讲清楚，把产业前沿的问题讲明白。

一般情况下，我们还会带领同学们参观医院，包括各种 IT 系统、挂号、智能读片和诊疗辅助决策过程，甚至是手术过程。在这些过程中，同学们有任何问题都可以询问医生，比如医生在手术时候需要长时间站立，我们就有同学提出过便携手术凳的方案；在参观养老社区时，提出使用防滑地板等。这样就可以把真实的场景带给同学们。此外，我们也会邀请一些真正在产业中的创业者讲述产业最新的状况。

Q5: 在课程评分标准中您较多地采用了"师生共同评议"的机制，这与您的课程特色有着怎样的联系？

最后给同学的评价大概分成三部分。首先是每位同学的平时表现，包括表达能力、创意的提出、课上的主动性，以及对班级的影响力，等等。其次是小组合作报告，展示完成后每位老师和各组同学都会进行打分。最后是组间互评。

创新没有标准答案，也不是专家说了算，需要且行且看。未来同学们在研究、创业时的用户、评议者、竞争者很多时候就是同龄人，所以师生共同评议，是在模拟未来的实际评议环境，也让同学们在评议时学会观察、思考和总结他人的问题，从而反省自己。教师和同学在一学期中对同学们主题和作品的评价是逐渐形成的，但实际上这是不全面的，同学们也得不到更多的观点碰撞。所以我们邀请了在现实中摸爬滚打的企业嘉宾，他们看到问题会不留情面地去说出来，这是对同学们很好的锻炼，老师的评价可能比较柔软，而嘉宾往往会比较犀利。在这个过程中，同学们也能看到自己方案在现实中的可行性，我们邀请的是较为成熟的创业者，同学们甚至可以参与这些企业的部分科研工作。

Q6: 关于课程最终的小组合作报告，您希望同学们呈现出怎样的效果？

我觉得大概分为四个方面：第一，通过石墨文档记录小组成员的协作进展和交付物，合理安排任务，沟通及时，定期研讨；第二，报告主题有医工结合性、创新性，思考深刻；第三，报告逻辑清晰正确、内容完整、资料翔实、有说服力；第四，讲演生动、表现形式新颖、在规定的时间内答辩清晰。

【通识探讨】

Q7: 您提到要帮助同学塑造关爱生命、关注健康的人文关怀，人工智能更多地进入医疗领域，这会否导致医疗领域的"人情味"减少？

"有时治愈，常常帮助，总是安慰。"这是特鲁多医生的墓志铭，不管是用 AI 去做医生辅助人，还是作为真人医生，这都是要坚持的原则。在整个课程中我们一直强调治疗的主体是医生，决策者是医生，AI 的定位永远是一个辅助者。医生不能徒手帮助患者，有时必须拿起手术刀，那么现在 AI 就是一个软性的"手术刀"而已。

AI 叫人工智能，它还是在模拟人的智能，所以依然要符合人的伦理和规则，要沿着人类医生给他设定的规则运转。对于医生来说，AI 就是一个台阶，它不是让医生没有活干，而是让医生的效率更高。比如病人得的是常见的风寒感冒，AI 就可以根据经验开出诊断，医生就可以把更主要的时间集中到疑难病上面，这对我国目前的看病难问题会有很大的改善。

在这个过程中，这种"人情味"我觉得是不会少的。同时，这也的确是个严峻的问题，正是因为有这样的担心，所以不管是对真正的创业者还是对同学们，我们都要强调三点：安全、伦理和人性化设计。

在课程安排上，以智慧养老为例，老年人会有耳聋、眼睛花、关节损伤等各种身体问题，这些是同学们体会不到的，因为大家正处在身体最健康的阶段。那我们就会通过一些手段，比如在同学们的腰间和大腿之间绑上木板，使得腰部不能弯曲。那么这时候让你去捡一个掉在地上的东西，你要怎么办？或者戴着镜片模糊的泳镜模拟白内障、戴着耳塞模仿听力下降，同学们对老年人的视听障碍"感同身受"，就能更好地设计相应的帮助方案。在方案设计过程中，同学们需要对用户进行调研和访谈，实际上可以更加了解身边亲友的健康状况。

Q8：作为一门面向全校的通识课程，从未接触过人工智能或医学知识的同学在学习上是否会存在障碍？您希望这些将来可能并不会从事相关事业的同学能从课堂上带走什么？

学校对于通识课的要求是"无专业门槛，有学理深度"。这门课对没接触过医学或者信息学的同学都没有门槛。我们会以具体案例的形式讲授智慧医疗技术的物理意义，并不会涉及过多的编程以及算法原理。实际上我们开设了两学期之后，大一大二的同学占了 55%，非医科且非人工智能相关专业的同学占了 78%。

智慧医疗是典型跨学科，没有人是学智慧医疗专业的，想做就必须合作。合作是我们这门课给同学的第一个收获。同学们能够在课程中理解不同学科的人，认知到不同学科的人的能力，并且根据面临的具体问题，找到相关学科的人进行合作。其实同学们未来解决问题，能找到合适的团队去做是很重要的能力。

第二个收获，就是发现问题和创新的能力。智慧医疗还不是一个充分发展的学科，并没有许多像哥德巴赫猜想一样的单摆浮搁的问题摆在那里，等着大家解决。这个学科需要大家发现问题。也许问题已有解决方案，但你要想把它解决得更好，那你就需要有一双慧眼，能看到它背后还有效率或者效果不佳的问题。

第三个收获，课程讲授的内容都是智慧医疗学科和产业内最前沿的场景和问题，同学们上完这门课就可以在一个指明的领域内发展自己和寻找问题。

第四个收获，同学们可以学习医学知识，对自己的身体更了解，这种医疗素养的提高对家人也有帮助。

Q9：对于对跨学科合作感兴趣、对这门课感兴趣的同学，您有什么想说的吗？

我认为同学们在进入社会之前，需要广泛地去了解创新、了解现实中的问题。现在的时代是一个创新的时代，而不是去挖掘资源、进行粗糙生产的时代。我们开设"智慧医疗创新体验"这门课程，想要教给同学们的是一种通识、合作的能力，并不仅限于在智慧医疗，智慧交通甚至智慧艺术也有这样的需求。

我希望同学们不要过早地对专业之外的东西失去兴趣，失去对交叉领域问题的驾驭能力。同时也要意识到，单打独斗的时代已经过去了，现实中很多问题需要合作，这种合作的能力是需要学习和锻炼的。同学们要有意识地去参与这种合作活动或者课程，接受老师的建议，在课上进行实践，同时也通过课程的实践认识更多的同学，在本科阶段结识的外院系同学是将来进行跨学科、跨领域合作的宝贵"资源"。

优秀作业

优秀作业（一）　异化的脉络，生力的开掘——孔夫子的历史与"五四"的反思

课程：孔子与鲁迅（人文课组）
作者：马一鸣（清华大学电子工程系）

最初选择"孔子与鲁迅"这门课程，我正是出于作为鲁迅"拥趸"的心态，想要了解鲁迅和他笔下批判的"孔家店"之间千丝万缕的联系，想要更加深入地认识鲁迅，认识"五四运动"。一学期的学习，我在阅读与课堂中，溯源而上，追逐活孔子余韵，也顺流而下，思考孔夫子从封建王朝到"五四运动"乃至今日人们心目中的形象变迁。

在对"孔夫子"的讨论中，我看见了孔子思想在后世被异化的脉络，由此，便不难看出"孔夫子"在民国的乱流中所扮演的"敲门砖"的角色，不难推知"五四运动"以孔夫子为靶的缘由；在看到学者们有关"五四"的分析与争论后，我开始质疑"五四"的批孔是否一定正当与合理，我也为鲁迅理性的自我反思而深深折服；带着这样的反思，面对当下有关孔子的纷纭说法，我们该多有一份理性和魄力，既不囿于"旧孔子"，也不能迷失于形形色色的"新孔子"。

我将以"礼"为例，展现我所发现的孔子思想在后世被异化的脉络；将从鲁迅《摩登圣人》出发，说说"五四"对孔子的否定，和鲁迅对"五四"的反思；也想从这样的反思中，引出我在当下的思考和期望。

一、礼——从"礼不下庶人"到"敲门砖"

观《论语》，孔子之"礼"，范围甚广。"礼"是他对士大夫阶层的要求，从而

实现"内仁外礼"成为君子；进而，"礼"是恢复周礼，是维护阶级秩序，从而实现"天下有道"。但总归，礼的高层次要求只限于士大夫等统治阶级，它对于普通百姓的意义，只是一种秩序。

"礼"是自我约束的一套完整准则。《论语·八佾》：

> 林放问礼之本。子曰："大哉问！礼，与其奢也，宁俭。丧，与其易也，宁戚。"

钱穆批注："礼有内心，有外物，有文有质。内心为质为本，外物为文为末……礼有文有节……若惟知有本，不文不节，亦将无礼可言。"（《论语新解》）

又《论语·尧曰》：

> "不知礼，无以立也。"

由此可知孔子之"礼"是一套必要的、完善的、自我约束的准则。

"礼"是统治者的为国之道。《论语·八佾》：

> 定公问："君使臣，臣事君，如之何？"孔子对曰："君使臣以礼，臣事君以忠。"

钱穆新解："礼有上下之分，然双方各有节制，同须遵守"。这是对统治阶级，尤其是对君主的要求，是君臣和睦从而实现治国的开端。

《论语·为政》：

> 子曰："道之以政，齐之以刑，民免而无耻。道之以德，齐之以礼，有耻且格。"

这里的礼，是"制度品节"。笔者认为，这里的"礼"，已经不是人格上的高层追求，而是统治者所制定的制度、营造的风气。归根究底，它不是要求百姓主动约束自我，而是靠统治者的感召治理，实现"人人蹈行于制度品节中"（钱穆《论语新解》）。

由此，值得注意的是，孔子所描摹的"礼"从来不是苛求百姓的，作为人格的要求，它是士大夫成为君子的必修课；作为为国之道，它也是从上至下的要求，统治者先要求自己，以礼治国，而百姓受到感召，才实现"齐之以礼"。

正如《礼记》："礼不下庶人。"笔者查找资料，发现，这句话在早期文本中的解读是："对庶人不必苛求完礼。"并非庶人不可以享有"礼"，因为庶民整日忙于繁忙的劳动，不可能像贵族一样拘守于苛刻的礼数，因而不必对庶民求全责备。

故笔者认为，孔子对"礼"的本意，更加强调的是对上位者的要求。"礼"不是上位者的特权，不是要求别人的工具，而是士大夫等统治者发自内心的自我要求，从而感化百姓，实现治世道德与行为体系。是先有上对下的感化，才有下对上的遵从。

发展至后世，孔夫子的"礼"似乎脱出了对上位者的要求，它变成了整个社会从上至下必须遵守的准则，进而变成了统治者对被统治者的要求，成为了维护封建统治的工具。

对比："君君，臣臣，父父，子子。"《论语·颜渊》中的这句话先有地位高者的德行，方有地位低者的敬重。而到了汉代，"罢黜百家，独尊儒术"希望通过儒家思想实现国民思想的统一，此时的孔夫子，成为了统治者引导被统治者学习礼法，固化长幼有序、尊卑有别的阶级观念的工具人。孔夫子的"礼法"，从要求上至要求下，无声地完成了转变。

到了程朱理学影响下的明清社会，"礼教"深入平民生活的方方面面，《大学》为四书之首，朱熹《四书章句集注》是当时学生必修的教科书；《家礼》等书也起到了教化民众，将"礼"带入百姓的方方面面的日常生活的作用。"礼制行乎百姓人伦日用之间，使人从生到死，从个体到家国天下……整顿了秩序。"这时的孔夫子，是森严制度下维护礼教的圣人，一切礼教制度统统归入他名下。

鲁迅的《在现代中国的孔夫子》谈道："孔子曾经计划过出色的治国方法，但那都是为了治民众者，这就是'礼不下庶人'。成为权势者们的圣人，终于变成了'敲门砖'，实在也叫不得冤枉。"

"孔夫子在中国，是权势者们捧起来的。"

"袁世凯恢复了祭典，跟着便是帝制；孙传芳……复兴了投壶之礼；张昌宗……重刻了十三经……都把孔夫子当砖头用。"

孔子的礼教制度，经代代转变，被异化为一些统治者维护秩序的工具，被异化为一些投机者粉饰目的的工具。更被异化为一些束缚民众，"吃人"的制度。

由此可见，"礼"发展越久，"孔夫子"越发成为符号。以致后来，几乎完全脱离了孔子"礼不下庶人"的对上位者的要求之礼。后人需要时，便将"礼"安在"孔夫子"头上，粉饰一番，从而证明自己的正当性。"礼"与"孔夫子"，是后世的敲门砖。

二、打倒孔家店——打倒压迫与侵略

积贫积弱的社会土壤下，孔夫子还能带来什么？

带来"读经的笨牛"（鲁迅《十四年的"读经"》）；

带来"假堂吉诃德故意做些傻相给别人看，想要剥削别人的愚蠢。"从而获得"小老百姓的埋头治心"（鲁迅《真假堂吉诃德》）；

带来"食肉而不知味，是一个世界，口渴而争水，又是一个世界。"（鲁迅《不知肉味和不知水味》）；

此时的孔夫子，被异化为权势者们的"敲门砖"，是他们用来压迫民众的工具，是他们将压迫与剥削合理化的"脂粉"。

带来"中国固有文化"："是岳飞式奉旨不抵抗的忠，是听命国联爷爷的孝，是斫猪头，吃猪肉，而又远庖厨的仁爱，是遵守卖身契约的信义，是'诱敌深入'的和平。"（鲁迅《真假堂吉诃德》）；

带来所谓"未雨绸缪"："易习之伎，莫如读书，但知读《论语》《孝经》，则虽被俘虏，犹能为人师，居一切的俘虏之上。"（鲁迅《儒术》）；

更有着"昭示内地，以愧意欲打倒帝国主义者"（鲁迅《述香港恭祝圣诞》[①]）的作用。

所以我认为，尊孔与祭孔，在鲁迅所处的内忧外患的中国社会，不仅有课上所讲"形式化""低俗化"的丑态，它更是当年军阀、政府压迫人民的遮羞布，是当年帝国主义入侵中国的帮凶。被这样的孔夫子的"仁义道德"洗脑，不仅使百姓对当年国内政府压迫统治无抵抗力，更带来了国民对国土沦丧的麻木，对被侵略时血性的丧失，带来的是汉奸、叛徒的大行其道，带来的是万里国土沦丧、租界设立。

对这样的丧失血性，鲁迅有这样的讽刺："侵略者要进来，让他们进来。也许他们会杀了十万中国人。不要紧，中国人有的是，我们再有人上去。"（《由中国女人的脚，推定中国人之非中庸，又由此推定孔夫子有胃病》）

所以，在我看来，在当时的年代，反孔与打倒孔家店不能被简单地看作是新思潮对旧制度的反对；孔子在"五四运动"时的形象变化，也不能像研究封建时

---

① 此文出自鲁迅《三闲集》，此处"圣诞"中"圣"指"孔夫子"。（编者注）

代孔子的异变一般，被归结为达成目的的手段或反对政权靶子的孔子的走运或倒霉。因为当时的中国，不论是孔子、孟子，还是古文、旧书，只要能用来压迫的，能用来牟利的，军阀们、官员们就利用；只要是无益于存亡的，人们就得反他。孔子在"五四"，不是达成政治目的所树立的靶子，而是为图存求进必须翻越的障碍。

鲁迅《忽然想到》中说："我们目下的当务之急，是：一要生存，二要温饱，三要发展。苟有阻碍着前途者，无论是古是今，是人是鬼，是《三坟》《五典》，百宋千元，天球河图，祖传丸散，秘制膏丹，全部踏倒他。"

所以，"五四"反孔，虽在很多人看来，失之于激进，失之于对孔子和与传统的不公。但其理由和意义不言自明，"五四"反孔，是图存的必然；"五四"反孔是不破不立，为的是自立与自强。

三、鲁迅的反思——不寻导师

"五四运动""打倒"了以孔子为代表的旧纲常，人们接下来该怎样前进？是否又该树立新的"偶像"？我认为，鲁迅的《导师》表明了他的态度。

在《导师》中，他说，"许多青年人想寻求一个导师"，以他之见，"五四"前的儒生，他们的"导师"是"四书""五经"、孔子朱子；后来这样的"导师"被打倒了，人们便找寻新的出路，甚至找寻新的"导师"。可鲁迅却又说："青年人又何必寻那挂着金字招牌的导师呢？不如寻朋友，联合起来，同向着似乎可以生存的方向走。"

私以为，鲁迅之所以至今仍不过时，之所以与现代的我们依然共鸣，是因为他的反思与远见。鲁迅的匕首，不仅针对旧孔子、旧思潮，同样针对自身，他反对任何自我标榜为"导师"的人，也不愿自己成为"导师"。

在我看来，鲁迅自己不愿成为"导师"，既是对自己与"五四"的反思，也是对孔夫子的"同情"。从《魏晋风度及文章与药与酒之关系》中鲁迅举的两例可见一斑。

一个例子是一个压迫民党的军阀因北伐军北伐，挂起青天白日旗，这时，真的三民主义的信徒便只得不谈"三民主义"，好像反对"三民主义"的样子。这与反孔的思潮有着千丝万缕的对应关系。各色别有用心者皆拿孔子装点门楣，作

"敲门砖"，看不惯的人只好说自己"反孔"。但实际上，正是因为认清了孔夫子被异化的尴尬处境，"五四"知识群体对文化传统有所坚持，才选择将"反孔"进行到底。

第二个例子是阮籍与嵇康的"对自己的不满足"，阮籍拒绝了自己的儿子效仿自己，嵇康教儿子不要如自己一般高傲。鲁迅说："这是因为他们生于乱世，不得已，才有这样的行为。"这反映了"五四"知识群体有着对自身的反思。或许，同阮、嵇一样，"五四"亦在无奈的年代作出了必然的选择，可这不代表子孙后代就要以之为圭臬，就要彻底将"反孔"继续下去，就要彻底将"五四运动"与孔子对立起来。

我们可以看出，鲁迅认为"打倒"孔夫子是有特定的时代意义的，这并非意味着孔子就彻头彻尾地落后，"五四"就彻头彻尾地正确。青年在接受"五四"思潮，破除"孔夫子"这个偶像的同时，也不应该把"五四运动"作为新的偶像，更不该把鲁迅本人当成新的"导师"。

鲁迅敏锐地看到了"五四运动"的另一面，看到了"五四运动"过后青年人彷徨的精神世界。我想起了鲁迅的小说《伤逝》。小说中，涓生和子君受新思想的感染，毅然从封建旧地主的家庭私奔，这是"五四运动"的正面。可另一面，出逃的涓生与子君面对困难的生活窘况，面对两人思想的巨大落差，走向了死亡与分离的悲惨结局。"五四运动"的确唤醒了很多青年，可在社会思潮的巨大冲突中，这些青年反抗过后依旧彷徨。人们多强调"五四运动"的先进与唤醒，却较少关心运动过后青年人的精神世界。"五四运动"不是"万金油"，它不是万能的，不能为青年人完全清楚地指引接下来的道路。

我想，我们应当认同五四批孔的重要意义，并同样的，反思孔圣人是否依旧会带来国民性的"恶疾"。但同时，我们亦不应该崇拜甚至拔高"五四运动"，不该就此全盘将"五四运动"作为我们新的价值判断。

四、开掘新生力——不被定规和舆论绑架

"你们所多的是生力，遇见深林，是可以辟成平地的；遇见旷野，可以栽种树木的；遇见沙漠，可以开掘井泉的。问什么荆棘塞途的老路，寻什么乌烟瘴气的鸟导师！"（鲁迅《导师》）

既然世界上没有万能的导师，我们青年人，要同鲁迅在《导师》说的一般——开掘新生力。

我认为，当下思想上的生力，是理性和创造力。我们葆有这一份聚焦于当下的，理性的坚定的目光，探寻历史的脉络，审视潮流与争论；我们有一份从头来过的创造力和勇气，开启我们新的篇章。

当下，新的孔夫子千人千面。许多公司洗脑式的团建，借用宣传传统文化的名目，乱说一气，一切经典都能与为公司奉献的精神挂钩。女德班，豫章书院，孔夫子与假传统文化的泛滥化，让牟利者有机可乘，甚至发生与现代道德相悖的事件。还有如李零指出的"把孔子的旗帜插遍全世界"的膨胀心态。当下，"'孔子热'，热的不是孔子，热的只是符号"，热的还有借孔子之名行牟利之事的别有用心。

所以，我同意课堂上所讨论的，孔子的"粪便化"。孔子与儒学，固然是我们宝贵的文化遗产，可是，文化遗产本身，真的能够不假思索地被商业、科技等领域"借用"？真的能够神奇地提供处理一切事物的不二法门？我认为，如今许许多多的事物借用孔子的名号，又未尝不是对孔夫了的再加工再打扮，我们，又何尝不是创造出了自己的"假孔子"呢？李零说："现在，什么都能造假，孔子也要打假。"（李零《丧家狗》）

当下，"导师"的门槛也变得越来越低。网络上，有人说想吃方便面，评论中便有好事者发表"方便面对身体的十大危害"；有人因是长期家暴受害者而受关注，便有人怪罪他一开始遭受家暴时不诉诸法律；从四六级考试攻略的博主到各类成功学畅销书作家，"导师"无处不在，等待给你人生新的指引。盲目追求"导师"，只会让我们在这个信息爆炸的时代不知所措，只会让我们亦步亦趋，丧失自己的声音。所以，我们要拥有自己的创造、自己的看法。这，才是我们青年人的"新生力"。

所以，如今，面对网络上形形色色的言论，面对各种各样的潮流。我想，还是多想想鲁迅的话。我们别一味向古代寻求确定的答案，别一味期待能有一位当代的导师指出所有的道路，我们青年人，该葆有自己的理性，葆有自己的创造，逢山开路，遇水架桥，葆有青年人最好的"新生力"。

参考文献：

朱熹：《四书章句集注》，北京，中华书局，1983 年版。

钱穆：《论语新解》，北京，生活·读书·新知三联书店，2012 年版。

李零：《丧家狗：我读论语》，太原，山西人民出版社，2009 年版。

顾涛编：《摩登圣人：鲁迅眼中的孔夫子》（自印本）。

顾涛编：《孔子的树荫》（自印本）。

刘依平：《朱子礼学影响下的明清礼治社会》，《孔学堂》，2020 年第 3 期。

谌祥勇：《礼与刑在经学中的德性指归》，《福建论坛》，2015 年第 9 期。

优秀作业（二）　文化随笔两则

课程：全球胜任力海外实践课程（社科课组）
作者：赵晋乙、程雨婷（清华大学新闻与传播学院）

赵晋乙：文明交流互鉴——跨越时空的双向奔赴

2023 年 2 月 7—16 日，清华大学全球胜任力海外实践课程沙特文化与中沙青年交流支队来到沙特阿拉伯王国交流参访。在清华大学新闻与传播学院党委书记、全球胜任力海外实践课程负责人胡钰教授和学生全球胜任力发展指导中心主任助理石智丹的带领下，来自新闻与传播学院、经济管理学院、人文学院、美术学院、新雅书院等院系的 14 名助教及本科生同学，在利雅得、吉达、欧拉等城市，参观拜访了中华人民共和国驻沙特阿拉伯王国大使馆、中华人民共和国驻吉达总领事馆，以及沙特当地的高校及研究机构、中资企业、文化机构等，在友好交往中感受中沙文明交流互鉴，在思想交锋中共议人类命运共同体。

一

飞机邻座的 Fatma，说什么也要分我一半她刚买的沙特鸡肉卷，说这是当地很流行的食物。架不住她的盛情，我撕下一块放到嘴里品尝，形态和味道都与肯德基里的老北京鸡肉卷很是相似。沙特最流行的网红快餐 Al Baik 以炸鸡闻名，据说总是需要大排长队才能品尝到，不过吃起来很像是撒了干脆面里调味粉的那种味道。我把这个想法说给 Fatma 听，她闻言哈哈大笑。这或许是中国人的食物基因，不管是世界哪个地方的什么味道，都能联想起熟悉的味觉记忆——除了真不好吃的东西。

Fatma 和我很有缘分。上飞机前，在沙特吉达机场附近的伊斯兰艺术双年展，她和我们一行相遇。彼时她正想和展览合影，无奈独自前来，看我们同行之间相互帮忙拍照，她把手机递到了我手上："帮我拍张照吧！"

她在展厅中转圈跳跃，摆出各种有趣的姿势。我心里在想，这个外国女生真是大方爽朗，和我们一路以来看到的沙特女性全然不同，那些女性都穿着黑袍、戴着面纱，你看不出她们的性格，也看不到她们的情绪。

因此在飞机上，我忍不住问她："你是从哪个国家来的？"她笑意盈盈地说："我就是沙特人啊，老家在南部，靠近也门。"我很是惊讶。她身着牛仔，衣着上没有任何宗教痕迹，英语流利，性格外向，绝对不是一个典型的沙特女人。

近几年来，沙特阿拉伯才开始允许女性外出工作和接受高等教育。2019 年，沙特开始允许女性考驾照开车，可以在没有父亲或丈夫的陪同下单独外出。尽管社会对女性的空间逐渐放开，但 Fatma 确实是我所遇到的第一个如此国际化的沙特女生——我们在机场所看到的海关工作人员，虽然男女从事的工作内容没什么区别，但女性还是穿着传统的黑袍服装，千篇一律；去红海边漫步，沙特家庭露天喝茶休闲，女人们热情地用几个英文单词招呼我们时，仍在说："来吧，女士坐这边，男士去 10 米外的那块毯子上"。

我惊讶道："但沙特不是这几年才放开女性工作的吗？你是做什么工作的？"Fatma 说，她在酒店行业，最近乘飞机全国各地飞。2013 年左右，沙特允许女性在商店等需要接触其他女性的地方寻找工作机会，她是第一批出来工作的女人，不难想见遭到了很大阻碍。

在家乡，她和另一位女性同伴，最早站出来身体力行反抗必须在家相夫教子的传统观念，找到一家酒店工作。那是一个很容易和污名化联系起来的地方，她的家人曾一起到她的工作地点反对她抛头露面，她的同伴甚至直接被自己的亲友架回了家。但 Fatma 一直坚持自己的工作，从来没有妥协。10 年过去了，今天在沙特，女性外出工作成为了普遍现象。"我终于挺过来了"，她说。

短短一个半小时航程中的这番对话，让我沉浸在巨大的震撼之中。"你真勇敢！"我夸赞，但任何夸赞都在这坚忍的个人抗争面前显得有点苍白，我感觉到了自己的幸运，因为说起 Fatma 的工作地点时，她睁大了双眼，一直重复着"酒店！你知道吗，是酒店哎！"我用了几秒才反应过来她如此强调的意思。在中国，女性在酒店工作不会引发什么污名化的联想。正是比沙特更加开放、包容的环境，给予了我们更大的发展空间，而女性也在勇敢地持续争取更加多元的可能。

Fatma 的一番话激起了我对两个国度文明之间异同的思考。女性社会地位的提高，某种程度上代表着社会面貌的更新，对于沙特而言，它发生在过去 10 年之内；而对于中国来说，它也折射了一段从封建走向现代的历史故事。两个国家，相隔遥远，但我同样感受着变革为社会注入的新力量。

二

2016 年，在沙特阿拉伯国王萨勒曼和穆罕默德王储的推动下，沙特发布了"2030 愿景"，旨在实现沙特阿拉伯王国的经济转型和多元经济发展。"2030 愿景"为沙特带来的改变是肉眼可见的。除了传统习俗的解放和女性地位的提高，沙特在投资建设方面也进入了快车道。或许你已经听说过沙特正在投资建设的 NEOM 沙漠新城。其中的 The Line 线性城市，在规划中长 170 千米，宽仅 200 米，两侧是镜面高墙，未来感和科幻感十足。这样的充满气魄和创新的城市规划在世界范围内都绝无仅有。尽管尚未完工，但已经面向全球发布的方案彰显出沙特的决心和胆识。

然而，沙特当下的真实面貌却更"接地气"一些。行走在首都利雅得街头，摩天大楼仅在城市主干道两侧隔段距离拔起一座，其余的建筑则多是最高四五层的黄色或白色的、板正而单调的楼房。而其第三产业的开发与配套设施建设，尚不尽如人意。例如，沙特著名的"世界之崖"，配套设施尚不完全，往返需要越野车在荒原上颠簸近 5 个小时，没有公路，没有路标，没有商店，没有洗手间——就是无人区的样子。红海沿岸的海岸公路修筑条件尚佳，从内陆城市向海岸的沿途路况却并不好，尽管一路车辆寥寥无几，但是路上的坑洼和隆起很高的硬减速带还是大大限制了车速。

在平淡的现实和充满激情的愿景之间徘徊，你会发现这个国家仿佛正站在地平线上向远方眺望。它让人充满盼头，充满期待。遥远但又近在咫尺的未来感生活就在下一个 10 年招手，怎能不让人心旌摇荡？传统和现实的张力拉扯，沙特正来到历史的十字路口，换乘通向未来的高速列车。

中国并非没有经历过类似的阶段，1978 年开始的改革开放，改变了中国随后几代人的命运。一系列社会变革和经济举措带来的生机，延续到今天已经 40 余年。恢复高考标志着高等教育的正常化，包产到户激发农民生产的自主性，市场化改革使资源配置活力焕发。在恰当历史节点上的果断抉择，往往会让未来活力无限。沙特如今正蓄势待发。

这是一场穿越时空的对话，尽管社会发展已经呈现出诸多不同的面貌，但是走出国门看到世界，让我们有机会进行一次跨越时间、跨越国度的现代化想象。在传统和现代的张力中，我们发现现代化不是线性的，也不是无前提的，而是一种历史的机遇、时代的选择。

三

尽管两个国家在某种程度上的相似性，让我们拥有诸多共同语言，但中国还尚未被沙特好好地看见。行程中所遇到的沙特人对中国的印象，零散而片面，尚并不成为一个固定的完整形象。一个鲜明的例证是，夜晚的红海岸边，沙特人会铺上一张毯子，喝茶或抽着水烟，很是惬意，小小的海湾起码容纳了几十个家庭。当他们看到我们走近，便露出开朗的微笑，扬起的手招呼我们过去，嘴里却说的是："Korean（韩国人）？Korean（韩国人）？"我们表明自己的中国身份，沙特的朋友更是惊喜中带着好奇。他们对中国人还没有十分清晰的概念。

后来询问在沙特当地生活多年的华人，我有了更深的体会。韩国的"k-pop"深受沙特青年喜欢。2023 年初，女子偶像团体 Blackpink 在利雅得举行演唱会，引发极大关注。而我们还没有产生如此影响广泛的流行文化标识。同时，华人群体在当地仍尚未形成庞大规模，在沙特阿拉伯第二大城市吉达，中国人的数量只数以千计。一个沙特的年轻人，在日常生活中，很少见到中国面孔，很少看到中国媒体，很少有机会感受中国的流行文化，也没有体验中国人的生活方式，又怎么能真的建立起对远在万里之外国度的真实印象和具体感受呢？

其实，看见文明，是一个双向奔赴的过程。行走途中，我一直在问自己两个问题，中国为什么要被看见？中国怎么能被看见？就像成行之前，沙特其实也没有被我好好看见一样——脑海里的戈壁沙漠、神秘宗教、庄重王室、存在于《一千零一夜》中的阿拉伯国度，全是带着刻板印象的只言片语。但当我站在沙特阿拉伯的土地上，面对立体而丰富的景象时，这些既往的刻板印象让我感到一种深深的错失感：对一个文明一直持有刻板印象，其实是带有深刻遗憾的"错过"。

我们渴望一个平等、友爱、互助的人类命运共同体，就应该理解其血肉，感受其脉搏，深入其生活。

沙特人渴望见到"我们"的生活，是普通中国人的日常生活。一路行来，沙特年轻人问得最多的就是："你的社交媒体账号是什么？可以互相关注吗？"具体而微的生活细节才是真切可感的，而仅仅靠不锈钢勺子上简单的"made in China（中国制造）"，或是社会新闻报道、宣传，也许很难使外国友人们对中国产生真正的亲近度和好感度。

布尔迪厄曾提出过关于社会资本的理论。他将资本分为四种类型，分别是经济资本、社会资本、文化资本和象征资本，这一理论给中国与沙特的双向交流提供了可供分析的资源。在沙特，建立起具有吸引力的中国文化资本，积累具有明确特征、有助于双方增进互信的中国象征资本，从而为经济资本和社会资本的转化创造更好的条件。打破刻板印象是破冰的过程，让对方了解真正的中国，才能在更大范围的政治和经济交往中产生互相信任的基础。亲近的文化关系并不能带来可以直接变现的利益，但它是其他各种交往的"润滑剂"，因而不可或缺。

好在，此行我们与沙特大学生们建立了日常沟通的方式，成立了名为"KAU&THU"（阿卜杜勒·阿齐兹国王大学与清华大学的英文缩写）的微信群聊，在其中经常分享一些彼此的生活；也与许多沙特当地人成为好友，在社交媒体上不时聊天或点赞互动。这是一次中沙文明交流互鉴的友好尝试，即使回到国内远隔重洋，我们也依旧能不时展示彼此的生活，来构筑起最友好亲切的感受。希望这是一个开始，更是一个好的开始。"文明交流互鉴"，将在润物无声之中实现双向奔赴。

程雨婷：城市，是一座博物馆（节选）

· 我曾见过一些颇有生命力的、历史悠久城市的黄昏，韵味各不相同，却又同每座城市的气质相符相契。而澳门的韵味我觉得要更复杂一些。

· 由食物呈现的记忆书写，以特殊的仪式维系着来澳游子对远方故乡的念想，也在以神奇的文化归属感帮助后代人完成身份认同的重温、重塑。

· 尽管城市的高速发展必须要增加空间，发展宜居的市民生活也需要更多的空间，但澳门选择向海洋拓土地，向内地拓空间（横琴经济区），而尽量保留历史记忆。

一、黄昏与澳门——多元城市的剪影

一直觉得黄昏与一座有生命力的城市可以作类比，两者都有某种勾连了过去、现在与未来的神奇意境。如果白天可类比已逝的过往历史，黑夜与冲破黑夜的曙光可类比未来，那黄昏就是正交织、孕育着一切的"现在"，是将一切"过往"的生气转化为"将来"活力的吞吐过程，是未来来来，一切可期。

我曾见过一些颇有生命力的、历史悠久城市的黄昏，韵味各不相同，却又同每座城市的气质相符相契。而澳门的韵味我觉得要更复杂一些。短短一周内的数个黄昏，我们在不同堂区体会到不尽相同的城市韵味，它们和而不同、并行不悖，但又能明显感知到这些韵味之间已然互相渗透、影响。

在大炮台的那个傍晚感受到的，是葡风葡韵为主的气质，平台上的澳门博物馆是澳葡政府时期的建筑，下台下山的过程也会接连与圣保禄修道院遗迹、天主教圣像和大三巴牌坊相遇。

从大堂区的议事亭前地出发，穿行寻找历史城区散布的传统建筑遗产的那个傍晚，我贪恋的不仅是从欧式风情到中式街巷移步换景式的过渡，还有那种能将葡式建筑包纳进中式生活的烟火气。譬如需要稍加留意就会发现，街巷里，商户人家的屋角、门边，还有卢家大宅的门厅里，都有中国本土道教的敬香处。

从澳门理工大学到龙环葡韵再到威尼斯人酒店的那个傍晚，它呈现出一个活力、创新的、富足宜居的城市样貌；而在路环岛上，则是和谐共生的中式传统渔韵。

这些不同地方捕获的不同感觉很神奇，好像这座城市本身就是几种底蕴"势均力敌"地交织在一起而形成的。

而之所以我会觉得那天的夕阳意境是裹挟着澳门独特的气质，是与澳门的一日气质多变有关。

十二个时辰的澳门好像有十二种气质。

早晨城市刚刚苏醒，但没有一下子活络起来。通勤的人流车流穿行在窄窄的街道里，流向它们的目的地，就像内地一座普普通通的城市，不那么繁忙和喧闹。

白天的澳门，是一座旅游城市，半岛上遍布的古建筑、路氹填海区的金光大道和全澳三万八千多间客房，让这座世界旅游休闲城市每天吞吐着大量游人。他们穿梭在澳门街头巷尾，同本地人一起挤进公共交通、商场店铺，走在街头巷尾，使城市更加热闹。

入夜的澳门，吃海鲜、喝啤酒，伴着夏天湿热的空气在临海临街散步，同厦门、广州、珠海等亚热带滨海城市没什么两样。而走两步看见的景致会让人偶尔晃了神，踏在以欧式风格建造的街道地砖上，穿行过暖黄灯光下的 16 世纪以来的葡萄牙留存建筑，又好像行走在"欧洲小镇"。

而黄昏下的澳门，我认为可以容纳这所有的气质，那正是传统与现代、老城与新城市流动性地融合的时刻，是她最包容多元，最有魅力一面的呈现；恰似黄昏，沉淀吸纳了一天的日光变换，正在吞吐呈现最多色彩的时刻。

二、舌尖上的多重风情与慰藉

余秋雨在散文随笔里提到，"每座城市都有自己独特的风情，它渗透在每一条街、每一间房、每一个人浑身上下的风情中"，这是从行走城市间、与人交往间提炼出的感受，而另有一番对城市的感知更为质朴而亦承载着文化记忆——便是饮食。

澳门是一座移民城市，出土文物表证，这里最早是一片小渔村，有渔民居住于此。但更多居住于此的华人和葡萄牙人很多都是漂泊离乡而来的。澳门人乡土情结的落脚处，自然少不了来自味蕾的慰藉。所以这里的菜品，既有华人对家乡饮食文化的传承、葡萄牙人对家国的遥望感怀之情，又有各地文化互相影响、就地取材影响下的文化合流与包容。

如果说了解澳门的多地文化源流有钥匙，那美味就是打开每一种文化的钥匙之一。因为粤澳地区相近的地理位置与相通的文化、语言，澳门人的中式餐食口味也和粤菜相似，从星级餐厅到街巷小馆，菜单上的必点项都少不了有几道经典粤菜。

就拿我们在氹仔半岛官也街的诚昌饭店吃的一餐来说，黄金炒蟹、炸鲮鱼球、炒花螺，几乎样样是澳门特色的粤式菜，尤其是一道水蟹粥更是澳门粤菜餐馆中极负名气的，总有游客慕名而来。

一口佳肴，一份传统，聊解乡愁。这让我想起生于斯长于斯的老作家吴淑钿说，澳门人"吃的本相"是"不考究个中食材为何，只图简单美好，没有甘味以外的枝节"，是"延续旧时饮食的传统，也是旧时生命的本相"。

的确，中国人讲究吃，也形成了中国人最基本的生活艺术。好像生活要过好，舌尖上的滋味便不能丢。不管是哪里的美食，到了澳门，都被热爱生活的外乡人们引介过来，勾连起澳门与故乡。

作为中国被联合国教科文组织评为"创意城市·美食之都"的城市之一，澳门的美食贡献者除了中国餐食，定不能少了葡餐与土生葡菜。

就拿在澳门乃至整个东南亚都负盛名的葡国鸡来说，用姜黄粉烹制的鸡里，有土豆、洋葱、黑橄榄和葡萄牙香肠，叫人一下无法看出它究竟是哪国菜。

因为15、16世纪的远航并没有密封冷冻技术，鲜食材只能来源于港口补给和水手捕捉，加上海船空间十分有限，出海的葡萄牙人只能放弃在本国常用的牛肉等，改用体型较小的鸡作为鲜肉食材。抵达印度海岸后，由于当地印度教徒的宗教习俗，葡萄牙人不可获取地位神圣的牛，在穆斯林聚居的地区又只能用鸡肉和当地的咖喱、香料替代原食材烹饪。16世纪中来到澳门的葡萄牙人获得居留权时，当地居民的生活并不富裕，向明朝沿海居民购买肉类时也只能以便宜的鸡肉为主，于是葡国鸡的制作方法就这样延续下来。

再夹起一块鸡肉送入嘴，辛香微辣，浓郁入味，椰浆的香气在口腔里弥漫。丰富的味道层次，或许不光来自味蕾，还有背后四五百年的历史，以及葡萄牙、印度、非洲、中国广州等多地的文化因子。

"味道"，这个词是连在一起的，现在我们知其"味"的多，知其"道"的却少之又少。由食物呈现的记忆书写，以特殊的仪式维系着来澳游子对远方故乡的念想，也在以神奇的文化归属感帮助后代人完成身份认同的重温、重塑。

所以，"食物是一个多么会说故事的媒介"，澳门的中西交融、多元包容，不就正在舌尖味蕾上述说吗？

三、在规划中"守旧"的澳门人

中国人很早就在感悟世事人生的变化无常，"沧海桑田""一枕黄粱""到乡翻似烂柯人"这些词语、传说都用来形容变化的巨大和快速，而这些文字都源于农业社会时期。到了工业社会，似乎很难找到贴切的诗词成语描绘一座城市的整体命运了，更不用说后工业社会。

现在要说形容一座城市发展迅速的用词，脑海中一下子能想到的就是"翻天覆地""日新月异",可怎么翻覆法、每天怎么更新的？都没有说清楚。而这些恰恰是最关系到每个城市的发展变迁命运的部分，是应该描述清楚的，也是最值得现代城市发展深思的。

当我坐在龙环葡韵景区生态湿地广场的时候，我就在想，华夏大地在数千年间曾先后出现过多少城市啊，但能够保持生命活力、传承文化底蕴的城市有多少呢？

眼前的湿地、湖泊或许还能多年不变，但身后的葡人故居早已换了一茬又一茬的主人，旁边的楼宇规划也会随城市规划兴建或变化。过往人的城市生活印记是脆弱的，每个时期的人生活在城市的需求总会改变当时当地的规划，但自从城市出现以来，人与城市的关系往往存在相似的矛盾与问题，譬如生存空间、譬如环境保护、譬如资源使用分配，不过是不同时期的主要矛盾凸显得不尽相同。而过往的城市格局、生活历史总会给今天留下些经验、教训以及难以抹去的影响。

因此，如何在历史的基础上更新一座城市，如何对待过去、走向未来，如何让城市做它本身、而非众多城市的类似品，真是一门难以参透的大学问。

在独具特色的生命力这一点上，澳门是一个做得很好的城市，它尤其尊重历史与传统遗留。相比较中国大多城市，陆地面积很小的澳门发展拓宽空间尤为紧张，从最开始的 2 万多平方公里开始，一点点填海造陆到现在的 32.9 万平方公里，尽管一直面临陆上空间不广的问题，它也没有抛却传统旧物，做一股脑翻新的发展。

20 世纪末澳门回归前，正是这座城市发展需要加速的时期。要在一个完全新的填海区上发展经济，需要投入非常多——要填海，要建立从交通到人员到区位资源的保障，比在老城的基础上"推陈出新"要复杂得多。

新与旧？发展还是迟滞？

要在有限空间内拉动经济快速发展，很多城市都会选择最高性价比的做法吧——抛却旧的，塞入新的。而澳门没有，它说这不是单选题，而是多选题。尽管城市的高速发展必须要增加空间，发展宜居的市民生活也需要更多的空间，但澳门选择向海洋拓土地，向内地拓空间（横琴经济区），而尽量保留历史记忆。

你可能会说，澳门就是定位于"世界旅游休闲城市"的地方，城市规则中更多考虑对历史文化遗迹的保护是自然而然吧？但我却想说，澳门人对历史的珍视和尊重是印刻在城市肌理中的。

尾声——澳门，一座"世界历史的博物馆"

澳门之行结束已近一月，但回忆起来，它的声色光影、它的温暖人情、它的历史沉淀和活力创新都历历在目。它还有太多方面可写的，而我这篇不过是从城市气质、文化遗迹角度写了些私人的感受。

也许你读完会觉得有些奇怪，这篇随笔是作为文创之行的记录，本应当着墨于此，但全篇倒没有提及多少创意和设计本身。

这的确部分归因于我写作的散乱与随性，但四个篇章依次展开时，我觉得这些其实都与文创有着千丝万缕的联系。而选择从"博物馆"的视角切入，也是因为最近在看有关文化遗产与博物馆的书籍，结合澳门之行，我对城市形象与"博物馆"的关联有了更多的思索。

以西班牙的古根海姆毕尔巴鄂博物馆为代表的"毕尔巴鄂效应"来说，一座标志性的建筑与一位"明星建筑师"可以具有神奇的力量，将一座老旧的城市复兴为一座有吸引力的、国内外可见的旅游、商业或文化创意城市。这是因为博物馆具有联动社群、形成文化品牌、更新城市形象与激发人们的思想的综合作用，它从建设初期就能够将一座城市激活起来。

而我想借鉴这种流动与社会网络的视角，用它去看待一座城。

因为不光是一座展览馆、一所历史故居、一栋遗产建筑是博物馆，一条街道、一种美味，乃至一座城市，它都可能是文化与历史的"博物馆"。时间是它的轴，美食、建筑遗产、历史故事等是这座"博物馆"里的展览篇章和文化密码。做文创、规划文化旅行等等，就是要思索如何设计、如何让访者在这座"大博物馆"里自己解开密码，解开对城市的了解和认识。只有认识和了解了一座城市，才能提及对文化的认同与喜爱，才会有日后更多次的往来。

并非生长在这片土地上的人，我仅从一个踏访者的角度体验式叙述我对澳门这座城的爱。七日行程，在澳门文化交流协会吴慧群女士的规划与陪同下，在同澳门各界优秀人士、支队老师与同学以及澳门青年的交流中，我在这座中西文化荟萃、多元又包容的"大博物馆"里游览得意犹未尽。

这便是我在这方土地上最大的收获与成长了。

优秀作业（三） 无歌之言亦为歌

课程：多元文化中的音乐现象（艺术课组）
作者：陈泊文（清华大学机械工程系）

> 言之不足，故嗟叹之，嗟叹之不足，故咏歌之。
>
> ——《毛诗大序》

序——向音乐发问

什么人有资格谈论音乐？什么人有资格玩音乐？什么人有资格创作音乐？作为一个接触音乐既不算早，也谈不上晚的业余爱好者、业余演奏员与业余创作者，对于音乐学习得越多、思考得越深、了解得越杂之后，我越是无法摆脱这样的追问与反思。而直接决定这一问题的，实际上就是在这门课程中，罗老师一直在带着大家试图触及的"音乐的边界问题"。

什么是音乐？音乐是如何创作出来的？音乐和人的关系又是怎样的？以及——音乐试图到达什么样的地方？《大学》有"止于至善"，又有"知止而后有定"，止就是我们想要触及而又不必要触及的那个无垠之处的地平线，音乐的止在何方？或者说，我心中音乐的止在何方呢？

这篇文章我以《无歌之言》为名，实际上是想要呼应著名的"无言之歌（无词歌）"，在创作过程中，词与曲如何进行"配伍"，二者是否皆有必要，无词和有词相比又是否有优劣之分？有经验和足够包容度的批评家自然能够说出"没有"，但为什么没有？这同样是值得我们思考的问题。

需要提前告知读者的是，这篇文章具有较强的个人立场和主观意见，欢迎批评指正。

一、绘画与诗歌——醉酒的日神

我们常常说"绘画是描绘的诗歌，诗歌是吟诵的画作"，这样的偈语好听工整，因而广为流传，但并不是说好听工整乃至受到公认的话就是无可置疑的，这句话中潜藏着某种风险——将绘画和诗歌两种全然不同的艺术形式在某一层面上作出等价，因而掩盖掉其中某一种中先天蕴含着的无穷可能性。

以现今流传下来的诸多艺术形式作为样本，为讨论方便，我们先取自古希腊流传至今的西方艺术为例，艺术中蕴含着的精神大抵可以分为日神的阿波罗精神及酒神的狄俄尼索斯精神，这二者在某种程度上可以对应到中国传统艺术之中的"赋形"和"写意"。

对于德尔斐之神的精神特质，我们可以对应到某种对于 κόσμος（cosmos，古希腊语境之中的有限宇宙）先天秩序性与静止性的追求，其在古代世界最为杰出的代表即为古希腊造像艺术，并为西方传统绘画的演变，规定了发展路径和艺术倾向。基于此，我们这里的"绘画"即借由绘画代表具备美妙而光明的现实世界（或者说，艺术家理念之中的应然世界）形象的艺术，这些东西即便是再试图抽象、再试图迷醉，再如同极简主义、表现主义一样打破具体形象，也必然先天依托于人类对于某种物质实在的有形貌的具象认知。

而对于纳克索斯之神的精神特质，我们必然要诉诸色雷斯的葡萄酒之中，诉诸索福克勒斯的戏剧之中，诉诸丰收狂欢高奏号角手鼓的酒神歌队之中，最终抵达醉与酒与欲望，爬升到狂喜的顶峰。

我们在这里以"诗歌"称呼这类艺术，但实际上所指的包含诗歌、文学以及我们本文中所要讨论的：音乐。在尼采《悲剧从音乐精神中诞生》（又译《悲剧的诞生》）之中，将贝多芬的《第九交响曲》和其后瓦格纳的音乐戏剧作品视为酒神精神的巅峰体现。音乐作为一门时序艺术和听觉艺术，先天具有其他艺术形式无可比拟的抽象特性。听觉接收的信息主要为一维的声波信息，通过双耳效应与耳蜗—耳蜗核的快速傅里叶变换能力，将一维的波形信息扩展到复杂的音乐空间之中。生理结构的物理特征使得诸如哺乳类声带、鸟类鸣管等发声器官能够产生符合一维波动方程解的形式的整数比例泛音列，进而经过长期的进化过程，使包括人在内的动物进化出了适合处理有整数比例频率复合信号组合（乐音信号）的听觉系统。甚至有从一维的波形中分出不同音色的各个频段，以及将其组合起来的能力。这种感官特性本身就赋予了声音信号抽象的特性。

此外，时序特征与听觉短时程记忆的易失性，使前序音乐信息对后序音乐信息的接受产生某种非线性时不变的影响，这种影响依托于记忆的遗忘－泛化特性实现了音乐的模糊化认知。

应当注意的是，我们上述进行的区分并不等同于对于音乐类型非此即彼的分野，绘画与诗歌也并非此消彼长的关系，而是矛盾统一的辩证关系。我们自然可以在"诗歌"中利用熟悉的声响、文化的共识以及联觉效应调取画面感（诸如印象派、音画作品等），也可以有酒神精神充盈的"绘画"作品——与古希腊造像艺术同样冠绝世界的，我最为喜爱的中国夏商周时期的青铜器及其纹饰艺术。其借助纹饰实现了将模糊性与抽象性表现在极度秩序的物理实在上（青铜器纹饰，可以类比罗薇老师课程上讲到的阿拉伯文字画，但复杂程度更甚）。

参考伟大的音乐教育家伯恩斯坦在其《未作回答的问题》之中使用的说法，对于诗而言，物质实在的语音元素组织成为依托于人与人之间共识的语义，语义以朴素的结构组合，本身产生表达句意的"散文"，而对于这些散文，使用缺省、增广、交换、倒装等方式调整组合的结构，就产生了高于语义的，由结构创造出的某种东西——诗意，包含着模糊性、抽象性、结构性、生成性的，酒神之美的源泉。而在音乐世界中，乐音组合形成具有某种辨识式样的音乐语汇，音乐语汇通过层层结构，朴素地成为原音乐，而通过重复与对比的平衡的手段（或有意识地，或潜意识地），朴素的原音乐进行结构的复杂变换，最终成为了我们的"音乐"。

而同语言文字的诗不同的是，音乐是高于诗的抽象，因为在第二步抵达音乐语汇之时，并没有如同词汇一样在信息发出者和信息接收者之间形成某种具象的共识，因而在"原音乐"这一步时，以模糊性为代表的诗意就已然产生了，音乐的先天抽象与结构生成主义的本质使真正抵达我们的音乐已经是诗的诗，乃至并非诗而是诗意本身了。那么对于音乐这样的诗之诗意、无词之歌，我们为其再增加上所谓的歌词，岂不是一种对于酒神之美的侮辱与劣化吗？

二、乐调重音与腔调——现代印欧语所消逝的

半吊子的词曲作者往往会有这样的说法"汉语言不适合歌唱"，持这种态度

的，稍温和、严谨一些的会说"普通话作为经过简化改良的汉语言，已然不适合用来歌唱了"，并举 20 世纪许冠杰粤语歌曲发音改良为例，再比拟英语在填词时的普遍适用性——莎翁的十四行诗拿来填词固然好用，但不讲韵脚对仗的散文、现代英诗填到歌里也不是不能唱，而且听起来还不错。我此前也对于这个问题存在着诸多困扰。直到这学期在学习古希腊语的过程中粗浅窥见了语音学，又开始接触了博大精深的中国传统戏曲艺术，才隐隐约约有了尝试触碰这个问题的门径。

首先要提到的是乐调重音的概念。汉语言是现存最为普及、壮大的，高度乐调化的语言。乐调其实就是我们常说到的抑扬顿挫，其所指即对于词汇之中的音素，可以有某种显式的相对音高的变化，而不只是靠力度、响度与送气量进行区分。"平上去入"不仅是外国人学习汉语最大的拦路虎，也同样是幼儿学习汉语母语时往往会为之起兴却时常出错的因素。而对于早就很难觅得乐调重音的现代英语母语者来说，法语、意大利语和俄语中孑遗的复杂音调的变化都会构成学习困难。

比较语言学的研究表明，古教会斯拉夫语、梵语、古希腊语、拉丁语的前身——原始印欧语应当是一种高度乐调化的语言。至少现在已知的古希腊语就至少具有顿调 (`，下行)、锐调 (´，上行) 和折调 (˜，先上后下) 三种乐调重音。而在印欧语的发展过程中，显式的乐调重音逐渐讹变、最终逐渐湮灭在欧洲大陆上。本身不带有词义信息对相对音高的限制，这或许是英语适合进行填词的一个重要原因。

那么抑扬顿挫的汉语言，为何到了如今反而变成众人口中的"不适合填词"，是由于现代西方音乐体系下的歌曲创作模式到了普通话语境下水土不服吗？我认为当然可以这么说，但这远不足以作为普通话不适合进行歌曲创作的理由，与之恰恰相反，普通话的填词创作需要更复杂的音韵学上的斟酌，而其对于一些西方艺术歌曲所实现的效果不亚于甚至更甚过原曲。此处最想举的例子即郑小瑛老师主持配译的中文版本《大地之歌》，以及赵元任先生的诸多艺术歌曲作品。

这里就不得不提到中国传统戏曲中腔调的概念，在如今的音乐教育中，西洋音乐体系与中国传统音乐体系存在着巨大的隔阂与分野，而在基于西洋音乐体系的基础音乐教育术语之中，腔调这个词极容易产生混淆。

在中国戏曲中，腔与调的语义略有差异，但常作互文 (Intertextuality) 使用。我们一方面强调"腔调"之中"调"的概念，来描述乐音在音高维度上的运动模式(Mode)，包含着旋律的式样 (Patterns of Melody) 和西方语境下的调 (Tonality)，如徽调、二黄反调等术语。另一方面，当我们强调"腔调"之中"腔"的概念时，我们往往指的是唱腔，用来表示音乐表情及咬字方式，其中包含着音色变化、发声部位运动、渐弱渐强、板眼伸缩（或许对应着变速与是否有 Swing 之类的律动变化）、装饰音习惯、定韵，等等，这些往往需要熟悉音韵的度曲者来进行称为"打谱"的二度创作设计。

在乐调语言之中，诗与歌的界限更为模糊，旋律与唱词高度相关。而如果试图从唱段之中剥离出独立的旋律，或是将词填入一段不相干的旋律之中，实际上是在忽视乃至于打破这种汉语言中客观存在的内在关联。

要想作出好的汉语言填词，或许简单的词先、曲先、词曲独立创作似乎都不能对其中要义提出好的描述，曲调和汉语的语调如何相合，或许需要更多地参考中国传统戏曲留下的素材宝库。

三、音乐是人的同构——无言之歌亦为歌

音乐是对于广义的和谐性的追求，这种和谐性包含了人自身的和谐、人与人的和谐、人与世界的和谐，周期性与平衡性是和谐的内涵。重复与对比的平衡是实现和谐的手段。

音乐是冲动的结构化表达。基于声音的音乐则是冲动在听觉空间的结构化表达。手之舞之，足之蹈之，当我们询问"音乐是感性的还是理性的"，或者"音乐更多是感性的还是理性的"的时候，往往已然将人的感性与理性割裂开了，而忽略了二者如同酒神和日神的辩证性一般，并非是对抗的，而音乐正是达成矛盾双方和谐的重要工具。冲动是本源的，人一方面在秩序的规则下对冲动进行着合理化的解释和规约；另一方面又诉诸本能的直观（混沌互渗的思维）进行着模糊化的表达，群体的与个体的，共性与个性，神的与人的……这种人的类存在物的本质特性恰恰在音乐之中得到了淋漓尽致的展现与表达。

我们再一次回到一开始的问题中去——音乐必须有词吗？音乐必须有曲吗？而后——词中便没有曲吗？

语言的结构化本身，是否可以被视作一种音乐存在呢？

这已经不只是如上并不那么诗意的语言所能回答的了，我需要诉诸更具备诗性的东西。

后记——印象·清华·混响

如下是我们创作过程中搜集到的属于清华印象的文字碎片，我们将其以充满乐调性的语言组织成为了一首，我们认为绝对算得上音乐作品的音乐，或者说，"无歌之言"。

这就是我对我所选择的问题，目前所能作出的，未作回答的回答。

学生作业（歌词、曲谱）

优秀作业（四） 当我们走近医学

课程： 走近医学（科学课组）

作者： 翟亚强（清华大学美术学院）、张佳雯（清华大学外国语言文学系）、廖子欣（清华大学美术学院）、刘芳溪（清华大学美术学院）、陈朝（清华大学外国语言文学系）、尹俊雲（清华大学新闻与传播学院）

"Medicine is the science and art of diagnosing and treating disease or injury and maintaining health." 医学是诊断和治疗疾病或损伤以及保持健康的科学和艺术。

科学和艺术似夫妻：貌似独立，却相互交错无法分离。如福楼拜所言："艺术和科学总在山脚下分手，在山顶重逢。"

人类的大脑完美地将感性的艺术和理性的科学融合在了一起：科学有时可以用一种可视化的语言艺术淋漓尽致地表现，艺术有时又在科学的引领下将云雾和面纱拨开，从而使我们不断地探索未知的世界和自己。

科学承载起的艺术让我们睁开双眼，艺术渲染下的科学让我们打开心灵。而在"走近医学"的课堂上，同学们也正感受着这一切……

翟亚强

课堂上，裴莹老师带领我们观察了畸形胎儿，耐心仔细地给我们讲解每一个尸体解剖人体疾病组织标本，让我们不受学科知识的局限，去用心感受，用眼睛观察人体精妙的组织结构改变。裴老师鼓励我们用笔将所见所感通过绘图的形式呈现出来，她说："不用介意你所描画的东西的对与错，在这个课堂没有对错和好坏，用心去描画和表达出你所感受到的医学。"

当时选择这个大体标本，我是觉得这是一个相对完整的个体。实验室里有很多有价值、有意义的标本，但最让我震撼的是那些带着不同表情、不同姿态的小孩的标本。他们更能够让我们感受到一条条宝贵的生命，看着他们被装在缸里虽然感到很遗憾、可惜，但他们又是那么的伟大，为人们探索医学创造了条件。图1画的是一个在妈妈肚子里的六个月大的胎儿，由于一些意外原因，不能够来到这个世界。我想：当他还在妈妈肚子里的时候，也是对外面很好奇，想看看世界，想看看妈妈。我用白色铅笔画在黑卡纸上，是想让这个小孩显得更干净、纯洁，所以勾勒的线条不是很复杂，没有过多的修饰。他是一个美好的生命，是黑暗里的一点光。

图1　翟亚强作业

另外，选这门课最初是为了完成培养方案里的必修课，身为一个文科差生在上课前又觉得很惶恐。然而当我走进了这个课堂，顿时觉得选对了。无论你的培养方案里有没有这个课程，真的很推荐，一定要来。这样说，源于……

【包容】

自知是文科差生，生物学得超烂，但是上了两节课后发现这个课设计得很包容：动手实践机会多，脱俗地不求死读书，老师超级风趣。理工科的兄弟用思维导图表达他们的理解；艺术学科的姐妹用精妙的小画笔抒写对生命的启示。无论哪个专业都有"用武之地"。

【有趣】

满头白发的帅小伙王非老师的心肺复苏课，在大家的实际操练中进行。课的最后，老师给每个小组分配不一样的场景进行模拟救治。在展示中，我们时而慌张，时而有序，笑声不断。大家都摩拳擦掌等待迎接生活中真正的光荣救助！

在一直含笑的赵喆老师的创伤急救课上，看似简单的包扎伤口、骨折打石膏，小小的绷带在我们的手中却如此不听使唤。在课后看回放之时，欢笑声和有趣的课堂形式吸引来了大批室友"观战"。

带有浓重东北口音的郭老师讲急性心肌梗死，诙谐的语言、生动的比喻，附带独特的肢体语言，吸引着所有同学的目光，课堂传来阵阵欢笑声。在场来听课的一位领导，还赞赏地表示对郭老师的类比的赞同。

其他还有很多有趣的内容：看生物标本、测量生命体征、解剖小白鼠、外科清创缝合，等等。

【实用】

内容超级实用：基本的心肺复苏，断指、断牙处理，小儿误吸，外伤急救，等等。我是一个喜爱通宵熬夜、不注意健康生活习惯的人。通过课程中教授的心脏知识，我意识到了健康活着的重要意义。

最后我就想跟你说一句——选就对了，强推！

张佳雯

一颗支撑我们生命活动、日夜不停跳动的心脏是什么样子的？在收到老师布置的课后任务时，这是在我脑海中出现的第一个想法。课后我在图书馆，思索着"走近医学"课程中老师讲述的一个个惊心动魄的抢救场景、一个个催人泪下的动人故事、一个个被病痛折磨后治愈的案例，我花费了几个小时陷入深深的思考，并在图书馆完成了这幅画作（图2）。

我很享受在思考中绘画的过程，当自己亲手描绘出器官的形状，让它立体、生动，阴影高光之下就像真的有血液流进又流出，这个心脏在画中鲜活起来，让我对人体有了更深刻的认识。感谢老师生动细致又耐心的讲解，让我有机会走近医学，观察人体，思考生命。

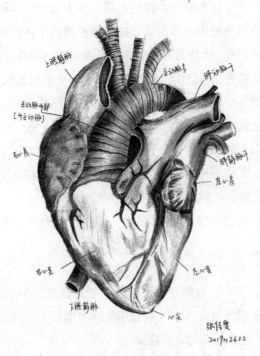

图2 张佳雯作业

廖子欣

　　恶性肿瘤原本对我来说似乎是一个很恐怖又很遥远的事物。我并不了解它，我只是模糊地知道它的本质是异常增生。但是听完裘莹老师的讲课，亲身在实验室观察了一些病理切片以后，我才真正有了更深层的理解。在显微镜和电脑屏幕上看到染成玫瑰色的组织时，我的第一反应是：这个世界发生这一切太残忍了。

　　我生来第一次观察的组织切片竟然就是我绘制的这个肠腺癌的切片（图3）。它分化程度极低、异型性极高，对比我手头的另一份正常小肠组织切片，可以非常明显地发现它无论是在细胞形态，还是组织结构上，都与正常组织有天壤之别。这种可怕的异常增生是自律性的，透过我们的眼睛，能清晰地感受到这种失控的、无限制的、极其不协调的生长倾向，它竟这样毫不留情地跳入我的视野中，或者说我也不知道为何我就在裘老师的几句话语中强烈地感受到了肿瘤无法阻挡的生长力量,太奇妙了。

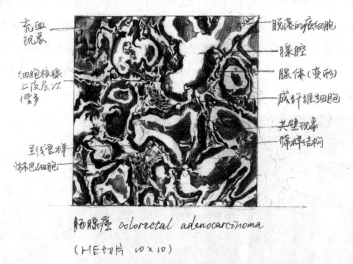

图3　廖子欣作业

在进入实验室之前,恶性肿瘤的扩散对我来说是很虚、很暧昧的概念,而亲眼看见浸润生长、组织破坏、出血坏死这些现象占据我对着目镜的整个视野后,对我原本"癌症关我什么事"这种不正确的观念和"谈癌色变"的态度造成了冲击性的改变。一堂课下来,我收获的不仅是肿瘤相关的理论知识,而是这门课让我建立了更健全的死亡观念,教会我如何面对死亡、让我更加敬畏和珍惜生命。

我并非医学生,一学期的医学通识课也并不能把我塑造成医学家。但是经过这些老师的引领和我亲身的观察,至少在面对人世间无法避免的一些苦难面前,我会更加心生悲悯，亦能保持某种相对科学的态度而不盲目恐慌。也为自己敲响了警钟——珍视生命，保持健康，远离不良习惯。

刘芳溪

如图 4 所示，这幅画的创作灵感来源于"走近医学"裘老师的一节课，那天裘老师带我们参观的是医学标本馆。这不是我第一次参观标本馆，在我的小时候，我也曾接触过一些动物标本，那些曾经有过生命的小动物都安安静静地待在装满福尔马林的罐子里，有些装了玻璃眼珠的甚至还依旧基本保留着生前的样貌，静静地"漂"在罐子中，仿佛时间就在这个小小的透明空间中成为了永恒。

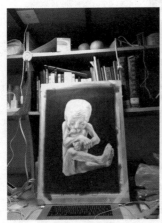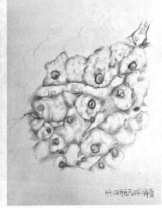

图4　刘芳溪作业

但是这是我第一次看到有关病理、有关人类的标本，有的是曾经给人带来痛苦甚至让人失去生命的巨大肿瘤，有的是被展开、摆放整齐的寄生虫，我很难想象它们是如何与一个人共存了一段时间的。路过一些婴儿标本的时候，我有一种想将它记录下来的冲动。这些都是未曾见过蓝天，未曾呼吸过人间空气与尘埃的小生命，因为一些这样或那样的疾病被永远地定格在了这个小罐子里。

我最终记录下来的是一对寄生胎，他们在安静地"漂"在罐子里，大的婴儿似乎在环抱着小的婴儿，似乎是在保护，也似乎是在拥抱。我似乎在脑海中构想出了他们曾经在自己母亲腹中的样子，因为一些原因他们只能长大一个，小的孩子成全自己的哥哥，给他营养让他长大，希望有一天大的孩子能替他去看看外面的蓝天。虽然最后的结果显而易见，他们都永远地留在了标本馆里，但似乎这个拥抱也成了一种永恒，无论有多少看客从他身边路过，无论时间过去了多久，他们都会永远地相拥在一起。

"走近医学"的老师们这样说："医学是研究人体治愈疾病的科学，在这门课上，理性、刻板、枯燥的医学知识却因为艺术的光环变得感性、生动、丰满，医术是治愈人的身体，艺术是温暖人的心灵，医术与艺术如影相随。"越来越多的研究证明，艺术可以让患者感受更多的人文关怀和生活乐趣，减轻疾病的痛苦。因此，抛开书本知识的死记硬背，黄振宇老师希望换一个角度来引导大家认识医学，掌握医术，让不同专业的学生们能通过细致的观察、认真的思考，通过思维导图的方式完成课前的预习，加深他们对女性一生各个阶段和生殖器官的理解。让更多的学生感受医术和艺术的完美融合。

陈朝

在上"走近医学"课前，我对医学的认知非常少，一学期的课程虽不长，我却收获颇丰。虽然掌握的医学知识尚浅，但我既感受到了人体的神奇与力量，也认识到了几千年来，人类为了与疾病抗争所做的探索与奋斗，这种精神已然成为我们文明的一部分。

这份作业与女性的成长阶段和生殖系统相关（图5）。在学习过程中，我了解了孕育生命的生殖系统的复杂机理，了解了女生一生中身体特征的变化，领略了一幅波澜壮阔的生命图景，对生命产生了更多的尊重。我想，只有对生命背后的机理有所理解，才能感受到它的力量与美妙，从而更加热爱生命。

感谢这门课程为我打开医学世界的大门，也感谢所有医学界的探索者、从业者，是你们让我们对生命的理解如此不同。

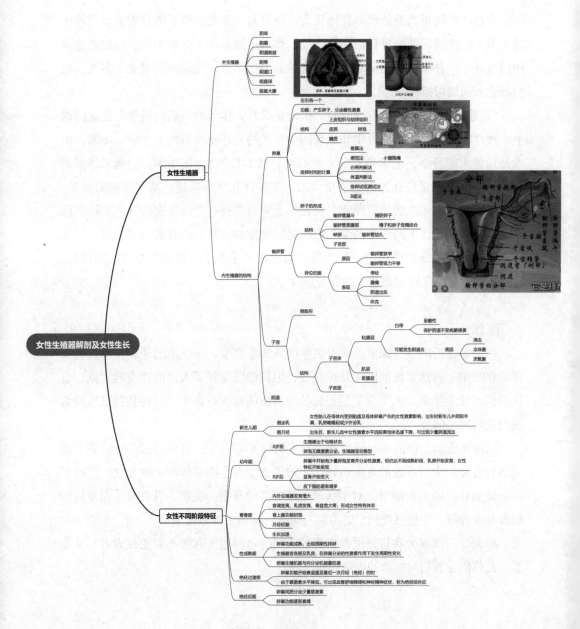

图5　陈朝作业

尹俊雲

那晚做思维导图的过程并不连贯，做到了很晚，然后开始发呆，思绪似乎飘到了别处……

长久以来的学习当然混合着好奇心驱使的主动和对付式的被动，但在认识女性的成长过程和内生殖器构造的过程中，我感到这里还有一些别的东西，或许是知识的淡忘、男性的自大和从小相关教育的匮乏，我感到局促。然后在这些淡忘、自大、匮乏和局促里，我回想起第一节课裘莹老师的提问："医学是什么？"这个问题告诉了我面对学习时新的可能性。正如课堂上一直传达的理念"医学是科学性、艺术性、心理性、社会性和人文性的复杂统一"，这里的知识直接关系到人，而作为认识者的我们更要把这种"关系到人"的理念坚持下去。

因为认识到女性成长的羞涩、生理的困扰，所以更应去尊重、倾听和学习。因为这种学习不单是因为好奇心和应付，而是与人相关，所以更应该认真去做，我怀着这种心情将慕课和材料（图 6）整理完成后，也能更坦然地讲述、分享，然后继续学习。

课堂分享之后，我并没有一种"完成任务"的如释重负，而是明白了这里有新的选择，明白了智性的知识学习可以直接通向更和谐的人类关系。

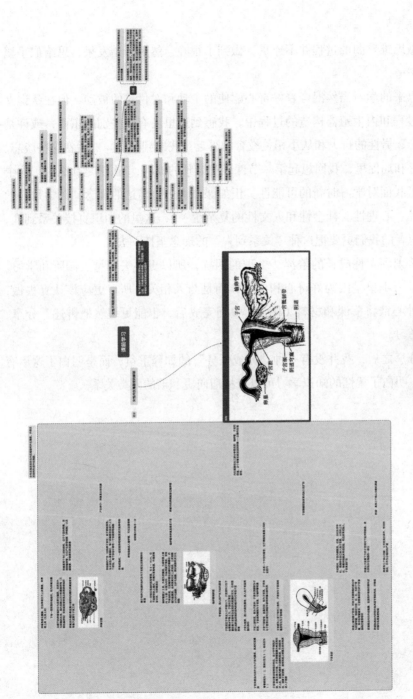

图 6　伊俊雯作品